安次县四种旧志丛书（河北省社会科学基金项目）

（乾隆）东安县志

金久红 主编

金久红 王玉亮 校注

天津出版传媒集团

天津古籍出版社

图书在版编目（CIP）数据

（乾隆）东安县志 / 金久红，王玉亮校注. -- 天津：天津古籍出版社，2019.11
（安次县四种旧志丛书 / 金久红主编）
ISBN 978-7-5528-0817-9

Ⅰ.①乾… Ⅱ.①金… ②王… Ⅲ.①东安县－地方志－清代 Ⅳ.①K296.44

中国版本图书馆CIP数据核字(2019)第128085号

（乾隆）东安县志
QIANLONG DONGAN XIANZHI

金久红，王玉亮/校注

出版人/张玮

天津古籍出版社出版
（天津市西康路35号　邮编300051）
http://www.tjabc.net

临沂华兴数字商务印刷有限公司印刷
全国新华书店发行
开本 787毫米×1092毫米 1/16　印张 21.25　字数 320 千字
2019 年 11 月 第 1 版　2019 年 11 月 第 1 次印刷
ISBN 978-7-5528-0817-9　　定价：169.00元

编纂委员会成员

顾　问：张　平

主　任：薛振泽

副主任：袁鸿昌　寇　东　赵　玉

委　员：马富凤　李华东　冯振永　杨涵予

　　　　金久红　陈新海　王玉亮

序

今廊坊市安次区,古称安次,元代称东安州,明清两代称东安县,1914年复旧名安次县。自金元定都北京以来,安次便为畿南首邑。此地"南接雄霸,北控燕云,拥三关而萦九河","北拱燕台,东环潞水,气映西山之嵯峨,派分津门之澎湃"。这样优越的自然地理环境,促进了古代经济的发展和繁荣,"凡城市村墟,星罗棋置,烟火万家,亦彬彬乎名区也"。地杰而人灵,民富而文萃,"以致涵灵毓秀,酝酿人文"。其实,作为汉代就已立制的古县,风华物茂,名流久传,"名卿巨公,忠孝节义彪炳于载籍者,实甲于渤海诸邑",而安次的优秀历史文化、名人风骨无不有赖于县志的记载与留传。

国有国史,县有县志;史存国续,志纂县兴。邑之有志,犹国之有史,"史载一代兴亡之迹,志备一方文献之征"。县志对于一个县而言,就是其历史渊源和人文根脉,是凝聚一方、地域认同的载体。游子萦牵梦里、叶落归根的深厚情感,后人见贤思齐、崇德求义的良风善俗,无不真切地体现在县志中,又无不依赖于县志得以弘扬。而县志的修纂和县志的整理,是珍存一县历史全貌、挖掘传承一县文化的前提和基础,需要全县各界人士共同重视和攘助。

最早记载安次的志书为元代《东安县图志》,该志虽在明代《文渊阁书目》、清代《(光绪)顺天府志》中都有记载,但编纂者与卷数均已不详。其次为明初《东安县志》,编入明代《文渊阁书目》时已是"志久佚,无法考知卷数及撰者"了。还有明嘉靖时本县人张文举编纂的《(万历)东安县志》,明后期

(乾隆)东安县志

收藏入内阁,清初佚散,也无法确知卷数详情。现存最早的县志为明天启五年(1625)刻本,即由明代郑之城、边仑等修纂的《(天启)东安县志》,记事止于天启五年。清代的有康熙十六年(1677)付梓的《(康熙)东安县志》,由王士美始修,李大章等终稿;另有乾隆十四年(1749)刊刻的《(乾隆)东安县志》,由时任县令李光昭聘任周琰编纂完成。民国时期则有1914年由刘钟英、马钟琇纂修并付梓的《(民国)安次县志》。这四种志书既有单行本,也有成书于1936的合刊本。明天启、清康熙两部《东安县志》在国内都是孤本仅存(现珍藏于国家图书馆),《(乾隆)东安县志》和《(民国)安次县志》亦存者寥寥。

今廊坊市安次区与廊坊师范学院进行合作,廊坊师范学院以金久红教授为首的科研团队,便以《(天启)东安县志》《(康熙)东安县志》《(乾隆)东安县志》和《(民国)安次县志》的初刊本为底本,以《安次县旧志四种合刊》本为对校本,对四部珍稀旧志进行了系统的整理点校,历时五年而成。这项工作,无论是对安次县志本身的文本存传,还是对当地历史文化的挖掘、传承与弘扬,或是对地方区域历史文化的研究,都具有非常重要的价值和意义。

首先,县志的整理有助于地方区域历史的研究。地方志对区域内政治、自然、经济和人文的发展传承有较全面的记载,"盖县之有志,犹国之有史也。史载一代之兴衰,详而靡遗,志补一方之文献,信而有征,皆足以追往古勖来今,其旨渊哉深乎!"其次,县志的整理有助于地方社会的治理。县志对地方官员可以起到旌善彰恶的警示作用,"服官而勤政治,居乡而砥躬修","邑之有志,所以载古今事迹之殊,而吏之贤否,亦于兹可见也"。县志对地方官员可以起到资政辅治的借鉴作用,正所谓"邑之有志,所以征文献、端吏治而正民心者也。邑之有志,所以记载事迹,表彰人文"。"俾官于斯者可以考利弊、知民风,生于斯者可以去朴陋、进文明"。安次县志中记载了历代乡贤济贫助赈、捐学兴学的大量义举,歌颂了求荣知耻、急公近义、爱国奉献的各类人物,这些人物、事例和精神,在古代发挥着德化一方百姓、引领当地社会风气的重要作用,在今天也可以给我们提供宝贵的借鉴与指引。

以史为鉴,我国五千年文明得以传承,社会治理在鉴史的沿革中曲折前行。进入21世纪以来,优秀传统地方历史文化更加受到重视,国家提出了"创新乡贤文化,弘扬善行义举,以乡情乡愁为纽带吸引和凝聚各方人士支持家乡建设,传承乡村文明"的乡村文化建设思想。在这个过程中,安次区委宣传部提出要对现存的安次县志进行校注整理与出版,这一工作值得大力支持与充分肯定。

2019年,正值改革开放四十周年和新中国成立七十周年,谨以此成果,作为向党和国家以及安次人民的献礼!

张平

2019.7.16

校注凡例

一、此次《(乾隆)东安县志》的整理工作，依择优而取的原则，以李光昭修、周琰纂之乾隆十四年刻本(简称清刻"乾隆志")为底本。考虑到1936年王文琳等辑《安次县旧志四种合刊》存世较多，故将合刊本中重刊之《(乾隆)东安县志》(简称合刊本"乾隆志")的讹误脱漏等情况一并注出，以便读者参考。

二、原书直排繁体，今改为横排简体，并加现代标点符号，根据文义进行分段。

三、异体字、俗体字一般改为现行规范字，但通假字、避讳字不作改动，只于页下作出注释说明。

四、底本空而未书，存疑待考者，用"□"表示。

五、整理中贯彻"整旧如旧"的原则，底本脱、讹、衍、倒之处，正文均维持原貌，只加注释于当页说明，文后不再另附校勘记。

六、本书正文用宋体，夹注用小字楷体，以示区别。正文和夹注的标点各为系统。

目 录

序	1
序	3
东安县志目录	5
凡例	7
重修东安县志职衔姓氏	9
东安县志 卷之一	11
东安县志 卷之二 建置志	19
东安县志 卷之三	41
东安县志 卷之四 巡幸志	53
东安县志 卷之五 赋役志	62
东安县志 卷之六 赋役志田赋	70
东安县志 卷之七 赋役志	80
东安县志 卷之八 风物志	89
东安县志 卷之九 礼祥志	97
东安县志 卷之十 职官志	103
东安县志 卷之十一 选举志	130

东安县志 卷之十二 选举志	151
东安县志 卷之十三 人物志	155
东安县志 卷之十四 贞烈志	168
东安县志 卷之十五 河渠志	177
东安县志 卷之十六 古迹志	190
东安县志 卷之十七 艺文志	201
东安县志 卷之十八 艺文志	215
东安县志 卷之十九 艺文志奏疏	238
东安县志 卷之二十 艺文志列传	258
东安县志 卷之二十一 艺文志	281
东安县志 卷之二十二 拾遗志	310

后记 ······ 328

序①

岁戊戌,余与李君少逸同学蕺山②。君下帷③汲古④,有声坫坛⑤,而于各史天官、舆地⑥、疆域、山川以及人物、循吏诸志传,无不辨析同异,考镜得失,尽读有用之书,以待他日施诸政绩。雷园唐师早即目为异才,凡同门数十辈皆惊叹为弗可及也。然君益用是摩厉,思踔躇⑦春秋二试以自表见。数奇⑧,屡踬场屋⑨,始由州倅⑩遴赴北河疏浚堤防,数年奏绩开府。方伯、监司以下皆器其能,荐章屡上。乾隆甲子春,皇上召见乾清宫,命知东安县事。东安为畿辅剧邑,汉属渤海郡,旧名安次。雄霸南邻,燕云北控,而浑河浩淼,湍激迅驶,号称难治。君下车五年,政简刑清,河流亦复顺轨。簿书暇,披阅邑志,知皇朝自邑令李大章、王士美、侯应封以来,虽递加修纂,而讹阙尚多,因仍不改,且文亦未泽于古,君即慨然曰:"是吾责也。"萧山家阮西序与君有尹班之好,具书币聘裁志事。西序尝应博学宏词科,典籍该洽,出其绪,余梳栉而膏

---

① 合刊本"乾隆志"中调整了两序的先后次序,将李光昭之序提于卷首,而周长发之序次之。
② 蕺(jí)山:蕺山为绍兴古城内三座主要小山之一,以出产蕺菜而得名。也是绍兴的主要历史名山。明末著名学者刘宗周长期讲学于此,创立了蕺山学派。
③ 下帷:放下室内悬挂的帷幕,引申为闭门苦读。
④ 汲古:谓钻研或收藏古籍、古物,如汲水于井。
⑤ 坫(diàn)坛:特指文坛。
⑥ "舆"合刊本"乾隆志"误作"兴"。舆地:地理。
⑦ 踔躇(chuō chěn):行走不稳貌。引申为迟滞。
⑧ 数奇:命数不好。
⑨ 屡踬场屋:独立特行的样子。
⑩ 州倅:州郡长官的副职。

润①之,而君复加厘订。其书简严精洁,无论突过武功县邑,即如顾夷吾之记山川、刘道真之记钱塘、郦道元之注《水经》、孔灵符之著《地志》,与夫唐《元和郡县记》、宋淳祐咸淳临安诸志,亦駸駸②乎足与比肩而并立矣。戊辰秋,仲君寓书属余弁简端③。余不文,何足为志重?而追忆三十年前风雨山斋,一灯连榻,所穿穴史书而务为有用之学者,今且得展所蕴于治东矣。继自今能以一邑推之,凡兴废举坠,征文考献,判邪正以示劝惩,训仁让以厚风俗,其即以此志为嚆矢④也夫。

赐进士出身御试博学宏词诰授朝议大夫日讲官起居注翰林院侍讲学士加二级年家眷同学弟周长发拜撰

---

① 膏润:喻修理修整以使润泽通畅。
② 駸駸(qīn qīn):盛貌。
③ 弁简端:指为书籍撰写前言。
④ 嚆(hāo)矢:响箭。因发射时声先于箭而到,故常用以比喻事物的开端,犹言先声。

序

　　古者郡县皆有图籍,记事载言,表列人物,与其山川风土之所宜,使为政者得有所观览从事,故甚要且重哉!余为令畿南,盖古安次地。始至之日,鞅掌于狱讼钱赋,方惧无以为理。久之,稍暇,思考其地俗,而求良有司之昔莅乎此者,盖将奉以为资。顾简籍缺逸,年岁甚远,自康熙十六年至今已七十载矣,于是慨然兴叹。夫东安,故大邑,前代以来号称繁昌,况我国家教化滋浃,日月广深,加夫贤大臣董导劝率勤勤,以抚柔兴起为意,而使一县之书湮坠脱落,后来者虽欲征考而莫由,岂非为令者之责哉?于是谋所以修之,延征士周君西序与邑中文学生相与网罗散佚而讨订焉。既检旧帙,知邑志始明邑令阮公,而郑公继之。踵其事者,则本朝李公大章、王公士美,自是而后无闻焉。余益慨夫为吏能知所尚之难。古人每致意于儒者,以文学、《诗》《书》缘饰吏治。夫吏治之要,即不尽系乎志,志在而一邑之事备。或指为不急而因任苟且,听其无有成书。余则何敢,乃不辞媕陋①,勉而为之。既竣事,得若干卷,诚不敢谓有裨于东安也。顾以余承人之②而是役终不之举,余于当官,得毋愧乎?若夫其人与事湮没者多,讹漏贻讥,或所不免,世有博雅君子,幸能进而教之,则尤余之心也夫!

乾隆十四年岁次己巳三月朔文林郎知东安县事山阴李光昭书

---

① 媕(ān)陋:谓人云亦云,见识浅陋。
② 据文意,"之"字后疑缺字。合刊本"乾隆志"此处亦缺。

图目

县境全图　　　　　城①图

文庙图　　　　　　县治图　略

新河渠图　　　　　旧河渠图

八景图　略

---

① "城"合刊本"乾隆志"误作"成"。

东安县志目录

山阴李光昭潜岩甫手订

卷之一　天文志　星野
　　　　地理志　形胜　沿革　疆域
卷之二　建置志　城池　官廨　仓库　廛市　村庄
卷之三　学校志　庙制　庙位　祭法　义学　藏书
　　　　祀典志　坛壝　庙祠
卷之四　巡幸志　驻跸　恩赉
卷之五　赋役志　户口
卷之六　赋役志　田赋附剥船庄田里马河浅
卷之七　赋役志　解支　税课　驿递　盐政
卷之八　风物志　风俗　物产
卷之九　礼祥志　礼祥附灾赈
卷之十　职官志　县令　佐贰　师儒　武备
卷之十一　选举志　甲科　武科　文宦　武选　贡荐　例贡　儒士
　　　　　　　　　佐杂
卷之十二　选举志　封爵　荫袭
卷之十三　人物志　名宦　乡贤　忠节　孝行　义行　廉行　隐逸
　　　　　　　　　仙释方伎
卷之十四　贞烈志　贞操　烈节

卷之十五　河渠志　河渠　堤堰　桥梁

卷之十六　古迹志　古迹附八景　冢墓　坊表　寺观

卷之十七　艺文志　诗

卷之十八　艺文志　诗　赋

卷之十九　艺文志　奏疏

卷之二十　艺文志　列传

卷之二十一　艺文志　碑记　志铭

卷之二十二　拾遗志　拾遗　旧序

东安县志目录①

---

① 原本"录"下脱一"终"字,当补。合刊本"乾隆志"此处不脱。

凡 例

一志乘所载诏谕有特立一条冠于卷首者,今分载各款,俾随事观省,庶几是训是行无虞陨越①耳。

一旧志载"天文"九条,今增订一十一条,共二十条,略加详备。

一旧志《形胜》在《沿革》《疆域》之下,似属倒置,其他款项错杂者,悉为更正。至"八景"旧载《形胜》内,今附入《古迹》条下。

一旧志《沿革》总为一篇,不分眉目。今自黄帝始,迄于前明,每代各为一条,使眉目井井,易于披览。

一旧志"祀典"与"寺观"并列,殊属不伦。社稷、山川、风云、雷雨,守土之常祀也。其他有功德于民者则祀之,为民捍灾御患者则祀之,一切道院、梵宫不在此列。

一东安田赋款项不一,今详加分晰,各标原委,以便考览。

一志中如"职官""选举""人物"等条,分别款项,各为首尾,尾后留空以便续增,此凡志所同也。

一"人物"内所附著者,如邱民仰之附《名宦》,韩绍芳、李继本、许复礼之附《乡贤》是也。有新增者如"忠节""隐逸"是也。有彼此复见者,如程氏之分载"孝义"、李侃之分载"孝廉"是也。

一《名宦》《乡贤》及《忠孝》《节义》,凡旧志所有者,未敢过为区别,一仍其旧,善善欲长也。

一《烈女》内有青春守节,盖棺论定,无力请旌者,据绅士采访察核不诬,

---

① 陨越:坠落,毁坏。

亦得例书焉。

——东安平原沙碛，既无名山，亦鲜胜迹，旧载"八景"，或名存迹毁，或牵强凑合，殊无佳致。今更定七景，初非好为新奇，会心者遇之目前，赏之象外而已。

——旧志中文义浅陋，有全删者，有节存者，有略润者，彼此校阅，黑白自见。幸质高明，或不以为谬妄耳。

——卷末《拾遗》，凡所见所闻不忍遗弃，荟而萃之，使缺轶于前者附存于后，可以参观而互见也。

——旧志无县境"八景"诸图，今俱为增入。《河渠》他志俱无专图。不知寻源竟委、疏导堤防，必须了若列眉，方可求之指掌。至浑河迁改靡定，数十年间沧桑，屡易土著之民，询其本来面目，几同鱼凫蚕丛，岂不可慨！余更置二图，新图以载现在河流，旧图以存昔日形势。后有考古者，或可援以为据耳。

重修东安县志职衔姓氏

纂修
知县加一级纪录三次李光昭　　浙江山阴县人

协理
县丞加一级张景衡　　顺天府大兴人
教谕加一级尹士奇　　天津府沧州人
署教谕永清县教谕杨昑　　正定县人
训导苏文辉　　奉天海城县人
署训导通州训导张伸　　奉天宁远州人
主簿顾之岑　　江南如皋县人
主簿刘思忠　　山东栖霞县人
典史姚廷会　　浙江山阴县人

分辑
征士周琰　　浙江萧山县人

较阅
贡生俞明菘　　邑人
生员荣体仁　　邑人

董局
杨村通判陈之纪　　邑人
戊辰科进士唐文运　　邑人
奉天复州学正、庚子科举人王培元　　邑人

参采

贡生解尔敬　邑人

生员孟宗孟　邑人

生员边勋　邑人

生员黄陆　邑人

生员李墢　邑人

绘图

范暹　邑人

东安县志　卷之一_{山阴李光昭潜岩甫手订}

天文志

　　山岳之精，孕为列星，在天呈象，在地分形。幽冀之分，析木之津，有数可考，有度可程。牧马应乎天苑，龟鱼丽于海滨，观天文以察变，知无幽之不明。志《天文》。

星　野

　　《周礼·保章氏》："以星土辨九州之地。所封之域，皆有分星，以观妖祥。"○注云"星①，星所主土也。封，犹界也。各郡邑皆有分星。其书亡矣。堪舆虽有，郡国所入度，非古数也。"

　　《周礼·总义》："析木，燕之分星，幽州之星土也。"

　　《左传》注："箕斗之间有天汉，故谓之析木之津。"

　　《春秋元命苞》："箕星散为幽州，分为燕国。"

　　《春秋说题辞》："箕尾为燕。"

　　《尔雅》："析木谓之津。箕斗之间，汉津也。"○注云："箕，龙尾；斗，南斗。天汉之津梁。"

　　《史记·天官书》："尾、箕，幽州。虚、危，青州。营室至东壁，并州。昴、毕，冀州。"

　　《汉书·地理志》："燕地，尾、箕分野也。东有渔阳、右北平、辽西、辽东，

---

① "星"后疑脱一"土"字，当补。郑玄注："星土，星所主土也。"合刊本"乾隆志"此处亦脱此字。

西有上谷、代郡、雁门，南得涿郡之易、容城、范阳、北新城、故安、涿县、良乡、新昌，及渤海之安次，皆燕分也。乐浪、元菟①，亦宜属焉。自危四度至斗六度，谓之析木之次，燕之分也。"

《后汉书·天文志》："辰星主幽州。玉衡第八星主幽州，常以戊②寅日候之。戊寅为涿郡之安次。"

皇甫谧《帝王世纪》："自尾十度至斗七③度百三十五分而终，曰析木之次。于辰在寅，谓之摄提格。于律为应钟，斗建在亥，今燕分野。"《后汉书·郡国志》引以为注。

《晋书·天文志》："自尾十度至南斗十一度为析木，于辰在寅，燕之分野，属幽州。又云：天汉起东方，经尾箕之间，谓之汉津。"○费直《周易分野》："析木起尾九度。"蔡邕《月令章句》："析木起尾四度。"

《隋书·地理志》："冀州于古，尧之都也。舜分州为十二，冀州析置幽、并。其于天文，自胃七度至毕十一度，为大梁，属冀州。自尾十度至南斗十一度为析木，属幽州。自尾④十六度至奎四度为娵訾，属并州。准之星次，本皆冀州之域，帝居所在，故其界尤大。"

《唐书·天文志》⑤："析木为云汉末派，山河极焉。故其分野，自北河末派，穷北纪之曲，东北负海，为析木。负海者，以其云汉之阴也。"

"冀之北土，牧马之所蕃庶，故天苑之象存焉。尾、箕，析木津也。初，尾七度余二千七百五十秒二十一少。中，箕五度。终，南斗八度。自渤海、九河之北，得汉河间、涿郡、广阳及上谷、渔阳、右北平、辽西、辽东、乐浪、元菟、古

---

① 元菟：即"玄菟"，避清康熙"玄烨"之讳。
② 合刊本"乾隆志"此处"戊"字添加了案语："案：《汉书·天文志》注，'戊'应作'五'。"
③ "七"《帝王世纪》上为"十"。
④ "尾"《隋书·地理志》上为"危"。
⑤ 指《新唐书》。

北燕、孤竹、无终①之国。尾得云汉之末派,龟鱼丽焉,当九河之下流,滨于渤碣,皆北纪之所穷也。"同上。

"大梁、析木以负北海,其神主于恒山,辰星位焉。"同上。

《辽史·地理志》:"析津②木③晋蓟县,改蓟北县,开泰元年更今名。以燕分野旅寅为析木之津。"○《国语解》:"野旅寅:野谓星野;旅谓躔次;寅者,辰舍东北之位④。"

《通考》:"尾、箕,燕分。"注:"渤海之安次,皆其分也。"

《明统志》:"顺天府、河间府,天文尾、箕分野。永平府、延庆州、保安州、万全都指挥司,天文尾分野。保定府,天文尾、箕兼昴、毕分野。正定府,天文昴、毕分野。顺德府、广平府,天文昴分野。大名府,天文室、壁分野。"

《古今律历考》:"尾宿,汉《太初历》洛下闳所测十八度,宋皇佑所测十九度,崇宁所测十九度少,元郭守敬所测十九度一十分。"

《地理通释》:"九州十二域,或系之北斗,或系之二十八宿,或系之五星。冀主枢,此系之北斗者也。析木燕,此系之二十八宿者也。辰星主燕、赵、代,此系之五星者也。"

按:天官之学,始自周人,若梓慎之料火灾、裨灶之指同日、子产之不用瓘斝玉瓒以禳,俱了若指掌,惜其书不传。汉儒本前人遗意,以十二州配合经纬,如史迁之《天官》、孟坚之《三统》、中郎之《分野》,皆约略大概而已。其后自六朝以迄前明,志历象者代有专家,而其说较详于前,亦异同于前。其异同者,阴阳之运,随岁以差。其较详者,郡邑之分,愈繁愈狭。要皆不能条分缕析,使一州一邑指画分明,可以按度而稽也。尝阅金陵周于漆所定《天文大成》,原委精详,分星独备。其载东安、固安,同为尾六度,天江斗分属之地,皆

---

① 《新唐书》此处有"九夷"。
② 《辽史》此处有"县"字。
③ 《辽史》此处为"本"。
④ 《辽史》此处为"东北之位,燕分析津之所也。"

他书所未及详者。夫山岳之气，其精上浮，著为三光。凡星之所分，度之所属，原有一定之界。故前人谓九州分域应乎列宿，其州中诸国之封域，又有分星焉。姑以俟精于天象者考之。

地理志

地名安次，星应天江。黄帝所理，召公所邦。三关重阻，九河相望。实京畿之右辅，为幽冀之岩疆。地博大而爽垲①，气坚固而刚强。王公设险，何必孟门、太行也哉。志《地理》。

形　胜

形胜者，山川险要，一邑之形势也。古者设险为国，因地制宜，惟此为至急之务。形胜立而沿革随之，由汉迄今可考也。沿革备而疆域限之，始分之土，昔大而今小，随时以为广狭也。旧志《形胜》在《沿革》《疆域》之下，似属倒置。故志《地理》者冠以《形胜》。

《周礼·职方》曰：东北曰幽州，其山②曰医无闾，薮曰豯养，川曰河、泲，浸曰菑、时，其利鱼盐，一男三女，畜宜四扰马牛羊豕，谷宜三种稷黍稻。

《淮南子》曰：地有九薮，燕之昭余，祁居一焉。薮者，聚也。王者以聚民蓄国。

《宋史》：设险则三关盘绕，涣文则九河萦旋。幽燕腹心之地，边邮③唇齿之邦。

---

① 爽垲（kǎi）：地势高敞干燥。
② "山"后脱一"镇"字。合刊本"乾隆志"此处亦脱此字。
③ 边邮：犹边陲。

《辽史》:东濒沧海,南拥三关。

《金史》:北控燕云,南接雄霸。

《元史》:地势广阔,水陆要冲。

畴平野旷,川秀地灵。南控海口,北接天域。四无山阜,平原爽垲之地。旧志。

负京师于北,面沱港于南。运河左绕,三关右拱,实畿辅襟喉之地,燕翼唇齿之邑也。旧志。

旧载八景于《形胜》内,今另入《古迹》。

沿 革

黄帝制天下以立万国,始经安墟,合符釜山,遂隶涿鹿之阿。安次,即古安墟地。

颛顼都于帝邱①,其地北至幽陵。

帝喾创制九州,统领万国,北至于幽陵。

唐尧使禹治水,奠定九州,为冀、兖二州之域。

虞舜肇十有二州。以冀州南北阔大,分卫水为并州,燕以北为幽州。夏省幽并,仍为冀兖之域。

商立九州,燕曰幽州。

周立幽冀并兖之地,东北曰幽州。

春②秋战国俱为燕国之疆。汉《地理志》云:武王封召公于燕,其后三十六世俱称王。东有渔阳、右北平、辽西、辽东,西有上谷、代郡、雁门,南有涿郡之易州、容城、范阳,北有新城、故安、涿县、良乡、新昌,及渤海之安次,皆燕分也。

《史记·燕世家》:周武王灭纣,封召公于北燕。燕之名始此。至战国时

---

① 邱:"丘"的避讳字。避孔子之讳。
② "春"合刊本"乾隆志"误作"奉"。

燕筑长城，自造阳至襄平，置上谷、渔阳、右北平、辽西、辽东郡。

秦并天下，立郡四十。置上谷、渔阳、右北平等郡。

《史记》：自雁门太原以东至辽阳，为燕、代国。

《汉志》：高帝置安次县，属渤海郡。

高帝五年八月，立卢绾为燕王。六年，分燕置涿郡。吕后时，又分燕国之地置涿郡及广阳国。武帝元狩六年，置十三州，改为幽州，领郡国十。昭帝元凤元年，改为广阳郡。宣帝本始元年改郡为国。后汉建武十三年，省入上谷郡。永平八年，旦置十三州，改为幽州，领郡国十。昭帝元凤元年，旦诛，改为广阳郡。

汉宣帝时，改郡为国，安次隶于广阳郡国。①

汉和帝复置幽州，隶如旧。

三国魏改隶范阳郡。

晋太康初，以幽州听治北燕、范阳二国。永嘉之后，于汉为刘渊地，于赵为石勒地，于燕为慕容隽地，于秦为苻坚地，于后燕为慕容垂地。

后魏迁都平城，置燕都，领于幽州，更安次为安城。太延中，改为东安。②

后周属幽州总管府。

隋大业初，废府，改为涿郡，东安复曰安次③。

唐高祖武德初年④，以东安⑤隶涿郡。四年，移县治于东南五十里石梁城。太宗贞观八年，移县西五十里常道城。⑥ 玄宗开元中，改⑦为范阳郡，东

---

① 合刊本"乾隆志"在"永平八年"处叙述有异。其文曰"永平八年，复为广阳郡，置幽州刺史，治于此。《后汉·郡国志》云：'广阳郡，世祖省，并上谷。永平八年，复五城：蓟、广阳、昌平、军都、安次。'"

② 合刊本"乾隆志"此处无"太延中，改为东安"之语。

③ 合刊本"乾隆志"此处作"复名安次"。

④ 合刊本"乾隆志""初"后脱一"年"字。

⑤ "东安"之名误，此时名曰"安次"。合刊本"乾隆志"此处作"安次"。

⑥ 合刊本"乾隆志"此处补："武后如意元年，分安次，置武隆县，即永清县，属幽州。"

⑦ 合刊本"乾隆志""改"字后补加"幽州"二字，使文意表达更清晰。

安①仍隶范阳。二十三年,移县治于耿就桥行市南。肃宗乾元中,复改东安为安次②,仍隶幽州。

石晋天福初,割燕云十六州以赂契丹,安次遂为辽地。

辽会同元年,以幽州为南京幽都府,安次隶焉。开泰元年,改南京为燕京,幽都为永安析津府。保大末,入于金。

宋宣和五年,幽州入宋,置燕山府路,收复山前州县,安次隶焉。后七年,郭药师以燕山叛,没于金。

金天会七年,属河东北路大兴、宛平等十县,安次在焉。天德三年,迁都燕京,改为中都路,以析津府为大兴府,安次仍隶之。

元中统元年,改安次为东安,隶霸州,更号燕京路,又为总管,大兴路以隶之。二年,升东安县为东安州。至元初,改燕京为中都大兴府。九年,改中都为大都,又改大兴府为大都路总管府,直隶中书省,东安州隶焉。

明洪武元年八月,改大都路为北平府。九月,置大都督分府于此。十月,隶山东行省。二年三月,置北平行省,以北平府隶之。是年,东安因浑河为患,迁治于常伯乡张李店。九年,改东安州为县。旧志:"洪武二年,改州为县。"今照《通志》作"九年",俟考。永乐元年,以北平为北京,改北平府为顺天府,东安县隶焉。国朝因之。

旧志所纂历代沿革与《通志》互异,不知何所征据耳。至云汉宣帝时,改安次为东安尤属无据。按《通志》:"汉置安次县,属渤海郡。后汉属广阳郡。晋属燕国。魏为安城,属燕郡。隋复曰安次,属涿郡。唐属幽州。晋天福中,入于辽,仍曰安次。保大末,入于金。寻入宋,属燕山府。寻仍入金,属大兴府。元太宗七年,改属霸州。中统四年,改名东安,升为东安州,属大都路。"然则汉晋隋唐以迄辽金,皆仍旧名。"东安"之名直于元时始更易耳。附辨于此,以俟考正。

---

① "东安"之名误,此时名曰"安次"。合刊本"乾隆志"此处作"安次"。
② 合刊本"乾隆志"此处未言"复改东安为安次"。

疆　域

正东落堡村,接武清县界,离县治十八里。

东北堤口村,接通州界,离县治五十里。

正西左奕村,接永清县界,离县治十二里。

西南安澜城,接霸州界,离县治四十里。

正南褚河港,接静海县界,离县治六十五里。

东南穆家口,接武清县界,离县治三十五里。

正北萧家务,接大兴县界,离县治五十里。

西北佟指挥营,接大兴县界,离县治六十里。

西北至京都顺天府一百四十里。

西南至省会保定府二百九十里。

北至霸昌道驻扎之昌平州二百一十里。

西北至南路分府驻扎之黄村一百一十里。黄村大兴县属。

东至武清县四十里。

东北至通州一百二十里。

西至永清县四十五里。

西南至霸州一百里。

南至静海县一百三十里。

东南至天津府一百一十里。

北至大兴县一百四十里。

西北至固安县七十里。

东安县志　卷之一①

---

①　合刊本"乾隆志"在卷末均补一"终"字。

东安县志 卷之二 建置志

度地居民,建侯利国,缭以城池,固其封域。廛市鳞鳞,庙社翼翼。视事之堂,退休之室。坊表有仪,府库有式。取象于壮,鼎新于革。因时举事,必关典则。志《建置》。

城 池

城池为一邑之保障,必高墉深堑、规模闳整,非徒壮观瞻,实以资藩卫、备不虞也。顾在明以前者,迁徙不常,具载沿革。今自洪武迁邑之始以迄本朝,凡踵旧增新者,备书于后。

城周围七里二百四十步。东阔七百六十四步,南阔七百一十八步,西阔五百六十步,北阔八百步。高二丈七尺,广一丈五尺。池深八尺,阔一丈二尺。自前明洪武二年从常道城之耿就桥行市南迁治于常伯乡张李店,即今县治是也。旧志迁县治于洪武三年,今照《通志》"二年"。存考。其时城池未建,凡官廨、民居俱属草创。天顺间知县于璧、成化间主簿何瑛始节创濠堑,略具规模。

弘治十一年,知县蒋昇重修基址,砖券城东门一座,为镇东门。

正德六年,流贼为寇。知县周义筑垣浚濠,建三城门,曰安西、曰平南、曰拱北,而四门乃具。十二年,知县武魁又于垣内累土加厚,增立女墙,环城之外,浚以深沟,而城之规制始备。

嘉靖十六年,知县刘继先略加修治,改北门曰迎恩、东门曰曙海、南门曰通津,西门曰宗山。

嘉靖二十八年，知县成印增修城基，广一丈四尺，顶①阔一丈，高二丈七尺，堞五尺。浚池深八尺，广一丈二尺，钉椿排岸，贯以横木。二十九年春，砖包城之四隅，各四十丈，建角楼于其上。北门外复筑月城一座，上建两檐重楼。八月，闻贼势寖急，添掘濠堑，深广加倍。城中设望台六座，以资防守。又填砖包修西门，更券南门重楼一座。

隆庆二年，知县刘祐奉文饬修砖城。因派阖邑富民，计砖七百余万块，灰四千万斤，缮修坚固，堪资守御。

天启五年，知县郑之城又复重修。凡欹裂处，皆撤故易新。而内垣之卑薄者，益加增坚厚，以垂久远。

崇祯元年，知县欧阳保重修四门城楼。改题其额曰：东升、西爽、南明、北拱。

国朝顺治五六年间，浑河为患。四围冲没，城楼垛堞悉行颓圮。康熙十一年，差员勘估，详资工部，未及修筑。十五年九月，知县李大章首捐俸金，设法修葺，四面完固。

乾隆二年，县令张拨遵照乾隆元年部颁营造尺，勘估砖城，四面共长一千五百六十四丈六尺，计银二十二万两零。

乾隆九年，清河道王照张令②原估长丈，改估土城，计银三万二千七百两零。乾隆十三年，原任四川布政司李如兰之子州同李云鹏遵旨修筑，于乾隆十四年三月兴工。

官 廨

县治自洪武二年主簿华得芳移于今所，一切厅廨规模草创。永乐二年，知县李骥重修。

---

① "顶"合刊本"乾隆志"误作"项"。
② 按：此"张令"即上文之"张拨"。

头门三间,上建谯楼,重檐四周,气宇高厂,诚一邑之巨丽也。正德十一年,知县武魁建。至嘉靖四十五年,知县王宗尧拆毁。其后,知县欧阳保号称循吏,兼精堪舆术,于崇祯元年照旧重建。八年,知县何达海复毁之。

仪门三间。

戒石亭一座,万历间知县张汝蕴易以牌坊,在大堂前。雍正元年正月初一日,奉上谕一道,训饬直省各州县,刊刻牌坊在大堂前:

朕惟国家首重吏治,尔州牧、县令乃亲民之官,吏治之始基也。贡赋、狱讼,尔实司之。品秩虽卑,职任綦重。州县官贤,则民先受其利;州县官不肖,则民先受其害。膺兹任者,当体朝廷惠养元元之意,以爱民为先,务周察蔀屋,绥辑乡里。治行果有其实,循卓自有其名,非内聚贿而外干誉,谓之名实兼收也。全省吏治如作室然,督抚其栋梁也,司道其垣墉也,州县其基址也。《书》云:"民为邦本,本固邦宁。"夫所以固邦本者,在吏治。而吏治之本,在州县。苟州县之品行不端,犹基不立则室不固,庸有济乎?

皇考临御六十一年,灼知州县之重。特行引见,咨询明试,至详至慎。其有廉能之员,每不次超擢,以示鼓励。今海内群黎,皆皇考所怀保也。朕膺宗社重寄,思缵皇考之治功。惟尔州县诸臣,具有父母斯民之责,其为朕立之基址,以固邦本焉。诚能洁己奉公,实心尽职一州一县之中,兴仁兴让,教孝教忠,物阜民安,刑清讼简,朕将升之朝,宁用作股肱。如或罔念民瘼,恣意贪婪,或朘①削肥家,或滥刑逞虐,或借刻以为清,或恃才而多事,或谄媚上司以贪位,或任纵胥吏以扰民,或徇私逞欲以上亏国帑,王章具在,岂尔贷欤!更有任州县时私肥己囊,而漫云"且俟显要方立名节"者,其与初市清明、晚而改操之人何以异哉?至于钱粮,关系尤重,丝毫颗粒皆百姓之脂膏。增一分则民受一分之累,减一分则民沾一分之泽。前有请暂加火耗抵补亏空帑项者,皇考示谕在廷,不允其请,尔诸臣共闻之矣。今州县火耗任意加增,视为

---

① 朘(juān):搜刮,剥削。

（乾隆）东安县志

成例，民何以堪乎？嗣后断宜禁止，或被上司察核，或被科道纠参，必从重治罪，决不宽贷。夫欲清亏空之源，莫如节俭。正直节俭则用无不足。正直则上官不可干以私。若朘小民之生以饱上官之贪欲，冒不测之罪以快一时之奢侈，岂砥砺①廉隅②为民父母之道乎？尔州县等官，其恪共乃职，勿贻罪戾，毋谓地远官卑，朕不及察其贤否也。特谕。

大堂一座　旧名"牧爱堂"，知县冯沂改"忠爱堂"。

思政堂　在牧爱堂后，今为二堂，在宅门内。乾隆六年，前令张鸿畴重修。

虚受堂　在宅门内西偏，前令张鸿畴建。乾隆十二年，知县李光昭题额。

库房一间　在大堂左，后移至思政堂右。乾隆六年，前令张鸿畴重修，移至思政堂左。

藏房一间　在大堂右，今废。

仪仗库　在藏房之西，今废。

赞政厅　在库房之东，今废。

知县内署　在思政堂后。

县丞衙署　在正东，今废。

主簿衙署二所　俱废。乾隆十一年，三角淀主簿衙署改建惠家铺。

典史衙署　旧在县丞宅南，后改建于县堂西，今废。

六房　各五间，在堂墀左右。

吏公廨　东西各十间，今废。

土地祠　在大门内甬道东。

马神祠　在土地祠后，一在县署西。

狱一所　在仪门西。

钟楼一座　前明嘉靖四十二年，谯楼钟不击自鸣。隆庆初，邑令王宗尧毁楼，

---

① 砥砺：磨炼，勉励。
② 廉隅：棱角。比喻端正的品行。

卧钟于地,鸣如故。后令王邦直复建楼以悬之,遂止不鸣。今楼在甬道东。

讲约所　在县头门西,旧为茶棚庵。乾隆十三年,知县李光昭改建。

寅宾馆　旧在钟楼北,久废。乾隆十三年,知县李光昭改置讲约所后。

察院行台　在县治东,久废。

顺天府行台　在县治西南,久废。万历六年,知县韩景闵改为马神祠,又废。

金台书院　在东街三官庙西。万历四十六年,知县陆燧建,今废。

税课司　在县治西,缺裁,今废。

河泊所　在县治西,缺裁,今废。

阴阳学　在县治东,今废。

医学　在县治东,今废。

申明亭、旌善亭　知县成印、阮宗道相继重修,今废。

彰善坊　在县治东,乾隆六年,奉文建。

养济院　在大南街西胡同。万历间,知县阮宗道重修,今废。

僧会司　在县治西广严寺。

演武场　在县治东门外。正厅四楹,旗台一座,今废。

仓　库

库房二间,在二堂左。一切银两必具文申报方可动支。其实在新除,逐项登簿明晰。立循环二簿,每月送上司倒换稽查。

广有仓　在东街,今废。

预备仓　在北街,今废。

永丰仓,即常平仓。雍正十三年,奉文将入官房地改建大门一座、廒房共二十八间,内应额贮谷一万二千石。乾隆九年八月,又奉文额贮谷三万石。每年出陈易新及借贷民间俱无常数,必奉明文方可支给。其实在新除,登簿明晰,立循环二簿,每月申送上司倒换稽查。

廛　市

东街　每五日集。

南街　每十日集。

西街　每七日集。

北街　每二日集。

乡镇市集

落垡　在县东十八里，每旬一、六日集。

马头镇　在县东南二十里，每旬一、六日集。

葛渔城　在县东南四十里，每旬五、十日集。

挑河头　在县西南二十五里，每旬四、九日集。

孙家坨　在县西南三十五里，每旬一、六日集。

杨税务　在县西北十八里，每旬三、八日集。

南寺垡　在县西北五十里，每旬四、九日集。

旧州　在县西北四十里，每旬三、八日集。

稽察王　在县西北六十里，每旬二、七日集。

附　三废集

左奕　在县西十二里。

古县　在城西北四十里。

西更生　在县西北四十五里。

变迁因革随乎地，补苴①修饰随乎时。新厩必书，所以重民力也，大城不惜，所以固封疆也。《建置》之宜详尚已。东邑为畿辅重地，凡庙社、坛壝、城池、仓库，整顿固不容缓，经理亦自多端。念地重则桑土之计宜周，念民贫则

---

①　补苴：引申为弥补缺陷。

苌楚之情宜惜。官斯土者,其尚慎审于斯哉。旧志。

村　庄

东南路

陈家务　离城二里。

仇家庄　离城四里。

南新庄　离城八里。

大赵家庄　离城十二里。

济南屯　离城十五里。

马头　离城二十里。

张家庄　离城二十二里。

高家庄　离城二十三里。

甄家庄　离城二十五里。

怀家庄　离城二十六里。

三间房　离城三里。

大小纪家庄　离城五里。

马神庙　离城八里。

东栗家庄　离城十里。

范家庄　离城十四里。

史家庄　离城二十里。

艾万庄　离城二十五里。

小郑家庄　离城二十五里。

孙皮家庄　离城二十七里。

惠家铺　离城二十八里。

葛渔城　离城四十里。

(乾隆)东安县志

于家堤　离城四十一里。

淘河村　离城四十九里。

东沽港　离城五十七里。

褚河港　离城六十五里。

宋六口　离城五十里。

小赵家庄　离城五里。

尤家庄　离城四里。

北崔家庄　离城五里。

北麻家庄　离城八里。

南麻家庄　离城九里。

杨官屯　离城十二里。

金官屯　离城十六里。

田家庄　离城十八里。

谷家庄　离城八里。

齐家营　离城十六里。

罗官屯　离城二十里。

白草洼　离城三十里。

丰盛店　离城三十里。

安王司李庄　离城二十五里。

沙窝　离城十二里。

邢官营　离城十二里。

前所营　离城十里。

庄窠村　离城十二里。

于家营　离城八里。

太平庄　离城十里。

屯东庄　离城五里。

孙东庄　离城六里。

孟家东庄　离城六里。

东庄南关　离城六里。

民东庄　离城五里。

孔家洼　离城八里。

丈房河　离城十二里。

七字堤　离城十二里。

麻子屯　离城八里。

卢家七字堤　离城十二里。

刘家场　离城五里。

东曹家庄　离城二十五里。

东新庄　离城三十里。

响口　离城二十五里。

穆家口　离城三十五里。

于家铺　离城六十里。

闫家庄　离城四十里。

郑家楼　离城五十里。

东北路

韩家庄　离城三里。

东小营　离城五里。

贾家刘哥庄　离城五里。

皮岳家庄　离城八里。

熊家营　离城十三里。

连家庄　离城二十里。

东孟哥庄　离城十八里。

小孟哥庄代律家庄　离城二十五里。

中所营　离城二十五里。

王家寨　离城二十五里。

周哥庄　离城三十里。

东尖塔　离城四十里。

南北尖塔　离城四十里。

王哥庄　离城四十里。

后王哥庄　离城四十里。

麻家营　离城四十里。

堤上营　离城五十里。

簸罗庄　离城六十里。

龙门庄　离城六十里。

半壁店大力庄　离城六十里。

邵哥庄　离城六十里。

新店　离城六十五里。

前后甫里　离城六十里。

倪家村　离城六十里。

张哥庄　离城六十里。

小刘哥庄　离城五里。

潘家场　离城六里。

西王家甫　离城十二里。

永丰　离城十五里。

董家常甫　离城二十里。

麦洼村　离城二十五里。

小官庄　离城三十里。

西务　离城三十五里。

翟哥庄　离城三十五里。

左哥庄　离城四十里。

萧家务　离城五十里。

小马房　离城五十里。

伊家马房　离城四十三里。

大刘哥庄　离城五里。

焦家庄　离城八里。

傅家庄　离城十里。

石哥庄　离城十里。

普照营　离城十二里。

小王家务　离城十二里。

亭子头　离城二十里。

西孟哥庄　离城三十里。

许哥庄　离城二十五里。

黄道务　离城二十五里。

祝家马房　离城十里。

田庄　离城八里。

蔡家庄　离城三十里。

窦家务　离城三十里。

郎房　离城三十里。

小黑垡　离城七十里。

大黑垡　离城七十里。

牛房　离城九十里。

李家甫　离城八十里。

堤口　离城五十里。

尚庄　离城五十里。

东华家营　离城四十里。

新庄　离城四十里。

郭家桑园　离城三十里。

碾子营　离城三十五里。

麦洼新庄　离城二十五里。

把什营　离城十五里。

东张家务　离城八里。

落堡　离城二十里。

齐官屯　离城十四里。

西马圈　离城十五里。

路家营　离城十五里。

吴家庄　离城十五里。

张家营　离城十五里。

单家营　离城十五里。

西南路

蔡家营　离城四里。

贾榆木屯　离城五里。

达王庄　离城八里。

灰城　离城十里。

西张家务　离城八里。

桃园　离城八里。

南史家务　离城五里。

朱村　离城八里。

大北尹　离城五里。

小北尹　离城八里。

左奕　离城十二里。

邵家庄　离城十二里。

南北马子庄　离城十八里。

马杓留　离城七里。

朱官屯　离城十二里。

西史家务　离城五里。

郭家庄　离城二十里。

第什里　离城二十里。

石桥　离城二十五里。

南崔家庄　离城十二里。

大小益留屯　离城十五里。

相府庄　离城十五里。

达子屯　离城十五里。

骆驼湾　离城十五里。

南北户子濠　离城二十五里。

挑河头　离城二十五里。

张家坨　离城三十里。

贺家新庄　离城三十里。

齐家坨　离城三十里。

大郑家庄　离城二十五里。

大沈家庄　离城三十里。

小沈家庄　离城二十七里。

影壁庄　离城三十里。

胡家庄　离城三十里。

小惠家庄　离城三十里。

张家庄　离城二十五里。

哈喇港　离城三十五里。

黄家庄　离城三十里。

黄家堤　离城三十里。

佟家庄　离城三十里。

堤上村　离城三十里。

大小曹家庄　离城二十五里。

岔河村　离城二十八里。

河西邵家庄　离城三十里。

青杨树　离城三十里。

孙家坨　离城三十二里。

里安澜城　离城四十里。

外安澜城　离城四十五里。

得胜口　离城四十五里。

马家口　离城五十里。

磨叉港　离城五十六里。

王家圈　离城六十里。

王家铺　离城六十里。

西北路

前后东处　离城三里。

东西王麻哥庄　离城五里。

东得胜　离城八里。

西得胜　离城八里。

民芦村　离城十二里。

常甫小营　离城十七里。

于家常甫　离城十九里。

王家常甫　离城二十里。

北史家务　离城二十五里。

北昌村　离城三十里。

南昌村　　离城二十五里。

小祖哥庄　　离城二十五里。

杨税务　　离城十八里。

大小麻村　　离城二十五里。

芒店村　　离城三十五里。

古县刘哥庄　　离城三十五里。

古县村　　离城四十里。

艾哥庄　　离城四十五里。

东西大堡　　离城三十二里。

前后南庄　　离城三十里。

爨庄　　离城①三十五里。

芦家庄　　离城四十里。

大五龙　　离城四十五里。

韩哥掌　　离城五十二里。

万家庄　　离城五十里。

高家营　　离城五十五里。

石槽　　离城五十六里。

柴家孙洼　　离城六十里。

霸州营　　离城五十里。

李家孙洼　　离城五十里。

侯家孙洼　　离城五十里。

墨其营　　离城五十里。

霸州小营　　离城五十里。

回子营　　离城五十里。

---

① "城"合刊本"乾隆志"误作"里"。

(乾隆)东安县志

武家营　离城六十里。

殷家营　离城五十里。

柳林马房　离城五十里。

赤鲁　离城七十里。

红寺　离城六十七里。

化家营　离城六十里。

大小东京　离城三十五里。

东西冯家务　离城三十八里。

小五龙　离城四十三里。

艾家务　离城五十八里。

齐家营　离城五十里。

倘户营　离城五十五里。

八家务　离城五十七里。

稽察王　离城六十里。

莽牛庄　离城六十二里。

孙家庄　离城三里。

宋王务　离城一里。

东小韩村　离城五里。

西小韩村　离城五里。

西处村　离城八里。

前后景村　离城十二里。

军芦村　离城十二里。

帘儿营　离城十五里。

辛其营　离城十七里。

南固城　离城二十里。

东固城　离城二十里。

西固城　离城二十里。

柴家务　离城二十五里。

北石村　离城二十五里。

王莽村　离城三十里。

赵哥庄　离城四十里。

霍家店　离城三十五里。

顺民屯　离城三十五里。

奶子房　离城四十里。

旧州　离城四十里。

四南务　离城四十五里。

浑酒营　离城五十里。

草厂　离城五十五里。

佟指挥营　离城六十里。

皋家营　离城六十里。

北皋村　离城六十里。

杜哥掌　离城五十五里。

丰其营　离城六十里。

朱大营　离城六十里。

禅房村　离城八里。

茨平村　离城十二里。

庄窠　离城十四里。

东孟村　离城十五里。

西孟村　离城十五里。

安乐村　离城二十里。

柳园　离城三十里。

琥珀营　离城三十五里。

胡其营　离城三十五里。

南北城　离城三十八里。

管家务　离城三十七里。

刚其营　离城四十里。

前僧垡头　离城四十里。

后僧垡头　离城四十里。

安玉村　离城三十里。

东更生　离城四十五里。

马家务　离城四十里。

南汉村　离城四十里。

太宁侯庄　离城四十二里。

刘官营　离城五十里。

石家庄窠　离城四十里。

郝家留犊　离城五十里。

邢家营　离城五十里。

屯民潘村　离城六十里。

簸箕营　离城六十里。

周家留犊　离城五十里。

曹家留犊　离城五十里。

南北常道　离城五十里。

垡上村　离城五十里。

东火头营　离城五十里。

西火头营　离城五十里。

苗家小寨　离城五十里。

王家小寨　离城五十里。

靳哥掌　离城五十里。

兴隆庄　离城四十八里。

更生新庄　离城四十里。

穆家马房　离城四十里。

高家更生　离城五十五里。

夏家营　离城五十五里。

西北张家务　离城五十五里。

毛家营　离城五十七里。

王哥掌　离城五十里。

新白家务　离城五十里。

太平新庄　离城五十五里。

沈高小寨　离城六十里。

旧白家务　离城五十里。

孤庄　离城六十里。

杨家马房　离城七十里。

野鸡刘哥庄　离城六十里。

南寺堡　离城五十里。

北寺堡　离城五十里。

寺堡新庄　离城五十里。

王里　离城六十里。

卜家营　离城七十里。

团城新庄　离城七十里。

团城　离城七十里。

毕哥庄　离城七十里。

田庄古营　离城六十里。

藏家古营　离城六十五里。

华家营　离城六十里。

崔指挥营　离城五十七里。

蔡家务　离城五十里。

洪家新庄　离城六十二里。

高家务　离城二里。

社学庄　离城二里。

陈亮营　离城五十七里。

祁指挥营　离城六十里。

杨家更生　离城五十里。

四乡

安仁乡　县东北。

崇福乡　县东南。

惠化乡　县西北。

常伯乡　县西南。

附：前明编户四十四里

澄清坊

文城坊　城内以坊名。

黄务里

东庄里　以上迤东。

辛庄里

安庄里

白洼里　以上迤东南。

北马里

河北里

河南里

石桥里

益留里　以上迤西南。

淳化里

丰登里

通津里

东张里

葛南里

葛北里

东沽里

公河里

安富屯

宣化屯

修政屯　　以上正南。

户北里

左南里

左北里

北隐里　　以上迤西。

刘庄里

得胜里

卢村里

徐村里

艾庄里

北昌里

凤窝里

贾庄里

邵庄里

南务里

东务里

新务里

王庄里　以上迤北。

孙洼

团城里

白务里

留犊里　以上迤西北。

东安县志　卷之二

东安县志 卷之三

学校志

天子璧雍①,诸侯泮宫②。上丁释菜③,先师是崇。教以礼乐,考以鼓钟。发箧逊志,义备德充。鹤鸣皋而振响,凤翙羽而栖桐。储才以待国家之选,征文而见天下之同。志《学校》。

学校,建置之大者也。然必先有城郭、宫室而后有学。城郭立,公廨④备,人民聚,市廛⑤集,于是建学明伦,奉至圣以为师表。学者登其堂,观其车服、礼器,心向往之,徘徊不能去,而教之道乃可入矣。其释奠而释菜也,所以敬事先师,非一切寻常祀典例,故特志之。

庙 制

大成殿五间,中悬御额　康熙三十年题"万世师表";雍正四年题"生民未有";乾隆三年题"与天地参"。

露台　在殿下。

东西两庑⑥　各七间。

---

① 璧雍:即"辟雍",古代天子所设立的太学。
② 泮宫:周代诸侯设立的学官。
③ 释菜:古时入学时一种祭祀先圣先师的一种典礼。
④ 廨(xiè):官署,官舍。
⑤ 市廛(chán):商肆集中之处。
⑥ 庑:堂下周围的廊屋。

崇圣祠三间　在明伦堂后。

戟门三间

泮池

屏壁一座

棂星门

牌坊二座　左为"继往",右为"开来"。嘉靖二十九年建,久废。又东为"德侔①天地",西为"道冠古今"。万历间,本道梁有年、教谕寇光裕重建,今亦废。

神库房二间　在殿之右,久废。

明伦堂三间　在殿之后。

卧碑　在明伦堂东北壁上。

敬一亭　在明伦堂后,久废。

传经堂　在敬一亭后,久废。

育英门

进德、修业二斋各三间　在明伦堂左、右,久废。

孝弟忠信四号　在敬一亭左、右,各五间,久废。

文昌祠　在明伦堂左。

名宦祠　在戟门外东偏。

乡贤祠　在戟门外西偏。

射圃亭　在庙学西,今废。

四箴并程范箴　嘉靖间知县韩襄奉敕建,今废,碑存。

教谕宅一所

训导宅一所　俱废。

---

① 侔:等,齐。

庙　位

大成殿安设至圣先师孔子神位,正中南向。

四配

复圣颜子

述圣子思子　在殿内东旁西向。

宗圣曾子

亚圣孟子　在殿内西旁东向。

十一哲

先贤闵子　名损。

先贤冉子　名雍。

先贤端木子　名赐。

先贤仲子　名由。

先贤卜子　名商。

在殿内次东西向。

先贤冉子　名耕。

先贤宰子　名予。

先贤冉子　名求。

先贤言子　名偃。

先贤颛孙子　名师。

先儒朱子　名熹。

在殿内次西东向。

东庑西庑祀七十二贤及历代诸儒之有功圣学者。

崇圣祠　原为"启圣祠"。雍正元年追封五代王爵,改名"崇圣祠"。安设:

肇圣王木金父公,正中南向;

裕圣王祁父公,东一室南向;

诒圣王防叔公，西一室南向；

昌圣王伯夏公，东二室南向；

启圣王叔梁公，西二室南向。

配位

先贤颜氏　无繇。

先贤孔氏　鲤。

在祠内东旁西向。

先贤曾氏　点。

先贤孟孙氏

在祠内西旁东向。

东西两庑配先儒周辅成、程珦、蔡元定、张迪、朱松　各东西向。

祭　法

每岁春秋二仲月上丁日致祭。先三日斋戒，前一日省牲。知县正献，行九跪三献礼。教官分献，行一献礼，悉如会典。先师正位，陈设酒三爵，帛一筐，太羹①一登②，和羹二铏，黍稷二簋，稻粱二簠，十二笾盐、槁鱼、枣、栗、榛、芡、菱、鹿脯、鲜、糗、饵、粢，十二豆韭、兔醢、菁、芹、笋醢、鹿醢、鱼醢、豚胉、脾、肵、他、糁、羊一俎，豕一俎，设太牢雍正四年增设。

四配，酒各三爵，帛各一筐。大羹一豆，和羹二铏，黍一簋，稷一簠，六笾盐、枣、栗、鹿脯、菱、槁鱼，六豆菁、芹、笋、鹿醢、兔醢、鱼醢，羊豚皆一函。

十一哲，酒各一爵，帛各一筐，和羹一铏，黍一簋，稷一簠，四笾省菱、槁鱼，四豆省笋、鱼醢，羊豚皆一函东西数同。两庑，每庑合四位，酒四爵，帛一筐，黍一簋，稷一簠，四笾，四豆，豕四函。

---

① 太羹：即大羹，不和五味的肉汁。

② 登：古代祭器名。

崇圣祠正位陈设酒三爵,帛一篚,和羹二铏,黍稷二簠,稻粱①二簋,笾四,豆四,羊豕皆一俎。

配位,各酒三爵,帛一篚,和羹二铏,黍稷一簠,稻粱一簋,笾豆皆四,羊豕皆一函。

是日也,祭毕。乃致祭于文昌祠魁星楼,并名宦乡贤二祠皆祭之。

魁楼　在学之东南,万历间知县郑崇岳建,有碑。

文昌阁　在县治东南隅,与魁楼相映。

义　学②

一在县治小西街　前令张拔建,已废。乾隆十三年,知县李光昭重建。

一在王里村,雍正九年建。

一在茨平村,乾隆十年知县李光昭建,有碑。

社学,在西门外,康熙五十四年建。

顺治九年奉敕,刊立卧碑,设于明伦堂之左,晓示生员永为遵守。

康熙四十一年,《御制训饬③士子文》颁行直省各学。每月朔望,令儒学教官传集该学生员,宣讲训饬,务令遵守。

康熙五十四年,谕直隶巡抚赵弘燮:"朕每年春间行幸水淀,近见民生虽不能家给人足,比之往时,似觉差胜,但村庄之中诵读尚少。朕思移风易俗莫过读书,非此无可上进。况畿辅之地,乃王化所先。宜于穷乡僻野皆立义学,延师教读,以勉励孝弟,可望成人矣。尔即遍示庄村,皆知朕崇文好学之深意。特谕。"

---

① "粱"合刊本"乾隆志"误作"梁"。
② 义学:义塾,以本族贫困子弟为教育对象,有官办、民办、官民合办等多种形式,清代主要是官办。有的义学还可以提供学生的生活费和生活用品。旧时由私人集资或用地方公益金创办的免费的学校。
③ 饬:通"敕",告诫。

雍正元年题定,奉旨:"直省学政通饬府、州、县、卫教授、教谕、训导,凡所管生员,立定程课,令其时至学宫,面加考校。其新进生员,照国子监坐监之例,令在学舍肄业,俟下案新生,至学为满。或有亲老家贫,势难久居学舍者,亦必分题校艺,每月定期几次,无使旷业。"

三年,《圣谕广训万言谕》《御制朋党论》颁发各省学政刊刻刷印,赍送各学。令教官朔望宣讲,岁科两试复试童生,令其墨写《圣谕广训》一条。

雍正二年,敕谕:"附乡庙庭诸贤,皆有羽翼圣经、扶持名教之功。然历朝进退不一,而贤儒代不乏人。或有昔罢而今议复,有旧缺而今宜增,其从祀崇祀者周、程、朱、蔡外,或有可升而附并先贤先儒之后。孰当增置五经博士,以昭崇报。

九卿翰詹议准复祀者六人:林放、蘧瑗、秦冉、颜何、郑康成、范宁。宜增祀者二十人:县亶、牧皮、乐正子、公都子、万章、公孙丑、诸葛亮、尹焞、魏了翁、黄干、陈淳、何基、王柏、赵复、金履祥、许谦、陈澔、罗钦顺、蔡清、陆陇。其宜入崇圣祀者一人:张迪。宜增置博士者四人:冉雍、冉伯牛、子张、有若。"

雍正四年九月,奉上谕:"为士者,乃四民之首,一方之望,凡属编氓皆尊之奉之,以为读圣贤之书,列胶庠之选,其所言所行俱可以为乡人法则也。故必敦品励学、谨言慎行,不愧端人正士,然后以圣贤诗书之道开示愚民,则民必听从其言,服习其教,相率而归于谨厚。或小民偶有不善之事,即怀愧耻之心,相戒勿令某人知之,如古人之往事,则民风何患不淳,世道何患不复古耶?朕观今日之士,虽不乏闭户勤修、读书立品之人,而荡检逾闲、不顾名节者亦复不少,或出入官署包揽词讼,或武断乡曲欺压平民,或抗违钱粮藐视国法,或代民纳课私润身家,种种卑污下贱之事难以悉举。彼为民者,见士子诵读圣贤之书而行止尚且如此,则必薄待读书之人而并且轻视圣贤之书矣。士习不端,民风何由而正!其间关系极为重大。朕自即位以来,加恩学校,培养人才,所以教育士子者,无所不至。宜乎天下之士,皆鼓舞奋兴,争自濯磨,尽去其佻达之习矣。而内外诸臣条奏中,胪列诸生之劣迹请行严惩者甚多。朕思转移化导之法当先端其本原。教官者,多士之仪型也;学臣者,教官之表率也。教官多属中材,又或年齿衰迈,贪位窃禄,与士子为朋俦,视考课为故套。而学臣又但以衡文为事,任教官之因循怠惰、苟且塞责,漫不加察。所以倡率之本不立,无怪乎士习之不端,风俗之未淳也。朕孜孜图治,欲四海之大,万民之众,皆向风而慕义,革薄而从忠,故特简督学之臣,慎重教官之职,欲使自下而上,端本澄源,以收实效也。凡为学臣者,务须持正秉公,宣扬风化。于教官之称职者,即加荐拔,溺职者即行参革。为教官者训诲士子,悉秉诚心,如父兄之督课子弟。至于分别优劣,必至公至当,不涉偏私。如此各尽其道,则士子人人崇尚品诣,砥砺廉隅,不但自淑其身,而群黎百姓日闻善言,日观善行,必共生感发之念,风俗之丕变庶几其可望也。"

雍正五年,奉上谕:"直省拔贡,旧例十二年题请举行一次,后因各省学政不能秉公选取,国子监未便照例请行,于雍正元年特行一次。朕思各州县每年岁贡较其食廪浅深挨次出贡,内多年力衰迈之人,欲得人才,必须选拔。着令各省学臣,于科考时照例府学拔取二名,州县学拔取一名。宁缺毋滥,务取学问优通、品行端方、才猷可用之人。令其来京,朕将亲行考验,令入国子监肄业。如有学问荒陋、人品不端、才具庸劣者,将该学政严加议处。嗣后六年选拔一次,国子监届期题请候旨。"今复改为十二年选拔一次。

学宫在县治西,唐开元间建于耿就桥行市南。元中统四年,改县为州,升为州学。至正二十三年,因浑河水患,移于州治东朝正坊。至明洪武二年,复因浑河水患,随县治迁于今地。九年,改州为县,复为县学。宣德五年,知县王友信重修。天顺七年知县冯珍,嘉靖二十八年知县成印,隆庆五年知县王邦直,万历三十九年知县郑崇岳、教谕寇光裕,国朝康熙六年教谕王梦明,十一年训导马元调,六十一年知县周道裕,各有修建。

藏　书

御纂《周易折衷》一部　　　御纂《书经传说》一部
御纂《诗经传说》一部　　　御纂《春秋传说》一部

御纂《性理精义》一部	《日讲四书》一部
钦颁《朱子全书》一部	钦定《明史》一部
御批《资治通鉴》一部	

论曰:"三代之学尚矣,自古右文之主兴贤育才,树国本而端教化,断自学始。钦惟圣祖仁皇帝、世宗宪皇帝《御制训饬士子文》颁行直省学官,期于砥砺廉隅,敦行不怠。又慎重教官,以为端本澄源之治。大哉!王言天下万事,允宜钦遵勿替者也。盖士以立品为先,文艺次之。立品莫重于惇伦,惇伦莫先于孝弟。人能孝第,以之事君则忠,以之事长则敬,以之治民则理。虽或文采不足而实行可孚,洵国家之良士也。东安为畿辅大邑,志称俗多文雅,尚德义而重廉隅。前明如刘李诸公,先后腾踔于庠序中,立朝风节卓有可纪,诚不虚也。迄今士风少替,讵古今人之不相及哉?夫倡率化导,有司之责也。月要岁会,师长之任也。业精于勤,多士之职也。诸生幸逢文治昌明之日,务思恪遵圣训,以品诣端其本,以文章泽其躬。异日者得时而驾,庶不负朝廷兴贤育才之至意尔。"

祀典志

国之大典,惟祀为先。风云雷雨,社稷山川。先农先啬,报蜡祈年。苟在祀典,罔或不虔。或扫坛致享,或作庙布筵。崇德教以德,报功示以功,凡忠孝节义者皆与焉。志《祀典》。

坛 壝

雍正十年三月初九日,奉上谕:"直隶各府州县设立坛墠①,致祭社稷及风

---

① 墠(shàn):供祭祀用的经过清除平整的场地。

云雷雨山川城隍之神。每岁春秋展祀以崇报享,典至重也。从前初建之时,有司或视为具文①,规制未必周备。及历年既久,渐有倾圮之处,又未必及时修葺。是以僻远之郡县规模简略,礼仪草率者,往往有之,甚非肃将禋祀之本意也。着礼部查照定例,行文各该督抚,转饬府州县,敬谨如式修理,以重祀典。仍令造册报部。每遇该管官员升迁事故,俱照先农坛忠孝节义祠例,入交盘项内查明接受。庶有司自顾考成,经理益加虔恪矣。特谕。"

社稷坛　在县治西门外,春秋二仲月上戊日祭。

风云雷雨山川坛　在县治南门外,与社稷坛同日祭。

雩②坛　每岁仲夏致祭,岁旱则又设位以祷之。

先农坛　在县治东门外,每岁仲春亥日致祭。

雍正四年八月,奉敕:"直省举行耕耤礼③,各该地方设立先农坛,自雍正五年为始,每岁仲春亥日,府尹督抚及府州县卫所等官率所属及乡耆老农诣坛虔祀。各官次第扶犁,老农终亩。"

臣谨按:耕耤之礼,古圣王崇孝务本,典至巨也。钦惟世宗宪皇帝修复古制,每岁仲春躬举耕耤大典,于以供粢盛而劝百姓,宜其嘉谷诞登。时和年丰,而神降之福也。

厉坛　在县治北门外,清明节、七月望、十月朔致祭。计地三亩七分五厘。

漏泽坛　在厉坛东,地八亩。知县韩襄查复,计地八亩,南北五十七弓,东西三十四弓。

祭法

社坛,酒三爵,帛一筐,和羹二铏,黍稷二簠,稻二簋,枣、盐、栗、槁鱼四

---

① 具文:空文。
② 雩(yú):古代为求雨而举行的一种祭祀。
③ 耕耤礼:帝王亲自耕种田地。

笾,韭、菁、菹①醢②、醯③四豆,羊一俎,豕一俎。

稷坛如其数。

风云雷雨山川坛,器增社坛二之一,筐增五,祭品一如社仪。

先农祠,牲用羊豕三,献礼如常仪。

厉坛,酒三爵,果四笾,蔬四豆,羊二俎,豕二俎,羹八器,饭四科。

庙　祠

关帝庙　在县治北街。雍正三年,奉文加封三代公爵。每岁春秋仲月戊日祭,五④月十三日复专祭。顺治十三年,泾阳张玉置香火地三十亩,勒石于庙⑤。又庙旁浚井得古刀,重八十余斤,邑人⑥以为即偃月刀。其说无稽,另见《庙记》。

城隍庙　在县治西南隅。县官朔望行香。三月二十八日神诞,邑人祀以牲醴。每岁春秋上戊日致祭。

土地祠　在仪门东。春秋二仲月上戊日祭。

龙王庙　旧在县治东门内。今改建南关外。春秋致祭。

马神庙　在土地祠后。春秋上戊日祭。

八蜡庙　旧在县治西。今改建东门外。春秋上戊日致祭。

刘猛将军庙,雍正二年奉敕建,今合祀于八蜡庙同日祭。

按:《通志》引《降灵录》,神名承忠,吴川人。元末授指挥,弱冠临戎,兵不血刃,盗皆鼠窜。适江淮千里飞蝗遍野,挥剑追逐,须臾蝗飞境外。后因鼎革,自沉于河。有司奏请,遂授"猛将军"之号。今又旁考《怡庵杂录》云:宋

---

① 菹(zū):酸菜,腌菜。
② 醢(hǎi):用肉、鱼等制成的酱。
③ 醯(xī):醋。
④ 合刊本"乾隆志""月"前脱一"五"字。
⑤ "庙"合刊本"乾隆志"误作"五"。
⑥ 合刊本"乾隆志""邑人"后衍一"庙"字。

理宗景定四年三月八日，封刘锜为扬威侯天曹猛将之神。其敕曰："国以民为本，民实庇于干城。民以食为天，食尤重于金玉。是以后稷教之稼穑，周人画之井田，民命之所由生也。自我皇祖神宗列圣相承，迨兹奕叶，朕嗣鸿基，夙夜惕若。迩年以来，飞蝗犯禁，渐食嘉禾。宵旰怀忧无以为也，黎民咨怨，末①如之何。民不能祛，吏不能捕，赖尔神力，扫荡无余。上感其恩，下怀其惠。余故提举江州太平兴国宫、淮南、江东、浙西制置使刘锜，今特敕封为扬威侯天曹猛将之神。尔其甸抚之，庶血食一方。故敕。"二说未知孰是。《降灵录》《怡巷②杂录》二书亦未知何人所著。今两存之，以备参考。

旗纛③庙　在县东门外演武场。每岁文武官于霜降日致祭。庙久废。

忠义祠　在明伦堂后。

节孝祠　在学宫之西。

雍正二年，遵旨："议准顺天府直隶各省府、州、县、卫，分别男女，每处各建二祠。一为忠义孝弟之祠，建于学宫内。祠门内立石碑一通，将前后忠义孝弟之人，刊刻姓氏于上。已故者，设位于祠中。一为节孝之祠，另择地营建。祠门外建大坊一座，将前后节孝妇女标题姓氏于上。已故者，设位于祠中，每年春秋二次致祭。"

祭法

春秋二仲月祭关帝庙，牲用羊豕，设太牢④，其仪注与文庙同。朝服行三跪九叩，三献礼。是日，并祭三代祠，无太牢。行两跪六叩，三献礼，如祭崇圣祠。五月十三日专祭，牲仪皆如前。

上戊日祭八蜡庙并刘猛将军，牲用羊、豕，酒各二爵，余如常仪。是日，也

---

① "末"字误，当作"未"。合刊本"乾隆志"此处亦误作"末"。
② "巷"字误，当作"庵"。合刊本"乾隆志"此处作"庵"，不误。
③ 纛(dào)：古代军队或仪仗队的大旗。
④ 此处疑有误。古代帝王祭祀社稷时，牛、羊、豕三牲全备为"太牢"。少牢只有羊、豕，没有牛。故此处疑为"少牢"。

兼祭土地及马神祠。

城隍与风云雷雨山川同,祭礼亦如之。

忠义节孝与社稷坛同日致祭,其礼则视《名宦》《乡贤》。

古之为政者,成民而后致力于神。苟无嘉德,神弗享也。是以循良之吏,其素行无愧于神明。一旦为民请命,竭诚呼吁,神未有不应之者。以勤民为事,神之本;以敬神为介,福之原。阴阳感通之故,岂杳渺而无凭者哉!

东安县志　卷之三

东安县志 卷之四 巡幸志

典肇虞巡,谚歌有夏。后王宴处,不履堂下。钦惟圣明,勿遑逸暇。巡游畿甸,省兹耕稼。阅视浑河,投璧沉马。云行雨施,德洋恩①洒。万民厥角,迎谒车驾。就日瞻云,莫名圣化。志《巡幸》。

臣谨按:巡狩之典,肇自有虞,而春秋两省巡行畿甸,夏谚所由作也。迄汉唐以降,离宫别馆,星罗云布,或号长杨五柞,或名九成华清。天子不时游幸其地,车徒杂沓,致妨农业,与古之省耕省敛者异矣。我国家自世祖章皇帝创业垂统,三圣相承,道洽政治。暨我皇上,克绍丕基。上下一心,万民和乐。沐膏咏勤者百有余年于兹矣,岂不休哉!东安为畿南巨邑,遥通雄霸,近接浑河。浑河者,即古之桑干河也。自元明以来,泛滥不治。圣祖仁皇帝勤念民瘼,亲临阅视,不惮再三。东安父老欣然望幸,至今思禹绩焉。至于南巡方岳,出警入跸,惟东安为通道之区。又或万几余暇,开水围于雄霸,以习武事,因之观风问俗,咨询疾苦,而恺泽行乎其间矣。以视汉唐之世,躏禾稼而逐禽兽,供刍荛而病农时,役官吏于道途,耗帑藏而无算。相去为何如也。臣谨述梗概,载之邑志,俾荐绅学士以及草野细民皆晓。然于天步所临,湛恩汪涉②,沛然四达,是即有虞氏之时巡,而夏后歌谣所由咏叹于弗谖③者也。

顺治八年冬十月,世祖章皇帝驻跸④大垡,恩赐知县涂应旗红蟒袍一件,腰带一围。

---

① "恩"合刊本"乾隆志"误作"思"。
② 湛恩汪涉:意为"恩泽深厚"。
③ 谖(xuān):欺诈,欺骗。
④ 驻跸:帝王出行途中,在某处停留暂住。

康熙六年冬十月,圣祖仁皇帝驻跸县城东北。

康熙八年春二月,圣驾进县北门,见城内积潦未干,随出,驻跸尤家庄。诏知县王叶龙问民疾苦,次日至武清。即日午后幸围,复至刘哥庄。

康熙八年冬十月,驻跸旧州。

诏谕县官吏,所用薪刍麸豆一切食用等费,俱赴户部领价,照数给发,不许奸胥蠹吏借端派累民间。

康熙二十四年春二月,驻跸东安。

康熙三十五年夏五月,阅视永定河,驻跸东安。

康熙三十八年春二月,南巡阅河,驻跸东安。

康熙三十九年春二月,阅视河道,驻跸东安。

康熙四十一年春正月,南巡,驻跸东安。

康熙四十三年冬十月,阅视新河,驻跸东安。

康熙四十五年春二月,阅视新河入海,驻跸东安。

康熙四十八年夏五月,南巡回銮,驻跸东安。

康熙五十年春二月,行幸霸州水围,回銮,驻跸东安张家营。

康熙五十一年春,行幸水围,驻跸东安寺垡。

康熙五十六年春三月,阅视北运河,驻跸东安。

（原空六行）

恩 蠲

政治在于足民,足民在于薄敛。上之取之者不苛,则下之蓄之者无尽。此风俗所以敦庞,盗贼不作,天下称至治也。三代而后,惟汉代书蠲租者六,文帝实居其三。其时,家给人足,狱讼衰息,几致刑措,盖不虚耳。我国家列圣相承,省刑薄敛,史不胜书。百年来全免天下租赋者三,近畿州县邀恩格外,不一而足。其他偶遇灾祲,即量行酌减,或全与豁除。又发银米以赈济之者,皆不在此数。尧仁周德,亘古罕有,吾民亦何幸而际此太平盛治也哉!

康熙二十四年，奉上谕："直隶八府康熙二十三年未完地丁钱粮，尽行豁除。二十四年应征地丁各项正赋，俱免三分之一。"

二十五年，奉上谕："自古帝王抚驭九有①，轸念民依。凡鞠谋生养，为计甚周，尤以赐复蠲租为布德行仁之要务。朕嘉与海内元元②，共图乐利，弛征减赋，时廑于怀。惟频涣恩施，俾万姓得沾实惠。念直隶畿辅重地，天下根本，宽租之诏屡沛往年。但顺、永、保、河，较之畿南诸府差役倍多，供亿尤剧，应加轸恤。又湖广湖南、福建、四川、贵州地方，昔年为贼窃据，民遭苦累。今虽获有宁宇，更宜培养，以厚民生。应一体蠲免，用昭恺泽。直隶顺、永、保、河四府及四川、贵州两省，所有康熙二十六年应征地丁各项钱粮，俱著蠲免。二十五年未完钱粮，亦著悉与豁除。湖广湖南、福建两省所有康熙二十六年下半年、二十七年上半年地丁各项钱粮，及二十五年未完钱粮，亦与尽行豁免。尔部速行该地方，通行晓谕，务使人民均被恩膏，以副朕爱育苍生至意。如有不肖有司、官役，借端朦混及私行重征者，该督抚指名题参，从重治罪。如该督抚徇隐不行纠举，或经参奏，或被告发，定行一并从重治罪。尔部即遵谕行。特谕。"

三十二年，奉上谕："朕念切民生，时廑宵旰，或在宫禁之中，或经巡省之地，务以编氓疾苦备悉咨询。其从各省来京陛见官员及往来奉使人等，亦无不以各省雨泽曾否应时，田亩有无收获，并闾阎资生情形一一体访。比年以来，因国家经费尚充，遂将各省地丁额赋及旧欠钱粮节次蠲免。即从前未经停征之漕粮亦逐年免征。总欲使海隅苍生培固元气，庶臻于家给人足之风。今岁，畿辅地方虽禾稼未获稔收，初意小民糊口之需犹足资给，未必生计遂致艰难。顷者，展谒山陵，沿途察访民隐，见今岁雨水过溢，田亩被淹没者甚多。谷耗不登，米价翔贵。又闻顺天、河间、保定、永平四府所属皆然。目前，米价

---

① 九有：即九州、九域。
② 元元：百姓，黎民。

（乾隆）东安县志

既贵,将来春夏之际,时值益昂,小民必艰粒食,此朕目所亲睹。若来岁钱粮仍然征收,朕心实有未忍。顺天、河间、保定、永平四府,康熙三十三年应征地丁银米著通行蠲免,所有历年旧欠,悉与豁除。行文该抚,晓谕各属。务令人沾实惠,以副朕子育黎元至意。尔部即遵谕行。特谕。"

三十四年,奉上谕:"直隶顺天、保定、河间、永平四府所属地方,今岁水淹伤稼,三农①歉收。朕巡幸所至,遍加咨访。闻高阜之处尚有秋成,而卑下之田被潦者多。计所收获,不能相敌。虽经勘灾颁赈,不致仳俪②失所。而须办钱粮若仍行征取,则民力匮乏,难以输将。朕心深切不忍,著将四府康熙三十五年地丁银米全与蠲免,用示宽恤。其霸州、雄县、香河、宝坻四处,皆有水道,可以转输。每处着发米一万石,各差司官一员赍往,照彼地时价减值发粜,以资民食。著行文该抚,通行晓谕。俾均沾实惠,副朕轸念灾黎至意。尔部即遵谕行。特谕。"

四十五年,奉上谕:"朕宵旰图维,勤求民隐。每欲敷蠲贷之恩,以为闾阎留有余之力。直隶、山东地方,四十二年偶遇灾沴,因特免山东四十三、四两年额赋,并四十一年以前积欠钱粮。直隶则顺天、河间两府四十四年额赋亦俱豁免。今虽屡年收获,民气渐舒,而所有宿逋③尚应输纳。朕念黎元方有起色,办赋犹艰,一时新旧并征,势难兼应。宜更加宽恤,以弘休养。直隶自康熙四十一年至四十三年,各府属未完民欠银八万二千七百两有奇,粮五千九百石有奇;山东省康熙四十二年各府属未完民欠银一百六十九万一千七百两有奇,粮五千九百石有奇,或见在征取,或分年带征,俱著通行蠲免。俾小民悉除逋负之累。倘应征旧欠有见完纳在官者,即准抵本年正赋。谕旨到日,各该抚速行。所属有司,遍示晓谕。有不肖官吏朦溷征收,不与开除明白

---

① 三农:指春、夏、秋三个农时。
② 仳(pǐ)俪:别离。
③ 宿逋:指滞纳的赋税。

者,该抚即时参劾,严加治罪。尔部即遵谕行。特谕。"

四十九年,奉上谕:"朕恭膺天眷,祗①承列祖鸿庥②,统御万方,子育兆庶。廑怀至治,宵旰靡宁。幸际海宇同风,边隅响化。遐迩中外,帖然衽席之安者,是皆仰荷天地祖宗福佑之所致也。方朕八龄践祚③之初,太皇太后问朕何欲。朕对:'臣无他欲,惟愿天下治安,生民乐业,共享太平之福而已。'迄今五十年矣,惓惓此心,未尝一日少释。每思民为邦本,勤恤为先,政在养民,蠲租为急。数十年以来,除水旱灾伤例应豁免外,其直省钱粮次第通蠲一年者,屡经举行。更有一年蠲及数省,一省连蠲数年者。前后蠲除之数,据户部奏称,通共会计已逾万万。朕一无所顾惜。百姓足,君孰与不足?朝廷恩泽不施及百姓,将安施乎?朕每岁供御所需,概从俭约。各项奏销浮冒,亦渐次清厘。外无师旅饷馈之烦,内无工役兴作之费。因以历年节捐之储蓄为频岁涣解之恩膏。朕之蠲免屡行而无国计不足之虑,亦恃此经画之有素也。比来省方时迈已历七省,南北人民风俗及日用④生计靡不周知,而民生所以未尽殷阜者,良由承平既久,户口日蕃,地不加增,产不加益,食用不给,理有必然。朕洞瞩此隐,时深轸念,爰不靳敷仁,用苏民力。明年为康熙五十年,思再沛大恩以及吾民。原欲将天下钱粮一概蠲免,因众大臣集议,恐各处需用兵饷,拨解之际,兵民驿递益致烦苦。细加筹画,悉以奏闻。故自明年始,于三年以内,通免一周,俾远近均沾德泽。直隶、奉天、浙江、福建、广东、广西、四川、云南、贵州各巡抚及府尹所属,除漕项钱粮外,康熙五十年应征地亩银共七百二十二万六千一百两有奇,应征人丁银共一百一十五万一千两有奇,俱著察明全免。并历年旧欠共一百一十八万五千四百两有奇,亦俱著免征。其五十一年、五十二年应蠲省分至期候旨行。民间旧欠既经豁免,嗣后每年

---

① 祗(zhī):恭敬。
② 庥(xiū),指庇荫,保护。
③ 践祚:指古代帝王即位。
④ 合刊本"乾隆志""日"后脱一"用"字。

额征钱粮务如数全完。倘完不及额或别有亏空，托称民欠，则负国甚矣。即责令督抚以下官员偿补，仍从重治罪。夫地方大吏以及监司守令，皆与吾民谊均休戚者也。诚克体朕孳孳保赤之怀，实心爱养，力杜侵牟朘削，则闾阎咸得，衣食滋殖，无有失所，而为官吏者，亦身名俱泰，岂非升平乐利之盛事欤？尔部移文各督抚，谕旨到日，即刊刻颁布，遍示穷檐，令咸知悉。特谕。"

五十四年，奉上谕："朕早夜孜孜，轸怀民瘼。四方水旱，时勤咨询。惟恐闾阎之益藏未裕，一遇俭岁，收获失望，穷黎即无以资生也。直隶、顺天、保定、河间、永平、宣化五府所属地方，今岁雨水过溢，田亩被淹者甚多，谷耗不登，民艰粒食。见今缓征赈借，虽惠泽频施，而来春应办钱粮若仍行征取，则民力匮乏，输将难继。着将五府州县康熙五十五年地丁银八十五万五千八百两零，粮、米、豆、谷一十一万五千五百石零，草九万四千九百束零，俱通行蠲免。尔部行文该督，遍饬所属，实心奉行，俾穷乡僻壤均沾朝廷德意。倘有不肖官吏私征侵蚀者，察出定行从重治罪。尔部即遵谕行。特谕。"

五十五年，奉上谕："顺天、永平两府属康熙五十六年地丁银、米、豆、草束通行蠲免。"

五十六年，奉上谕："直隶等八府带征地丁屯卫银概免征收，漕项免征各半。"

雍正七年，奉旨："蠲免钱粮二千十四两五钱八分零。"

雍正八年，奉旨："蠲免钱粮一千九百五十八两三分零。"

雍正九年，奉旨："蠲免钱粮一千九百五十一两七钱一分零。"

雍正十三年九月二十三日，奉上谕："各省民欠钱粮十年以上者，已于恩诏内概予蠲免。其余未完民欠尚系应征者，朕思缵绪，方初惟当继述我皇考惠养黎元之至意，俾服畴力穑之人均沐恩膏，积逋全释。若未蠲之项，尚事征收，民间不无烦扰。兹特再行降旨，于恩诏外，将雍正十二年以前各省钱粮实欠在民者，一并宽免。从前江南积欠钱粮，内曾有官侵吏蚀二项，乃从民欠中分出者，比时差往大臣官员办理。原未妥协，亦着照民欠例宽免。此朕仰体皇考诚求保赤之仁,深愿吾民厚生正德之意。各省军民人等身受国恩至渥,自应感动天良,屏除陋习,明守法奉公之大义,循则壤成赋之常经,共为良民,免追呼之扰累。倘疲玩性成,不知悛改,则是吾民中最为愚顽之人。既无畏威之念,亦鲜怀德之心,国法具在,朕亦不能为之宽贷也。"

乾隆二年四月十八日,奉上谕:"今年春夏以来,京师及畿辅雨泽稀少,而山东地方亦有缺雨之郡县。朕已屡降谕旨,多方筹画,以为先事之备。今思节近小满,甘霖未降,麦秋料已失望,民心未免惶惧。除已经降旨缓征外,着将直隶通省今年应征地丁钱粮蠲免七十万两,山东通省今年应征地丁钱粮蠲免一百万两。俾民力宽舒,民气愉畅。如将来仰蒙天佑,霖雨普施,秋成不致歉薄,则闾阎沾朕格外之恩,亦加惠元元之谊,所谓百姓足,君孰与不足者也?嗣后如得雨稽迟,有妨农事,则应行赈恤等事,仍应加意办理,毋使一夫失所。该督抚当仰体朕宵旰焦劳惠普黎庶之心,督率有司,敬谨奉行。务使小民均沾实惠,并出示通行,晓谕知之。特谕。"

乾隆三年十月初三日,奉上谕:"直隶地方上年歉收,今秋又有被水之州县。朕心轸念,已多方筹画,加意抚绥。查雍正十三年、乾隆元年、二年分,地方尚有未完钱粮,又有缓征、停征之项,此皆将来分年带征者。朕思连年畿内薄收,应格外加恩,以资休养。着将各属未完及缓征、停征之项,悉行蠲免,以示优恤。特谕。"

乾隆四年三月二十二日,奉上谕:"朕念切民生,时廑宵旰。或各省督抚陛见,或遇司道各员请训,务以编氓①疾苦备悉咨询,情期海隅②苍生培固元气,庶臻家给人足之风。比年以来,畿辅地方屡遇歉收,而江南旧年被旱尤甚,此皆朕之不德以致上苍示警,遂使吾民有乏食之虞。朕甚悯焉!今年幸赖上苍恩佑,各省春雨颇周,足资耕种。重念三省之民,幸有以安其心,尚未

---

① 编氓:编入户籍之民,指平民百姓。
② 海隅:沿海地区。

能复其旧。其被灾处所,既已蠲赈频施,屡颁谕旨。兹当开征之期,在被灾者固属艰难,而未被灾之地,同在一省,虽有轻重之分,而乏食受困则一。用是特颁谕旨,将直隶总督所属今年地丁钱粮蠲免九十万两,苏松巡抚所属今年地丁钱粮蠲免一百万两,安徽巡抚所属今年地丁钱粮蠲免六十万两。该督抚务将朕旨家喻户晓,俾闾阎均受实惠。庶几和气致祥,以仰答上天之恩,而培民生之本。倘有贪官污吏借端苛索,或私行征收者,该督抚不时查参。该部即遵谕行。"

乾隆十年六月初六日,奉上谕:"我朝列圣相承,深仁厚泽。无时不加意培养元元,以期家给人足。百年以来,薄海内外,物阜民康,共享升平之福。朕临御天下十年,于兹抚育蒸黎,民依念切。躬行俭约,薄赋轻徭。孜孜于保治之谟,不敢稍有暇逸。常守节用爱人之训,凡以为民也。今寰宇敉①宁,既鲜糜费之端,亦无兵役之耗,所有解部钱粮,原为八旗官兵及京员俸饷之需。计其所给,较之宋时养兵之常费,犹不及十之一二。至于各处工程为利民之举者,取给于存公银两,即朕偶有巡幸赏赉所颁,亦属无几。是以左藏②尚有余积。数年来,直省偶有水旱,朕加恩赈济多在常格之外。如前年江南被水,抚绥安插,计费帑金千余万两。凡此皆因灾伤补救而沛恩泽者。朕思海宇乂安③,民气和乐,持盈保泰,莫先于足民。况天下之财止有此数,不聚于上,即散于下。仰惟我皇祖在位六十一年,蠲租赐复之诏史不绝书,又曾特颁恩旨将天下钱粮普免一次。我皇考旰食宵衣,勤求民瘼,无日不下减赋宽征之令。如甘肃一省正赋全行豁免者十有余年,此中外所共知者。朕以继志述事之心,际重熙累洽之候,欲使海澨山陬,一民一物,无不均沾大泽。为是特降谕旨,将乾隆丙寅年直省应征钱粮通行蠲免。其如何办理之处,着大学士会同

---

① 敉:安定,安抚。

② 左藏:古代国库之一,以其在左方,故称左藏。

③ 乂(yì)安:安定。

该部即速定议,具奏。"

六月二十四日,奉上谕:"各省蠲免正赋之年,若有未完之旧欠仍按期带征,则民间犹不免追呼之扰,着一并停其征收。展至开征之年,令其照例输纳。至于有田之家,既邀蠲赋之恩,其承种之佃户,亦应酌减租粮,使之均沾惠泽。着该督抚转饬州县官,善为劝谕。感发其天良,欢欣从事,则朕之恩施更为周普。一切照雍正十三年十二月谕旨行。"

东安县志　卷之四

(乾隆)东安县志

东安县志　卷之五　赋役志

　　则壤成赋,载在《夏书》。丰凶役民,详于《周礼》。此以天子治万民,以万民奉天子之义也。逮我圣朝,薄敛轻徭,除朘削之弊政,沛阴雨以膏苗。圈给异庄田之扰,摊丁惜穷户之劳。驾开元,轶文景,盖将侔德于唐尧矣!志《赋役》。

户　口

　　唐开元二十三年一万二千户。《辽史》。

　　明原额四千六百一十一户,后见存一千七十二户,逃亡二千六百九户。旧志。

　　明原额二万二千口,后见在当差六千三百四十九口外,优免二千五百五十八名。旧志。

　　东安自前明洪武初,编户四十四里。弘治年,归并三十里。嘉靖十年,仍复编为四十四里。至四十三年,知县陶栋详请并四十四里为一十八里。本朝因之。前明原编户四十四里,附《建置》末。

　　澄清坊

　　团城里

　　白务里

　　葛南里

　　得胜里　黄务里、文城坊并。

　　刘庄里　卢村里、孙洼里并。

　　徐村里　留犊里并。

北隐里　左北里并。

左南里　北马里、户北里并。

东张里　淳化里、益留里并。

丰登里　安付屯、通津里并。

东沽里　东庄里、葛北里并。

王庄里　东务里并。

艾庄里　辛务里并。

北昌里　贾庄里并。

凤窝里　南务里、邵庄里并。

石桥里　公河、河南、河北里并。

安庄里　辛庄里、白洼里并。

旧志云："弘治十五年，知县张尧龙因差役繁重，百姓逃亡，空挂版籍，将从前所分四十四里详准归并为三十里。嘉靖十年，知县韩襄因归并以后，凡逃亡人户应办粮草、马匹、车辆等项俱垛集见在人户名下，事益掣肘，复行详准为四十四里。并将流寓人等及老弱不堪者概入版图，填注甲数，以求增里，而差役以分。孰知数年以后，流寓者避累而归故土矣。老弱者自养犹难，何以承办？是虚增之版图，原非实数，有里名而甲不全，有甲名而户不全，有户名而丁不全。今日富者包贫，未几而富者亦贫矣。今日见在者包逃，未几而见在者亦逃矣。虽加箠楚，事何能济？而本府业将各县里甲粘贴堂壁，凡有一切差役，悉照里甲分派，孰肯察其为里穷民贫而弗之多取者乎？噫！此民之所以重累而不知也！近县五里，率多荒芜。百姓负男携女求鹥乐土，苟仁心为质者，未有不为之流涕也。至嘉靖四十三年，知县陶栋因公事难办，不惟官有酷忍之名，而民实遭剥肤之祸，详请上官均并为一十八里。其后陶公虽婴重疾，力陈民困，卒见施行。至今民得少苏者，陶公之力也。"

论曰："明代一切差役，取办里甲，定户编丁，计丁派役，似属均平，孰知行之既久，吏胥因缘为奸，不胜扰累。嘉靖间，行一条鞭法，民稍便之，然粮长里长名罢而实存。天启时,厂车偏①布,民不堪命。迨季世而军役繁兴,搜括脂髓,至有荡田庐、鬻妻女以应官府者矣。是以逃亡者遍道路,而明遂以亡。我国家起而更张之,一洗弊政,与民休息。凡户役丁粮均摊地亩,酌盈剂虚,以免力役之征。东南省分早见施行,惟西北地方未能画一。雍正二年,允直督李请照江浙例丁摊地亩,富丁不觉其损,贫丁实蒙其惠。俾百姓熙熙然游于高天厚地之中,得以肆力于农亩,抱哺其子孙,岁时烹羔酌酒以相娱乐。伊谁之赐?然则余岂仅为东安一邑,幸也哉!"

顺治元年,原额编户十八里,民丁分上、中、下九则,共丁七千五百三十二丁。内除节年奉文编审开豁逃亡投充人丁共五千四百八十九丁,实存剩人丁二千零四十三丁。十四年,奉文五年编审一次,于顺治十四年审出人丁三百六十四丁,实在行差人丁二千四百七丁。

上上则人丁无。

上中则人丁无。

上下则人丁无。

中上则人丁一丁,征银八钱四分。

中中则人丁二丁,每丁征银七钱四分,共征银一两四钱八分。

中下则人丁四丁,每丁征银六钱四分,共征银二两五钱六分。

下上则人丁二十丁,每丁征银五钱四分,共征银②十两八钱。

下中则人丁一百六十九丁,每丁征银四钱四分,共征银七十四两三钱六分。

下下则人丁二千二百一十一丁,每丁征银三钱四分,共征银七百五十一两七钱四分。

---

① 偏:通"遍",普遍。

② "银"合刊本"乾隆志"误作"钱"。

以上共征银八百四十一两七钱八分。

额外优免人丁共八百十一丁,内:

下中则人丁十七丁,每丁征银四钱四分,共征银七两四钱八分;

下下则人丁七百九十四丁,每丁征银三钱四分,共征银二百九十六两九钱六分。

康熙元年编审新增人丁九十八丁,每丁征银三钱四分,共征银三十三两三钱二分。

以上优免新增共人丁九百九丁,各征银不等,共征银三百十两七钱六分。

二年,查出土著人丁一百三十七丁。

新更实在人丁一百三十七丁。

五年,增丁六十一丁。

六年,英俄儿代退出韩应召等七丁。

十年,编审新丁八十四丁。

十一年,户部发下人丁二丁:刘朝臣、刘朝相。

十二年,户部发县为民张文政等人丁五丁。

十五年,编审新增丁七十五丁。

十七年,户部发人丁二丁:王大、王三重。于康熙三十年编审开除人丁一丁,实在人丁一丁。

又刑部发下张文举等三丁。

二十年,增丁六十一丁。

二十五年,增丁一十七丁。

三十年,增丁一十七丁。

三十五年,增丁三丁。

四十年,增丁六丁。

四十五年,增丁五丁。

五十年,增丁五丁。

五十五年，钦奉恩诏："新增人丁，永不加赋。遇编审将盛世滋生数注册报部。"是年，报增滋生一百三丁。

六十年，滋生一百一十九丁，内除老亡人一丁，实在滋生人丁一百一十八丁。

雍正四年，滋生七丁。

九年，滋生九丁。

乾隆元年，滋生七十丁。

六年，滋生七十五丁。

十一年，滋生一百三十六丁。

又奉部发八旗汉军改隶民籍人丁二十七丁。

以上查出新增共一千二百七十四丁，内除免赋人丁五百四十八丁外，实在人丁七百二十六丁。各征银不等，共征银二百七两四钱五分。

通共人丁三千一百三十三丁，各征银不等。共征银一千四十九两二钱三分。

遇闰之年，除部发免赋人丁外，每丁加闰银二分六厘七毫六丝七忽，共银八十三两八钱六分一厘一丝一忽。

康熙二十七年，归并。

金吾左卫，原额人丁八百六十八丁。

三十年，编审增丁五丁。

三十五年，增丁四丁。

四十年，增丁二丁。

四十五年，增丁一丁。

五十年，增丁一丁。

五十五年,钦奉恩诏:"新增滋生人丁,永不加赋。"是年,滋生二十一丁。

六十年,滋生一十丁。

乾隆元年,滋生一十三丁。

六年,滋生一十三丁。

十一年,滋生二丁。

以上共人丁九百四十丁,内除免赋人丁六十丁,实在人丁八百八十一丁,内:

上则人丁八十丁,每丁征银三钱,共征银二十四两;

中则人丁一百十八丁,每丁征银二钱,共征银二十三两六钱;

下则人丁六百八十三丁,每丁征银一钱,共征银六十八两三钱。

以上共征银一百一十五两九钱。

神武卫,原额人丁三十丁。

康熙三十年,编审增丁一丁。

三十五年,增丁一丁。

四十年,增丁五丁。

四十五年,增丁四丁。

五十五年,钦奉恩诏:"新增滋生人丁,永不加赋。"是年,滋生一丁。

乾隆元年,滋生一丁。

六年,滋生二丁。

十一年,滋生一丁。

以上共人丁四十六丁,内除免赋人丁五丁,实在人丁四十一丁,内:

上则人丁一丁,征银三钱;

中则人丁十四丁,每丁征银二钱,共征银二两八钱;

下则人丁二十六丁,每丁征银一钱,共征银二两六钱。

以上共征银五两七钱。

永清左卫,原额人丁一百二十一丁。

康熙三十年,编审增丁五丁。

三十五年,增丁四丁。

四十年,增丁十三丁。

五十年,增丁一丁。

五十五年,钦奉恩诏:"新增滋生人丁,永不加赋。"是年,滋生五丁。

六十年,滋生六丁。

乾隆元年,滋生九丁。

六年,滋生七丁。

十一年,滋生二丁。

以上通共人丁一百七十三丁,内除免赋人丁二十九丁,实在人丁一百四十四丁,内:

上则人丁八丁,每丁征银三钱,共征银二两四钱;

中则人丁十一丁,每丁征银二钱,共征银二两二钱;

下则人丁一百二十六丁,每丁征银一钱,共征银一十二两六钱。

以上共征银十七两二钱。

燕山右卫,原额人丁五十三丁。

康熙三十五年,编审增丁一丁。

五十五年,钦奉恩诏:"新增滋生人丁,永不加赋。"是年,滋生一丁。

六十年,滋生二丁。

乾隆元年,滋生四丁。

十一年,滋生三丁。

以上通共人丁六十四丁,内除免赋人丁十丁,实在人丁五十四丁,内:

上则人丁六丁，每丁征银三钱，共征银一两八钱；

中则人丁五丁，每丁征银二钱，共征银一两；

下则人丁四十三丁，每丁征银一钱，共征银四两三钱。

以上共征银七两一钱。

彭城卫，原额人丁二十一丁。

康熙三十年，编审增丁一丁。

三十五年，增丁一丁。

五十五年，钦奉恩诏："新增滋生人丁，永不加赋。"是年，滋生一丁。

以上通共人丁二十四丁，内除免赋人丁一丁，实在人丁二十三丁，内：

上则人丁一丁，征银三钱；

中则人丁一丁，征银二钱；

下则人丁二十一丁，每丁征银一钱，共征银二两一钱。

以上共征银二两六钱。

以上归并金吾等卫，并新增人丁一千二百四十七丁，内除免赋人丁一百五丁外，实在人丁一千一百四十三丁。各征银不等，共征银一百四十八两三钱。

通共额内外并屯卫等丁五千八百三十七丁，内除滋生免赋人丁六百五十三丁，实在人丁五千一百八十四丁，各征银不等，共征银一千五百八两二钱九分。自雍正二年摊入地粮，永为例。

东安县志　卷之五

东安县志 卷之六 赋役志[①]田赋

按：百姓所耕之土，皆民地也，分而晰之，款项不一。民地之外，有船地、兑补地、备边地、续边地、马房地、夹空地、卫地、存退地、余绝地、入[②]官地，各有原委。其云民地，别圈地而言之。上供赋税，下养万民，财用于是乎出重民也。船地者，从前因剥运南漕，拨给船户之地，剥船奉裁，其地入额输赋者也。兑补地，民地被圈，即于本邑官屯地内补还者为兑补地。备边地，《会典》开载："有山边、水边、草边"，东安即水边也。其地备充边饷，故名备边地。续边地，查出纲户李宏化等侵占之地，其科则与边地同，故名续边地。马房地，即前明牧马厂，马厂裁而其地可垦，弊除而利兴也。夹空地，订正赋役全书后，查出之地名为"夹空"，又报垦地在旗民两界者，俱为夹空地。卫地，即前明燕山、神武、永清、彭城、腾骧、金吾六卫之地，卫除而地悉为民田矣。存退地，凡旗人调驻他省，圈地交官收存者，为存地。圈投地，积渐沙洼，退出交官者，为退地。余绝地，凡查出八旗牛录下余地及壮丁逃亡，故绝无人承管者，为余绝地。入官地，凡八旗官兵庄头亏欠帑项，将地抵补入官，并缘事籍没之产，俱为入官地。分标名目，撮记大要，以便考览焉。

民地

顺治元年原额地三千二百四十二顷八十四亩七分六厘，内除二年、三年、四年圈去地一千九百四十七顷四十五亩七分三厘；又顺治四年金泒河西务船地，三十五只每只给地十顷，共给三百五十顷；又于十三、十四两年添增剥船，坐拨民地七十九顷三十五亩八分六厘六毫；又顺治四年镶黄旗下投充焦春茂

[①] "赋役志"三字为编者为方便读者所加。根据前面目录，第六卷整卷都是《赋役志》的一部分。
[②] "入"合刊本"乾隆志"误作"人"。

等带去地三百五十三顷七十二亩五分七厘;又康熙二十一年拨给内务府设立庄头屯地三十五亩。又雍正六年奉文将从前抄没年熙并魏珠家人张成全等入官民大地九顷三十八亩九分开除粮额,续据民人陈之纪认买地六十一亩二分五厘,实除地八顷七十七亩六分五厘;又雍正十三年查撤牲丁诡入民粮地六顷七十二亩一分。实在民地四百九十六顷四十五亩八分四厘四毫。每亩五分七厘九毫一丝起科,又加芝棉、胖衣、裤鞋,改折加增银五毫五丝六忽八微五纤二沙,遇闰每亩加银一厘五毫二丝七忽九微。

兑补地

顺治四年兑补本境官屯地三百三十三顷三十三亩二分五厘,内除雍正六年奉文将从前抄没年熙入官除粮兑补地十七亩五分,续据民人陈之纪认买地十五亩,实除粮地二亩五分;又雍正十三年查撤牲丁诡入民粮案内兑补地二十九亩五分。实存兑补地三百三十三顷一亩二分五厘。每亩二分起科,加增芝棉,闰月同民地。

以上合民地、兑补二项共地八百二十九顷四十七亩九厘四毫,共征正加银三千五百八十七两二钱五厘八丝一忽二微二纤八沙八埃八渺。

收地 即剥船地,旧时拨为船地,今复收归原额者。

康熙四十年归并剥船征粮地五百三十顷,内除石文桂入官拨给内务府设立庄头地四十二顷八亩一分一厘(于康熙五十七年除粮为始),又雍正六年奉文将从前抄没年熙入官除粮地、船地七十二亩五分,又除乾隆十一年建盖三角淀主簿衙署基地一亩二分,实存船地四百八十七顷一十八亩一分九厘。科则加增,闰月并同民地。

以上共征正加银二千八百四十八两三钱九分九厘二毫四忽四微三纤七沙八尘八埃。

增地 系额外认垦、报垦之地,内有备边、马房等地。

首认报垦共地一千四百九十六顷五十六亩五分四厘三毫,内除康熙年间节年圈拨去地一百二十九顷二十亩九厘;又雍正六年买剩入官除粮地四分;

雍正九年挑筑永定河,除地九十顷八亩三分五厘。实存地一千二百七十七顷二十七亩七分三毫。数见下:

一顺治十三年首认开垦、备边、马小地七十五顷一十六亩五分。每亩一分起科。

又备边小地一百四十五顷三十亩一分。每亩一分五毫五丝六忽八微五纤二沙起科。

又备边等地六十五顷六十五亩七分五厘。每亩一分起科。

又首认开垦圈剩地二顷六亩四分七厘。每亩一分起科。

又归监马房地一百二十九顷九十二亩九厘。科则同上。

一节年报垦地二百四十一顷七十九亩三分四厘。科则同上。

一康熙十二年报垦民地七顷六十一亩四分九厘四毫。科则同前民地。

又报垦地三顷九十四亩一分三厘二毫。每亩二分起科。

又报垦备边地三百六十四顷九分。每亩一分起科。

一雍正七年任伦等首报垦荒地一百九十一顷六十三亩二分二厘七毫。各征不等。

一雍正十一年张维坤等自首民地四十一顷三十三亩七分。科则同前民地。

一雍正十二年性洪、傅璋等垦种地八十四亩。每亩一分起科。

又李淇首报地二顷八十八亩。科则同上。

又解文元首报民地二十五亩。科则同民地。

一乾隆四年李璧臣等首报举垦荒地四顷三十七亩。每亩一分起科。

一乾隆五年僧人显慧首认地五十亩。科则同上。

以上共征正加银一千五百四十七两五钱七分六厘四毫六丝七忽五微六纤三沙七尘八埃八渺。

通共民地、兑地、收地、增地共二千五百九十三顷九十二亩九分八厘七毫,各则征银不等,共征正加银七千九百八十三两一钱八分七毫五丝三忽二微二纤九沙七尘五埃六渺。

额外地系退出投充并查出民间隐匿地,内有夹空、续边等地。

退出、断出、查出、开荒等地共一千一百三十九顷八十五亩三分四厘九毫四丝,内除顺治、康熙年间节年圈去地四百三十顷六十五亩八分一厘。雍正十三年,查撤牲丁诡入民粮小地五顷八十八亩。实存地七百三顷三十一亩五分三厘九毫四丝。数见下:

一顺治八年退出英王下投充人张良栋等大地一十三顷六亩五分。每亩征银二分,加增芝棉同上。

一康熙二十三年保定府粮厅查出夹空地二顷三十四亩五分。每亩一分起科。

又镶黄旗退出荒地五顷一十五亩。每亩三分起科。

一康熙四年孙绪宗告出还官地二十七亩五分。每亩二分起科。

一康熙八年李汝峰告出荒地四十二亩。每亩一分起科。

一康熙九年奉部交民开垦地四十九亩。科则同上。

又查出报垦荒地五顷七十三亩三分。科则同上。

一康熙十一年奉部发下刘朝臣等地二顷二十一亩四分。每亩一分五厘一毫三丝一微三纤二尘起科。

一康熙十二年奉部断出张文政等为民大地三十五亩。每亩二分五毫五丝六忽八微五纤二沙起科。

又张圣辅告出还官地四顷八亩。每亩二分八厘九毫五丝五忽起科。

一康熙十六年查出隐漏民地一百二十三顷九分九厘六毫。科则同前民地。

又熟地二百三十六顷八十三亩五分五厘四毫。每亩一分起科。

又归监马房地一百一十一顷十三亩五毫。科则同上。

又备边地一百二十顷十六亩三分八厘。科则同上。

又备边地十九顷四十五亩五分六毫。每亩一分五毫五毫五丝六忽八

(乾隆)东安县志

微五纤二沙起科。

又续查出民地二顷三十四亩六分五厘。科则同前民地。

一康熙十八年查出垦熟拨补地七顷二十三亩八分二厘七毫。每亩二分五毫五丝六忽八微五纤二沙起科。

又查出马房地一顷六十六亩。每亩一分科则。

一康熙二十三年拨给被圈民王自高地七十亩。科则同上。

一康熙二十四年查哈还出地七十七亩三分九厘。科则同上。

一雍正二年断归民人张京原业地二顷四十亩。每亩二分四厘起科。

一雍正三年张京案内控告余地三十八亩。科则同上。

一雍正六年交出网户地三十五顷八亩四分五厘九毫四丝。每亩一分起科。

一雍正十二年陈之纪认买抄没年熙入官地六十一亩二分五厘。科则与民地同。

一乾隆四年民人张文明等认种李三太告发垦荒地三顷十八亩五分。每亩一分起科。

一乾隆六年民人范秀玉等认种王均平首告马文举隐占地四顷二十一亩八分二厘二毫。每亩二分起科。

以上共征银一千三百六十四两二钱八分八厘六毫六丝三忽三微一纤七沙五尘八埃八渺。

旗退、余、绝地 旗退,旗圈交官①召种之地;余地,旗圈额外之地;绝地,逃亡事故无人承管之地。

旗退、余、绝输租地共二百四十四顷四十九亩三分七厘九毫,内除康熙年间节年圈去地九十七顷六十八亩九分八厘,雍正九年拨补挑河旗地二十五顷八十四亩六分,雍正十二年拨给庄头地七十六亩二分,乾隆二年拨给网户地

---

① "官"合刊本"乾隆志"误作"言"。

九顷,乾隆三年拨给庄头地五顷四十一亩四分五厘四毫,乾隆九年拨给蚕户地七顷八十八亩六分四厘,又旗人认买去地六顷三十一亩一分五厘,又详明归入①另案奏销项下地三顷七十八亩五分二厘,乾隆十一年拨给庄头地三顷八十亩,实存退余绝地八十三顷九十九亩八分三厘五毫。各租不等,共征租银一百七十四两七钱二分一厘八毫二丝,例不均摊丁匠。

卫地 前明燕山六卫等地。

康熙二十七年奉文归并燕山金吾、神武、永清、腾骧、彭城②六卫各项共地二百九十四顷六十九亩四分四厘五毫。各征银不等,共征银四百一两三钱四分四厘一毫五丝四忽八微二纤二沙五尘二埃二漠五湖,共征黑豆三石八斗四升三合六秒七撮四圭八粟六颗三粒六黍。

以上额内额外原地,除奉拨船地于康熙四十年归还外,实共原地六千八百五十二顷四十二亩八分六厘四丝,内除旗圈地并拨补庄头、网户、蚕户各地共二千七百顷一十四亩六分一厘四毫。

带投地三百五十三顷七十二亩五分七厘。

抄投入官地九顷五十三亩五厘。

诡入民粮旗地十二顷八十九亩六分。

挑筑河占地九十顷八亩三分五厘。

旗人认买地六顷三十一亩一分五厘。

另案奏销地三顷七十八亩五分二厘。

新设三角淀主簿衙署基地一亩二分外,实剩现征粮租额内额外并屯卫、存退、余绝各地共三千六百七十五顷九十三亩八分六毫四丝,内民地六百七十一顷六十二亩九分三厘四毫。每亩五分七厘九毫一丝起科,又每亩加芝棉、胖衣、裤鞋,改折加增银五毫五丝六忽八微五纤二沙,遇闰每亩加闰银一

---

① "入"合刊本"乾隆志"误作"人"。
② "城"合刊本"乾隆志"误作"成"。

厘五毫一丝七忽九微，共征正加银三千九百二十六两八钱五厘三毫二丝二忽六纤三沙七尘六埃八渺。

兑补地三百五十三顷六十六亩五分七厘七毫。每亩二分起科，芝棉地闰同民地，共征正加银七百二十七两二分五厘四毫八丝九忽一微三纤五沙六尘四渺。

船地四百八十七顷一十八亩一分九厘。每亩科则加增、芝棉地闰等银俱同民地，共征正加银二千八百四十八两三钱九分九厘二毫四忽四微三纤七沙八尘八埃。

边马小地并各项开垦地共一千七百八十四顷七十六亩八分二厘五毫四丝。各则一分至二分不等，无加增亦无地闰，共征正银一千八百四十五两二钱三分九厘四毫九微一纤九埃二渺。

六卫归并地二百九十四顷六十九亩四分四厘五毫。各则不等，无加增亦无地闰，共征正银四百一两三钱四分四厘一毫五丝四忽八微二纤二沙五尘二埃二漠五湖。

存退、余绝、输租地共八十三顷九十九亩八分三厘五毫。各则无定，无加增，地闰亦不摊征丁匠，共征租银一百七十四两七钱二分一厘八毫二丝。

以上各项共地三千六百七十五顷九十三亩八分六毫四丝，共征粮租银九千九百二十三两五钱三分五厘三毫九丝一忽三微六纤九沙八尘六埃四渺二漠五湖。内除存退、余地，例不摊征丁匠外，实征民粮地三千五百九十一顷九十三亩九分七厘一毫九丝。共征正加银九千七百四十八两八钱一分三厘五毫七丝一忽三微六纤九沙八尘六埃四渺二漠五湖。每正加银一两，均摊丁匠银二钱七厘二丝六忽八微一纤九沙二尘八埃二渺七漠三湖。共征丁匠银二千一十八两二钱六分五厘八毫六丝五忽四微六纤一沙一埃四渺五漠二湖九虚一澄七清二净七逡二巡二稜四廋。共征正加并摊丁匠银一万一千七百六十七两七分九厘四毫二丝六忽八微三纤八尘七埃八渺七漠七湖九虚一澄七清二净七逡二巡二稜四廋，又地粮项下另册造报存退、余绝地租银一百七十四两七钱二分一厘八毫二丝,遇闰之年,民地、兑补、船地三项每亩征地闰银一厘五毫二丝七忽九微。共征地闰银二百三十一两九分一厘三毫六丝二忽三微五纤七沙九尘,又除退余绝等地例不加丁闰外,每正加银一两,均摊丁,闰银七厘九毫四丝一忽一微七纤八沙五尘八埃二渺一漠二虚七澄四清。共征丁闰银七十七两四钱一分七厘六丝九忽五微三纤三沙八尘七埃四渺八漠八湖七虚四澄八清八净六逡七巡。黑豆三石八斗四升三合六秒七撮四圭八粟六颗三粒六黍。

耤田

雍正七年奉诏特设,每岁仲春亥日祭先农坛毕,县令率属员农夫耕耤田,如古大夫礼。其田四亩七分,视年岁之丰歉定收获之多寡,别贮以供粢盛。

学田

原额学田一十二顷四十四亩,康熙九年奉文圈去地三十三亩,实存地一十二顷一十一亩。各征租不等,共征银二十八两八钱三分九厘。每年由儒学通融散给廪生并极贫、次贫生员,以佐膏火之资,仍造报藩库奏销。

附：剥船

按:东安原额剥船三十五只,自前明崇祯十三年始,每船一只支领库银九十两,应运军白二粮。至国朝顺治元、二、三年,缘赋役缺额,每船给银七十二两。及顺治四年,户工二部具疏发巡抚转行通、霸、蓟三州道,会议每船拨给大粮民地十顷,共给地三百五十顷。后又于顺治十三、四两年奉文将武清县剥船一十八只改属东安,又拨给大粮民地九十顷,通共剥船五十三只,给地五百三十顷。康熙九年间,给事中赵之符备陈剥船苦累,请行查各州县应船地亩若干,令悉照额粮催征,汇解仓场衙门。如遇河道浅阻,南漕告剥之日,即动此项银两。按河下雇船时价,给发领运各官接济剥运,议格不行。全书载《艺文》又康熙三十九年,仓场侍郎石文桂奏革红剥船,将办船地亩应征钱粮自康熙四十年为始,着地方官征解户部,预将此项数目行文总漕,照数动支,正项钱粮散给运丁,令其各带剥船一只,以便应用其河北募夫。剥浅之处,不

得勒雇民船。如所请行,而剥船始废。全疏载《艺文》

剥船奉裁以后,所有船地五百三十顷原系民田,理宜照旧入额输赋,而旗人之有力者计欲规取以私其利。其时,通州、武清、固安、永清、宝坻、东安六州县船户,合词叩阍,事得上闻,而船地仍为民业。此实仰赖圣祖皇帝圣德如天、爱养斯民之至意也。相传,邑人高永杰尝倾囊筹画以左右其事,船户颇德之。虽其人生平不概见,倘亦疏财任侠者流欤,故附记于此。

附:庄田

未央宫田三百一十九顷八十七亩八分九厘。

又指挥李伟田八十五顷三十五亩六分。

永清公主田八十七顷四十九亩。

永安公主田九十七顷三亩,后改仁孝宫。

恭圣夫人田五十五顷八十七亩五分。

英国公田一十三顷六十七亩。

镇远侯田二顷四十亩。

太宁侯田一十一顷。

安平伯田二十七顷一十六亩四分。

惠安伯田六十二顷一亩。

嘉祥公主田二百二十一顷三十亩二分二厘。

顺义府仪宾田五十八顷三十六亩。

锦衣卫指挥田六顷。

隆善护国寺田一顷八十四亩四分八厘。

坝大马房地二百三十三顷一十八亩九分九厘。

坝北马房地一十五顷四十六亩三厘八毫。

牧马草场地田十一顷四十四亩一分。

按:我朝圈地,尤前明庄田,即古者采地之遗意也。明制自王侯、驸马、勋戚大臣,皆有庄田。英、宪、武、熹以来,管庄官役肆行吞噬,凡民田之邻近者悉强占以去,而额设之粮未尝减也。其后侍御俞公、胡公、车公相继丈勘,略为清厘,民困稍苏。我国家法令严明,爱民若子,一切圈地按亩给领。虽贵戚重臣之家,未有肆作威福、蚕食民田以干令典者。脱或有之,有司官皆可执宪以治之耳。是以旗民错处,各田尔田,各服尔业,一如同乡共井,亲睦无间。休哉! 太平之盛治也! 康熙八年间,特奉谕旨:"以后圈占民间房地着永行停止,其今年所圈房地俱着退还。以昭朕加惠生民至意。"此其如天之仁,虽尧舜三王,无以复加。夫皇庄与圈地一也,而孰知利病之间,相去悬绝竟若此哉。

附:里马

按:前明有孳生马,派养里民,计数二千四百三十八匹。自永乐间始至景泰改为寄养,养马一匹免粮六十亩。每里置群长、兽医各一人。倒失一匹,征银二十两。夫马有死亡,岁有丰歉,歉年徒有免粮之名,马价实受追赔之累。嗟乎,此即宋王安石所行之保马法也。积日累年欠项积至巨万,追呼鞭扑①之状,痛甚剥肤。至嘉靖间,上亦悯之,始行豁免。其后御史吴奏除马六百零八匹,又御史顾奏除马九百九十匹。其未除者尚养民间,终明之代,此弊未革。迄我朝鼎建,悉湔除之,其犹去汤火而安衽席,悯饥馁者而进以膏粱也。附记于此,见弊政如彼,善政如此,兴亡得失之故,约略可观矣。

附:分挑北运河三浅

一杨村南头浅,一蒲口浅,一马家口浅。按旧志载:"额设挖运浅夫一百三十二名,给工食银一千零八十二两四钱。"查《赋役全书》,于康熙三十九年奉裁。

东安县志 卷之六

---

① "扑"合刊本"乾隆志"误作"朴"。

东安县志 卷之七 赋役志[①]

解 支

原额起运

各部寺监项下共银六千九百一两八钱一厘一毫三丝二忽八微七纤五沙,内:

户部项下共银四千六百二十一两三钱一分八毫八丝二忽八微七纤五沙。

夏税

锦衣卫驯象房仓大麦二十六石七斗,准小麦[②]一十三石三斗五升四合,每石折银一两一钱。

外象房仓大麦三十二石六斗九升三合九杪,准小麦一十六石三斗四合五勺九杪,每石折银一两一钱。

镇边城新城仓棉布一十一匹一丈七尺,准小麦共折银一十二两九钱九分。

密云驿小麦二十七石二斗二升,每石折银七钱。

龙庆仓小麦二十八石五斗七升,每石折银七钱。

古北口仓小麦七十二石零五升,每石折银八钱五分。

派剩小麦八十六石七斗三升五合五勺二杪,每石折银八钱。

京库农桑丝折绢二百七十六匹二丈三尺二分五厘,每匹折银七钱。

京库人丁丝折绢七十一匹一丈二尺,每匹折银七钱。

---

① "赋役志"三字为编者为方便读者所加。根据前面目录,第七卷整卷为《赋役志》的一部分。

② 安次地方上很少种大麦,基本上都是小麦,故赋税以小麦按比例折抵,再折成相应的银两交纳。

秋粮

密云龙庆仓粟米二百二十石,每石折银六钱五分。黑豆二十石八斗一升,每石折银六钱。

横岭口仓粟米一百八十石,每石折银六钱五分。

古北口仓粟米一百四十八石三斗六升,每石折银八钱五分。

镇边城新城仓粟米五十一石八斗四升,每石折银六钱五分。

派剩米一百九十石四斗七升五合二勺三抄,每石折银五钱。

南石渠仓黑豆四十二石九斗七升八合四勺三抄,每石折银六钱。

马草

安仁坊草场草一万三千九百二十九束,每束折银三分五厘。

居庸仓草六千束,折银三分一束。

大仓银库草八十七束,每束折银二分五厘。

蓟州草六万二千七百五十九束,每束折银二分五厘。

石门镇驿草一千零五十八束,每束折银二分五厘。

马兰峪草三千九百四十二束,每束折银二分五厘。

宣府在城草场草三千四百零五束,每束连脚价折银六分四厘。

旅顺兵饷银三十九两五钱六分七厘。

御马监项下

御马仓大麦七石五斗三升二勺,准小麦三石三斗六升五合一勺,每石折银一两三钱。

豌豆三十九石五斗四升九合二勺七抄,准①小麦抵豆每石折银九钱。

御马仓黑豆八十四石六斗八升六合三勺四抄,每石折银七钱。

御马仓内场草二千一百八十五束,每束折银五分五厘。

天师庵外场草八千六百二十四束,每束折银五分。

---

① "准"合刊本"乾隆志"误作"淮"。

宣徽院项下

供应库芝麻五十二石二斗，每石折银一两五钱，脚价银五钱。又顺治十年，奉文每石量增银五钱。

御用监项下

京库地棉花绒一千三百七十八斤六两，每斤折银八分，脚价银一分九厘九毫九丝六忽七微。又顺治十年，奉文每斤量增银五分。

礼部项下共银四百零二两二钱八分九厘。遇闰加银十二两一钱八厘四毫。

光禄寺果品银二十两零五分六厘。

光禄寺牲口银七十三两。

光禄寺马连根银一十九两。

光禄寺活兔银四两八钱。

光禄寺小麦九十八石九斗，每石折银九钱。

光禄寺赤豆二十四石六升，每石折银一两二钱。

大青黄豆七石三斗九升，每石折银九钱。

国子监医生工食银四两五钱。遇闰加银三钱七分五厘。

国子监膳夫银四十两。遇闰加银三两三钱三分三厘四毫。

礼部会同馆夫工食银一百两零八钱。遇闰加银八两四钱。

太医院蒿术苍术银七两五钱。

观象台灯油木炭银一两六钱。

宪书板片银六两五钱。

工部项下银一千八百七十八两二钱六分一厘二毫五丝。

胖衣裤鞋七十一副零三分，每副价银一两五钱。顺治十年奉文每副量增银一两二钱。

砍柴夫银一千三百四十三两七钱。

四司料价银一百九十五两五钱七分五厘。

蓝靛银三十两。

苇夫银四十五两。

鹅翎银七两一钱五分六厘二毫五丝。

狐皮银十两。

搬运木柴夫银三十一两六钱六分。

司设局项下

冰窖蓄秸银二十二两六钱六分。

以上起运共银六千九百零一两八钱六分一厘一毫三丝二忽八微七纤五沙,遇闰之年加银一十二两一钱八厘四毫。

前项因地丁圈投,钱粮缺额,无凭征解。

存留

修理龙亭仪仗银一两。康熙七年裁银五钱。

修理文庙银十两。

直隶顺抚书吏三名,廪给银一百八两。节年全裁。

霸昌道快手(今改按察司快手)十二名,工食银八十六两四钱。顺治十三年裁银十四两四钱。

本府府尹柴薪银四十二两。康熙七年全裁。

本府儒学斋夫二名,工食银二十四两。康熙三年全裁。

本县知县俸薪银六十三两四钱九分。顺治十三年裁银十八两四钱九分。

心红纸张银二十两。康熙十四年全裁。

油烛银一十两。顺治十三年全裁。

迎送上司伞扇银十两。节年全裁。

修理宅舍家伙银二十两。顺治九年全裁。

吏书十二名,工食银一百二十九两六钱。节年全裁。

门子二名,工食银十四两四钱。顺治九年裁银二两四钱。

皂隶十六名,工食银一百十五两二钱。顺治九年裁银十九两二钱,又节年裁皂隶六名,工食银三十六两。

马快八名，工食银一百四十四两。顺治九年裁银九两六钱。

民壮五十名，工食银三百六十两。顺治九年裁银六十两，又节年奉裁民壮十名，工食银六十两。又雍正十三年裁民壮，改养余丁。案：内拨给北运河同知民壮四名，本县县丞民壮四名，主簿民壮四名，共工食银七十二两，仍由县库解支。

灯夫四名，工食银二十八两八钱。节年全裁。

看监禁子八名，工食银五十七两六钱。顺治九年裁银九两六钱。

修理监仓银二十两。节年全裁。

轿伞扇夫七名，工食银五十两四钱。顺治九年裁银八两四钱。

库书一名，工食银十二两。节年全裁。

仓书一名，工食银十二两。节年全裁。

斗级四名，工食银二十八两八钱。顺治九年裁银四两八钱。

铺兵十六名，工食银九十六两。

县丞俸银四十两。

赁廨署银十六两。乾隆四年全裁。

马夫一名，工食银六两。

门子一名，工食银六两。

皂隶四名，工食银二十四两。

主簿俸银三十三两一钱一分四厘。

赁廨署银十六两。乾隆四年全裁。

马夫一名，工食银六两。

门子一名，工食银六两。

皂隶四名，工食银二十四两。

以上县丞、主簿俸薪役食俱系雍正七年增设。

三角淀管河主簿，俸银三十三两一钱一分四厘。

马夫一名，工食银六两。

门子一名，工食银六两。

皂隶四名，工食银二十四两。

以上三角淀官役俸工系雍正十三年增设。

本县典史俸银三十一两五钱二分。

书办一名，工食银七两二钱。节年全裁。

马夫一名，工食银七两二钱。顺治九年裁银一两二钱。

门子一名，工食银七两二钱。顺治九年裁银一两二钱。

皂隶四名，工食银二十八两八钱。顺治九年裁银四两八钱。

儒学教谕俸银四十两。雍正十三年新增银二十四两二钱四分。

训导俸银四十两。雍正十三年新增银二十四两二钱四分。

斋夫六名，工食银七十二两。康熙三年裁银三十六两。

门斗五名，工食银三十六两。康熙三年裁门斗三名，共银二十一两六钱。

学书一名，工食银七两二钱。康熙元年全裁。

教官喂马草料银二十四两。节年全裁。

廪生二十名，岁支银一百九十二两。顺治十三年裁银一百二十八两。

膳夫二名，工食银四十两。顺治十三年裁银二十六两六钱六分六厘六毫六丝六忽。

学院科、岁二考并本县季考，生员试卷花红银二十两。节年全裁。

文庙、崇圣、名宦、乡贤，春秋二大祭银四十两。

关帝庙祭祀银四十两。雍正五年新增。

社稷、山川风云雷雨、城隍、马神、八蜡等神二大祭银三十两。

三小祭无祀鬼神银十两。

春牛、芒神、桃符、门神酒席银五两。节年全裁。

宪书银三两。

朔望日行香纸烛银一两。

乡饮酒礼银十两。

看守察院门子二名，工食银十二两。雍正十一年全裁。

修理察院家伙等项银十两。顺治九年全裁。

五色土银三十二两五钱。雍正七年奉文办解本色，每年解黄色土一十二袋十五斤一两五钱，青、白、赤、黑土各一十一袋十斤。

朝日坛户三名，工食银十八两。乾隆六年全裁。

圜邱坛户二名，工食银十二两。乾隆六年全裁。

帝王庙庙户一名，工食银六两。乾隆六年全裁。

先农坛坛夫二名，工食银十二两，闰月银一两。雍正六年新增。

关帝庙庙户，工食银七两二钱。乾隆六年全裁。

走递马匹、草料并喂马夫、车夫银一千四百八十两。节年裁银一千一百八十四两一钱八分二厘八毫四丝七忽五微，遇闰加银二十四两七钱五分六厘四毫二丝九忽七纤四沙四尘七埃二渺。

杂支供应过往上司下程①、坐饭、中伙②、蜡炭等银二百两。节年全裁。

杠轿夫，工食银一百两。节年全裁。

接递皂隶四名，工食银二十四两。节年全裁。

仵作二名，工食银十二两。新增。

吹手四名，工食银二十八两八钱。顺治九年裁银四两八钱。

更夫五名，工食银三十两。

火夫八名，工食银四十八两。

孤贫口粮布花银六两，闰月银三钱。乾隆六年裁银二两一钱二分一厘六毫五丝一忽。

通州工部分司挑挖新河夫，工食银五十九两五钱。康熙三十九年全裁。

柳栽③银二十六两四钱。康熙三十九年全裁。

---

① 下程：停驻；休憩。

② "伙"合刊本"乾隆志"误作"伏"。中伙，即中火，指途中午休用饭。

③ "栽"合刊本"乾隆志"误作"裁"。

椿草银九十二两四钱。康熙三十九年全裁。

庆丰闸闸夫,工食银①七十二两。

南路司狱司,俸银三十一两五钱二分。

皂隶二名,工食银十二两,闰月银一两。

禁卒十二名,工食银七十二两,闰月银六两。

更夫五名,工食银三②十两,闰月银二两五钱。

以上司狱俸工系乾隆二年新增。

挖运浅夫一百三十二名,工食银一千八十二两四钱。康熙三十九年全裁。

天坛坛户五名,工食银三十一两八钱。乾隆七年新增。

牺牲所所夫一名,工食银六两三钱六分。乾隆七年新增。

斋宫夫一名,工食银六两三钱六分。乾隆八年新增。

考贡生员盘费、花红、旗匾银四十两。节年裁银三十五两,二年一办,每年各半。乾隆五年奉文匀派给扣解银三钱九分四厘五毫。

朝觐盘费银二十五两。顺治十三年全裁。

朝觐纸张银六两。顺治十三年全裁。

科举生员宾兴③、盘费、花红、卷资、酒席银八十两,每年带存银二十六两六钱六分七厘。节年全裁。

科场器皿银四十五两三钱。节年全裁。

乡试对读生员、誊录、书手、厨役等银三十六两八钱,每年带存银十二两二钱七分三厘三毫。节年裁银六两一钱三分六厘六毫五丝。

会试对读生员、誊录、书手、厨役等银三十二两七钱二分,每年带存银十两九钱六厘六毫六丝。节年裁银五两四钱五分三厘三毫三丝。

---

① 合刊本"乾隆志""食"后脱一"银"字。
② "三"合刊本"乾隆志"误作"二"。
③ 宾兴:举贤之法,谓乡大夫自乡小学荐举贤能而宾礼之。

会试举人每名盘费银十两,每年带存银三两三钱三分三厘三毫。

状元归第银十两,每年带存银三两三钱三分三厘三毫。

新中举人牌坊银八十两,每年带存银二十六两六钱六分六厘六毫。

新中进士牌坊银一百两,每年带存银三十三两三钱三分三厘三毫。

新中武举人花红旗匾银十两,每年带存银三两三钱三分三厘三毫。

新中武进士花红旗匾银二十两,每年带存银六两六钱六分六厘六毫。

以上存留共银六千二百五十九两三钱四厘六毫二丝三忽五微,遇闰该银一百六十七两九钱六丝六忽八微七纤四沙四尘七埃二渺,内:节年裁扣银四千一十六两九钱三分一厘三毫五丝八忽,闰银一百三十二两三钱四分三厘六毫三丝七忽八微。实支存留银二千二百四十二两三钱七分三厘二毫六丝五忽五微,闰银三十五两五钱五分六厘四毫二丝九忽七纤四沙四尘七埃二渺。

税　课

县属各集镇牛骡杂课,旧无定额,每年尽收尽解。

驿　递

僻递现存马十匹,马夫五名,兽医一名,共银三百二两一钱二分九丝九忽七微四纤八沙,遇闰加银二十五两一钱七分六厘六毫七丝四忽九微七纤九沙。

盐　政

额销盐一千四百引,分认京引四百三十二引。

东安县志　卷之七

东安县志　卷之八　风物志

八方风俗、水土、百物，各因地以制宜，实与化而推移者也。崆峒人武，渐之以礼乐则气柔；幽冀宜黍，导之以人力则利普。章甫缝掖①以化俗，懋迁有无以通贾。视太史之所陈，知同规而共矩。志《风物》。

风　俗

俗尚文雅，人多技艺，沉鸷而有材力。重许诺，矜豪侠，质性厚重，风俗朴茂。出《一统志》。

燕赵古称多慷慨悲歌之士。出韩文②

崇德尚义，顾耻修廉。以忠孝励其俗，以诗书传其家。《金志》。

风气浑纯，民俗质直。治得其道则妥顺，治非其道亦强忍。摄伏而不敢肆，非如他邑之民，宽则驯，急则扰，暴悍未易绥柔也。《李一山文集》。

人性质而好刚，直而不校，士习儒业，农勤稼穑。旧志。

诗礼传家，君子之所长；冯③借傲物，斯民之所短。逐末少而务本多，邻里婚丧颇知周恤，节俭之风，或少④逊于古焉。旧志。

时令

正月元日，祀神，祀先，谒墓，敬尊长，饮屠苏酒，亲戚相贺，隆师，迎女追节，媚妇帖"宜春"字于门。《南部新书》："长安风俗，元日后递以饮食相邀，

---

① 章甫缝掖：指儒者或儒家学说。
② 出自韩愈的《送董邵南游河北序》，原文为"燕赵古称多感慨悲歌之士"。
③ 冯：通"凭"，凭借。
④ 少：略微。

号为传座。"

立春,先一日迎春于东郊外,邑人观芒神、土牛以别丰耗。立春日作春饼、生菜,号"春盘",取迎新之义,或剪彩为燕,以为首饰。

上元夜,张灯以祈丰稔,前一日为试灯,后一日为残灯,凡三日。男女盛服夜行,谓之"走百病"。又十六日,谓"耗磨日",宜饮酒,忌开仓库。

二十五日,以灰画于院中,作仓囷状,内置五谷,名曰"大天仓"。又是日,大相啖嚼,谓之"填仓",云一岁皆不饥也。

二月二日,俗传龙抬头,以谷皮撒地,自灶引出,及河井之畔,引于户内,谓之"引龙"。家家皆食饼炙。

春分,《月令》二月之节,择元日命民社①,春事方兴,故祀之以祈农祥。俗皆酿酒,拌醋,冰泮取鱼。

寒食,食麦粥、杏酪,树秋千,放纸鸢,戏蹋鞠。从前贵族名姝,或乘车走马于郊外,为探春之宴,斗花之会,近则无有行之者,亦还淳之一节也。

清明,戴细柳圈,踏百草,看花郊外。前数日各祭扫坟墓,添土挂纸钱,至日仍祭先于堂。

谷雨,帖逐蝎图于壁以厌之。

四月,《礼记》孟夏麦秋至。其月之八日,诸寺各设斋以五香水浴佛作龙华会,俗谓之"浴佛日",市肆断屠。二十八日为药王诞,赛会迎神,男女上庙进香,络绎于道。

五月五日为"天中节",食角黍,饮蒲酒,帖艾符,系彩丝于小儿臂,谓之"长命缕",追节日耍②节。

六月六日,曝衣,储水,踩曲③,作酱。

---

① 民社:指民间祭祀土神。
② "耍"合刊本"乾隆志"误作"要"。
③ 踩曲:制作酒曲,需用脚踩,故称。

《四民月令》:"初伏荐麦瓜于祖祢。"是日家家食面。

七月七日为"巧节",晒水,日中投之以针,照见龙鸾花卉之影则吉,晚陈瓜果于庭,争相乞巧。

望日为"中元节",祭祖先,夜延高僧作佛事,施食,放莲灯于河干或于衢路,谓之"旱莲灯"。

八月十五为"中秋节",陈瓜果于庭,饮宴赏月。

九月九日为"重阳节",酿酒,赏菊,登高眺望,亲戚以蒸糕相馈遗。

十月天时和暖似春,故曰"小春"。朔日,俗制纸衣上墓,祭而焚之,名曰"送寒衣"。

十一月冬至,一阳上舒,日晷初长,故有履长之庆。土俗暖炉猎兔,祀先而贺节。

十二月为腊月。八日,杂五色豆米和以枣栗煮粥食之,名曰"腊八粥"。二十三日,扫舍,祀灶。除夕,祭祖先,毕,长幼聚饮,烧炭燔柴以助阳气,坐至夜半谓之"守岁"。帖纸钱、门神、春联于门,士夫家皆用桃符。

礼制

立春前一日,县官迎春于东郊,回乃春宴。次日,应候具朝服、率僚属行鞭春礼。

正月上旬,按出行吉日视喜神所在方向,县官具朝服出郭,设香案叩头行迎喜神礼。

每岁仲春亥日,知县率属及乡耆老农诣坛虔祀。毕,即举耕耤礼,各官次第扶犁,老农终亩。见《祀典》。

古者十二月为蜡月,行蜡祭礼,所以报百神也。今奉文于三月三日及九月九日祭八蜡庙并祀刘猛将军,行一献礼,盖即春祈秋报之义也。见《祀典》。

九月霜降日,城守营统率兵丁设香案祭旗纛神。毕,举炮①操演武事,顺

---

① 炮(pào):古代用机械投掷石块的战具。

秋令,肃戎行也。

岁正月望、十月朔,县官延耆德者诣明伦堂行乡饮酒礼,无则缺之。

冠礼。男子年十六七以上则加冠,女子纳聘则加笄①。古制虽存,久废不行。

婚礼。俗用老妇为媒,问名,取女子庚帖,用术士合之,以羊酒为定礼,将娶纳聘为下茶,娶必亲迎,导以鼓吹,奁具各随贫富。士夫家择婿择女不论财,不用术士合婚。

丧礼。世俗多修佛事,士夫家亦有遵行文公家礼者,亲戚奠赙,丧家裂帛以赠。发引日,送葬者皆束帛,柩所经过处,亲戚则设路祭。

北方风俗,凡遇丧礼,饶裕之家往往有演剧、杂戏等项。相沿既久,习而不觉。其实蔑弃礼义莫此为甚。夫为人子孙,当此哀痛迫切之际,其寝则苫也,枕则块也,啜则粥也,其目则无所见,耳则无所闻也,其行则伛偻而杖也,尚忍演剧杂戏以相娱乐者乎!若云送死,死者已无知矣,如其有知,必且恌怏地下,为之闻乐而不乐也。若云以为观美忘慴怛之深,衷悦他人之耳目,稍知礼义者必不肯为也。近奉旨严禁。凡城郭、乡村遍行颁示,颇知遵守,少改旧时之陋习矣。

祭礼。每岁元旦、清明、七月望、十月朔、冬至、除岁,各祀其祖先,随宜陈设,或用牲醴,或羹馔面食之类,焚烧楮钱。

宾兴。每科乡举之期,知县先于月前投启请赴公宴。至日,于县门外结蟾宫彩楼升仙桥,宴诸生于堂上。撤席,簪花披红出中门,出至升仙桥。县官拱让登桥,乐工扮嫦娥各簪桂花一枝,饮三爵,送于门外而退。会试有加礼焉。

乡射乃古礼也,前明《会典》载:"洪武初,令生员及府州县官皆习射,朔望行射礼。八年,改令每月上朔习射三日,下旬亦如之。"其后每于春秋二仲

---

① 笄:古代的一种簪子,用来插住挽起的头发。

之月望,率诸生习行之。岁戊午,兵事戒严,奉文各州县诸生皆习射如式。

按:乡射古礼,久废不行。明初开科取士,中式后十日以骑、射、书、算、历五事试之,故学傍有射圃亭。夫射为六艺之一,古人当小学时便已习之,至于比礼比乐,以观德艺之成,先王用意至深远矣。后世专尚武射,武生应试,自有定制,不得概以乡射目之。今仍载旧条,尚有望于行古之道也。

每岁逢圣诞元日、冬至,知县先一日率僚属师生习仪于广严寺。次日,即于寺之大殿中安设龙亭,丹墀①下行朝贺礼。

接奉诏谕。知县率僚属具仪仗出郭,迎导至县堂,行礼如朝贺。

新官上任。先一日斋戒宿庙。次日祭城隍。毕,诣县祭仪门,至堂具朝服行谢恩礼。讫,换吉服,升公座行恭见礼。次谕僚属,次宴官属父老。

护日。知县率属具朝服叩头,僧道官伐鼓行救护礼。月食具朝服,行礼如日食。

论曰:"在上为风,在下为俗。其暴风感者,下亦应之以暴;其德风感者,下亦应之以德。"故子游治武城而弦歌化,鲁恭为中牟宰而童子有仁心,所以感之者微矣。夫一介之士,洁身修行,乡间犹化其德,而况居高御物者乎?东安为幽冀之墟,风气刚劲,俗多尚武,倘即昌黎所为慷慨悲歌者,非耶!顾儒以文乱法,而武以侠犯禁,二者交讥,是必柔其桀骜难驯之气,而导以诗书礼乐之化,风俗所由日茂尔。我朝重熙累洽,既爱养之,又教诲之。深仁厚泽沦浃肌髓者,百有余年于兹矣。士业诗书,农习南亩,其力勤以肆其用,俭以约其心,质直而无诈伪。惇伦纪,恤鳏寡,重节义,矜然诺。由斯以观,岂徒慷慨悲歌之旧俗而已哉!"

物　产

古者太史采诗以观民风,辨物价以察民之好恶。贾谊曰:"雕文刻镂,伤

---

① 丹墀:本指宫殿前的赤色石阶。此处指官府或祠庙的台阶。

（乾隆）东安县志

农事者也；纂组机绣,害女红者也。"是以圣王不宝金玉而宝五谷。北方早寒,不宜于稻,所宜者,黍、稷、麦、菽,一切瓜苽蔬果草木禽畜之类,皆不若东南之繁且庶也。无山珍海错之饶,无玳瑁珠玑之饰,无纤缟罗绮之文,无奇技淫巧荡心悦志之物,犹有古之遗风焉。康对山作《武功志》,非特产者不书,虽云独见,然一草一木皆切民用,审其有无而变通之,亦为政者之所宜周知也。惟夸多斗靡①,以无为有,是所不取尔。

谷类

黍（色有赤黑,黏者为秫。） 蜀黍（即高粮,另有性黏者。）

玉蜀黍（即玉粟,苞生叶间,有白须。） 稷 大麦 小麦 荞麦 谷

红谷（穗如鸡冠。） 稻 稗子（紫黑色有毛者为芭。） 芝麻（黑白二种。）

黄豆 红豆 绿豆 白豆 黑豆 小赤豆 青豆（青黑二种。） 扁豆

黎豆（即茶豆。） 菜豆 豌豆 豇豆 刀豆

蔬类

芥菜 白菜 葱 韭 芫荽 芹菜 茄 莙荙菜 莴苣 赤根菜

蒲笋 萝葡 藕瓠 葫芦 小茴香 香椿 山药 白花菜（即野菜。）

苋 蒿菜 苦益菜 甘露（俗名滴露,又名玉环。） 黄花菜 荠菜

马兰菜 红姑娘 秦椒

瓜类

王瓜 西瓜 冬瓜 甜瓜 南瓜 菜瓜（苦者可作菹。） 丝瓜

地王瓜

果类

梨 枣 杏 李 桃 沙果 苹婆果 核桃 葡萄 金梅 水梅

麝香红（三种俱杏类。） 玉黄子（即黄李。） 柿

牛心红（《格物论》:柿有名牛心者,即小红柿。） 石榴 虎喇槟 金桃

---

① 夸多斗靡:指读书或写文章以数量多、词藻华美相夸耀。夸:夸耀;斗:竞争;靡:奢华。

樱桃　菱　鸡头　楸子　莲子　奈子　文官果　红果

木类

榆　柳　槐　椿　杨(青白二种。)　松　柏　檟榆

杜(即杜梨,一名甘棠。)　银母(即夜合树。)

桑(王介甫诗:"幽燕桑叶暗川原",今则稀少,其葚可为粮。)

花类

菊　茨莓　玉簪(白紫二色。)　萱　牡丹　芍药　金盏　鸡冠

水浜(即蓼花也。)　金鹊　葵(花有数种,分夏秋。)　望江南　月季花

爬山虎　十姊妹　荼蘼　马蓝　紫荆　莲　海棠　剪春萝　剪秋罗

石竹　莴苣莲　蔷薇　缠枝莲　马缨　凤仙　佛指甲　夜落金钱

八仙花　珍珠花　丁香(紫白二种。)　碧桃　木槿　夜来香　探春

千日红　万寿菊　草茉莉(有紫黄红白各色。)　夹竹桃　玫瑰　雁来黄

汉宫秋　十样锦(三种,俱秋色细黄花。)　垂盆草(一茎四五花,色紫。)

仙人掌(顶上开花。)

草类

蒲　芦　苇　芳　莎　水葱　荻　艾　蓼　莠　萍　猪牙　节节

荚　大小蓝(有二种,即靛也。)　水稗　茅　苔

药类

天麻　夏枯草　地丁　兔丝　车前子　蒺藜　枸杞　香附　草麻

茛菪　麻黄　地黄　益母草　苍耳　紫苏　薄荷　川芎　蚕沙

山药　艾　牵牛　莲壳　半夏　甘草　凤眼　地肤子(即扫帚子。)

瓦松　桑皮　苦丁香(即甜瓜蒂。)　木贼草　蒲公英　山楂

禽类

鹳　鹅　鸭　雀　鹊　燕　雁　黄鹂　鸳鸯　鸡　乌鸭　雉

蜡嘴(即桑扈。)　鹌鹑　鹔鹴(俗名兹老。)　鸠　秃鹫　鱼虎　鹭鸶

鹰　鹞　鹄　鸢　天鹅　地鹈　鸥　鸥鸤　啄木　铁脚　乌鸦

鸹汀　黄头　白翎

兽类

牛　马　骡　驴　猪　羊　獐　犬　猫　狐　鹿　貉　兔　狼　鼠　獾　香鼠　鼢鼠　地羊

鳞甲类

鲤　鲇　鲫　鲂　鳟　白鱼　淮鱼　鳝鱼　石鲢　鲭鱼　螃蟹　虾　鳖　蚌　螺

虫类

蛇　蝎　蛙　蛾①　蚕　蜗牛　蝉　蜂　蝶　蚊　蚁　蠡　蝼蛄　蚯蚓　促织　蝇虎　蟋蟀　蜘蛛　蜻蜓　螳螂　蛸螂

货类

棉花　布　蜜　蜡　花椒　红花　苎麻　靛青　蒲席　苇帘　苇箔　苇席　柳器

东安县志　卷之八

---

① "蛾"合刊本"乾隆志"误作"峨"。

东安县志 卷之九 祲祥志

灾异之生,盛世不免,日月薄蚀,阴阳水旱。谷生庭而盈拱,雉雊鼎而升案。数不可知,其理甚灿。祈禳者诬,矫饰者玩。察天心之转移,随人事以为断。志《祲祥》。

灾眚①存乎天,补救存乎人,有人事之斡旋,则无虑天事之缺憾矣。尧汤水旱而民不困,职是故也。我国家偶遇灾祲,即平粜截漕以赈济之,而又大发帑金,动盈数十万,人事之补救能使无年等于有年,而荒土尽为乐土。湛恩广被,膏泽下流,宁尚有歌鸿雁而哀仳离者哉!

汉
桓帝永康元年,大水,诏赐溺死者钱二千,官为敛葬。

晋
咸宁二年三月,阴霜伤麦。

魏
神瑞二年,旱,人多饥死。

北齐
天保元年,夏蝗,使振之。

唐
天宝九年八月,五星聚于尾箕,荧惑先至而又先去,后有安史之乱。

大历六年春三月,旱,斗米千钱。

建中元年,易水溢,高丈余,苗稼荡尽。

---

① 灾眚(shěng):灾难,疾苦。

(乾隆)东安县志

后周

广顺二年,大水,安次流民入塞者四万口。

宋

太平兴国二年秋七月,大水,遣将军李崇矩疏治之。

嘉佑①二年夏四月,地大震,坏城郭,压死数百人。

元佑②元年六月,浑河决刘家庄堤,筑之。

延佑③七年五月,浑河决落堡村堤,命有司修治之。

金

明昌五年,饥,奉御蒲察五斤,开仓振而后闻。

贞祐四年,大饥,人相食。

元

大德六年四月,浑河溢,坏民田一千八百余顷。

皇庆元年二月,浑河决黄蜗堤,都水、计工齐治之。

至治二年五月,水坏民田一千五百余顷。考史,是年京师地震。

泰定三年七月,雨,平地,水深数尺。

至正二十八年春正月,彗星见于昴毕之间,三月又出于昴北。照史补入。

明

正统七年,蝗蔽天而行,所过野无青草。

成化六年,夏涝秋旱,人乏食。

正德二年,地震。

---

① "佑"字误,应作"祐"。合刊本"乾隆志"此处亦误作"佑"。嘉祐:宋仁宗的年号。嘉祐二年为公元1057年,为辽道宗清宁三年。是时,安次属辽地。

② "佑"字误,应作"祐"。合刊本"乾隆志"此处亦误作"佑"。元祐:宋哲宗的年号。元祐元年为公元1086年,为辽道宗大安二年。是时,安次属辽地。

③ "佑"字误,应作"祐"。合刊本"乾隆志"此处亦误作"佑"。延祐:元仁宗的年号。延祐七年为公元1320年,编者因袭《(康熙)东安县志》的错误做法,误将此则置于宋朝时段。

四年,秋雹灾。

八年,彗星见,自夏至秋乃灭。《固安志》:"八年见黑眚。"《宝宾坻志》:"七年见黑眚。"年分互异而不言彗星,此言彗星而不言黑眚,然星变人所共见,独不载邻县志,何也?

九年,秋潦,播舟于道。

十三年,春旱,大饥。

十四年,春大疫。

嘉靖四年夏五月,雨雹,麦苗尽坏。

六年,大旱,蝗蔽天。

七年,大风,昼晦,地震。九月大水。

十一年,九月二十七日夜四鼓,星陨如雨,旱蝗民疫。

十四年,夏水涝。秋冬地震,有声如雷。

十六年,大水伤稼。

二十一年,民多疫死。

二十五年夏六月,淫雨五昼夜,水溢入城,坏庐舍,人多溺死。

二十九年春正月,村人晓起见东郭何家庄有城郭楼台之状,日出乃隐。二月,复见于北隐村。三月,大风,雨沙。六月,头畜疫死。七月,学圃产芝一本。八月,东南方天鼓鸣。

三十三年,自春至冬大疫,人死过半。六月大水。

隆庆元年,五月日初暾①,马头村民见村西四五里外白气如流水状,逾时而灭。冬十月,地震,有声。

按:秦苻坚时长安地有水影,宋文帝时青州城南远望地中如水有影,人马百物皆见,谓之"地镜",前代往往有此灾异。万历二年,浑河冲决其地,遂成河道,即其验也。

---

① 暾(tūn):刚升起的太阳。

二年,三月二十八日午时,地震,有声。

五年,春大旱。自六月至九月淫潦为灾,浑河溢,坏庐舍、田禾,岁大饥。冬十一月,天鼓鸣,自东南经西北,声大震。

万历二年,大水,漂没人畜,邑令洪一谟拯救之。

六年,西南彗星见,数月乃没。

八年,春旱,无麦。夏秋浑河溢,伤禾稼。

十年春,疾疫大作,死者无算。

十一年,浑河决堤口,水失故道。

二十一年,十一月十七日巳刻,西北方天鼓鸣。

三十二年,六月,大水。

四十三年,春大旱,秋乃雨,麦禾尽槁。八月繁霜。十月地震。饥民蜂起。

四十四年春,浑河徙,逼县城。

四十五年,旱,蝗。夏六月暴雨,浑河溢西城下。八月,天鼓鸣于东方。

四十六年,二月,黑风昼晦。九月内,地震,每夜四更时东方白气如练,长竟中天。十月,彗星见东方。

四十七年,二月二十日申刻,红气漫天,已而昼晦,室中燃炬。三月,雨沙。五六月,大水淹禾。

天启元年冬十月,地震。

四年春,地震,从乾方起,有声。

五年五、六月,地连震,声如霹雳,人尽恐。

六年夏,浑河溢,入城,架巢而居,禾尽坏。

崇祯五年,大水为灾。

十三年,大旱,人相食,殣死于道。

十四年,大旱,赤地数千里。

国朝

顺治二年,大水伤稼。奉上谕田租尽行蠲免。

五年,土贼刘东坡为寇,典史陶宏才御寇被害,邑令涂应旗请兵剿灭之。

九年,大水伤禾。

十年,大水伤禾。奉上谕免田租十分之三,又发粟煮振,全活无算。

十一年,大饥。奉上谕特发内帑。皇太后敕发宫中银两遣官给振。

十三年,岁饥。奉上谕蠲免本年田租十分之三,又遣部臣逐名给振。

十四年秋,蝗灾。《固安志》:"大水伤禾。"不书蝗灾。

康熙二年,地震,京师尤甚。诏赦天下。

四年,地震,有水灾。奉上谕蠲免本年田租十分之三。

六年,水灾,彗星双出,太白经天。此条不载邻邑志,存以俟考。

七年,淫雨浃旬,平地水深数尺,毁屋伤禾。奉上谕本年田租尽行蠲免,又发帑银逐名振济。

八年九月二十五日未时,天鼓鸣,如霹雳声。

九年,旱灾。奉上谕免田租十分之三。

十一年,旱蝗,继以雨灾。奉上谕免本年田租十分之三。

十三年九月九日卯时,地震。

十八年七月十八日,地震。

二十年,彗星见,白气经天,数月乃消。

二十三年,蝗。

二十八年,旱。奉上谕:"今岁京师附近地方遇旱,谷用勿登,蠲免一切租赋并加恩振济。"

三十九年秋,大稔。

四十八年,四月蝗,六月水灾。奉旨发粟煮振,免钱粮十分之三。

五十八年六月,雷雨暴作,大风拔木。

五十九年六月八日,地震。

雍正二年，冰雹，水伤禾。奉上谕发粟振给，钱粮蠲免。

三年二月庚午，日月合璧，五星联珠。六月至八月，大雨伤稼。奉上谕发粟振给，二百九十余村钱粮照例蠲免。

四年，麦大熟。是夏，民多疫疠。

七年六月，河西务西堤决口漫溢，东安三十余村秋禾不登。奉文蠲振。

八年八月，地震，是年大稔。

十一年秋，浑河溢，秋禾不登。奉文蠲振。

乾隆二年，春旱无麦，六月大雨，浑河决堤四十余处，平地水深数尺，秋禾被淹八十余村。奉文蠲振。

三年，六月大雨，浑河溢，秋禾被灾一百九十余村。奉旨开仓平粜，照例蠲振。

五年六月，浑河溢，坏庐舍、田禾。奉文蠲振。

八年五月，大暑，人多暍①死。

九年，夏不雨，上虔祷，甘霖立沛。先是总督高奏请发粟两千石振借贫民，免其还仓，是秋岁大稔。

十二年，七月大雨，秋禾被淹四十余村。奉文蠲振。

旧志云："灾异者，上天垂示警戒之意，变不虚生。"《春秋》不书祥瑞，灾异则屡书之，欲其尽人事之补救也。因祥而肆祥亦为灾，因灾而儆灾亦可以转而为祥。《易》曰："君子以恐惧修省。"此弭变之要道也。

东安县志　卷之九

---

① 暍（yē）：中暑。

东安县志　卷之十　职官志

建侯分职,使司牧之。忠信之长,慈惠之师。居则人爱,去则人思。师儒学校,捍御城池。教养具备,文武兼资。明明天子,赫赫近畿。夙夜匪懈,罔奸以私。如或不然,负玷来兹。志《职官》。

志乘之载职官有褒无贬,而不贬之中其义自见。古之德施于民者,汝阴立社,浚仪图形,甘棠犹且思之,况其人乎？苟尸位素餐,兴利除弊毫无建白,当前无绩可称,他日寂寥简策矣。然亦有廉平乐易、政简刑清,与百姓享和平之福。所谓日计不足,月计有余者,顾时异世殊,口碑易泯,若此者又不能不致慨于记载之失传尔。

元

太守①　世宝墀

监郡②　卜　侯

知州③　田　诚　南唐人,登进士④,元贞二年任,清介自持,无异寒士,诏进征南元帅。初莅任时,不携妻孥,但以两鹤自随,及去任,留鹤轩墀,清风两袖,庶几有古廉吏之遗风乎！

太守　赵时敏　牛德裕　世侯

州判⑤　翟仲景　王显　奥鲁

---

① 太守:官名。

② 监郡:官名。监察郡县的官员,秦汉御史,外督州郡,称监郡。

③ 知州:官名。地方行政机构州之长官。

④ 进士:唐宋时称殿试及第者。金代科举之制,以词赋、经义、策论中选的称为进士,以律科、经义中选的称为举人。明清时复以殿试合格者为进士。

⑤ 州判:官名。地方各州之副职,从七品,分掌督粮、捕盗、海防、水利诸事。

(乾隆)东安县志

奉训大夫达鲁花赤管本州诸军劝农防御知河防渠堰事　卜兰奚

判目① 　赵　彬

学正② 　张天麟　俱见《学碑》,至正二十四年。

明

知县③一员

县丞④一员　裁。

主簿⑤一员　裁。

典史⑥一员

教谕⑦一员　乾隆元年,教谕改为正八品,训导改为从八品,俱食八品俸。

训导⑧一员

廪缮生⑨二十名　每科岁贡一名。

增广生⑩二十名

新进生⑪每岁科两试,各十二名,后又额增三名。

武生⑫岁试十二名。

---

① 此官职不见于《元史》,疑有误,待考。

② 学正:官名。宋朝始置。地方州学所设学正,掌本州生员教育,及评定生员品行优劣。

③ 知县。官名。地方行政机构县之长官。

④ 县丞:官名。

⑤ 主簿:官名。

⑥ "史"合刊本"乾隆志"误作"吏"。典史:元始置,明清沿置,为知县下掌管缉捕、监狱的属官。如无县丞、主簿,则典史兼领其职。

⑦ 教谕:官名。

⑧ 训导:官名。明清地方学校之学官。

⑨ 廪缮生:科举制度中生员名目之一。通常简称廪生。

⑩ 增广生:科举制度中生员名目之一。简称增生。

⑪ 新进生:科举制度中生员名目之一。

⑫ 武生:武秀才的简称。

税课局大史①一员　裁

阴阳学训术②一员　原无置官

医学训科③一员　原无置官

僧会司僧会④一员

道会司道会⑤一员

知　县

(明)⑥

侯文秀　四川人。洪武七年任。已入《名宦》。

王友信　山东人。洪武九年任。

王　观　□□⑦人。洪武十一年任。

岳　镇　□□⑧人。洪武十五年任。

秦士弘　□□⑨人。洪武十八年任。

邓　侯　金坛人,由举聪明正直科,洪武二十二年任。

李　骥　山东郯城人。举洪武二十六年乡试,入国学,授户科给事中。寻坐事改新乡知县,以内艰⑩去,永乐二年服阕⑪,令东安。凡事有病民者,辄奏免之。有嫠

---

① 税课局大史:明清掌管税课的官吏。
② 阴阳学训术:明代地方阴阳学官,府曰正术,州曰典术,县曰训术。
③ 医学训科:明代地方专司医学的官员。
④ 僧会司僧会:地方上管理寺庙和僧尼事务的职官,由僧人担任。
⑤ 道会司道会:主管县级道教机构的官吏。
⑥ 此下侯文秀至赵世亮为明代知县。为使层次清楚,"明"字为编者所加。
⑦ 合刊本"乾隆志"此处亦空而未书,存疑待考。
⑧ 合刊本"乾隆志"此处亦空而未书,存疑待考。
⑨ 合刊本"乾隆志"此处亦空而未书,存疑待考。
⑩ 内艰:旧称遭母丧为内艰。
⑪ 服阕(què):古代服丧三年后除去丧服,谓之服阕。阕:停止,终了。

（乾隆）东安县志

妇子啮死，诉于骥。骥祷城隍神，深自咎责。明旦，狼死于其处。侍郎李昶等交荐，擢刑部郎中，后官终河南知府。见《明史·循吏传》。已入《名宦》。

李　茂　□□①人。永乐十五年任。

王　睿　河南临颍人。由监生②，宣德五年任，后升知州，请留，仍理县事。已入《名宦》。

冯　珍　陕西人。由监生，天顺四年任。

于　璧　山东人。由进士，天顺八年任。已入《名宦》。

程　资　河南人。由监生，成化元年任。

郑　兴　山东人。由监生，成化七年任。

朱　华　滁州人。由举人③，弘治二年任。

景　佐　山西蒲州人。由进士，弘治五年任，升参议。已入《名宦》。

郭　淳　山西高平人。由举人，弘治八年任。

蒋　升　湖广荆州人。由进士，弘治十一年任。

张尧龙　山东济宁人。由举人，弘治十五年任。

郭　登　山西洪洞人。由举人，正德元年任。

杜　泰　山东长清人。由进士，正德三年任。

彭　伟　山东掖县人。由举人，正德四年任，升佥事。已入《名宦》。

周　义　山西翼城人。由举人，正德八年任，升永平府通判。

武　魁　山东沂县人。由举人，正德十年任，升郑州知州。

傅　相　山东长山人。由举人，正德十三年任。

张　云　陕西凤翔人。由举人，正德十五年任。

胡　沦　河南洛阳人。由进士，嘉靖二年任，升知府。

---

① 合刊本"乾隆志"此处亦空而未书，存疑待考。

② 监生：在国子监肄业者统称监生。初由学政考取，或由皇帝特许，后亦可由捐纳取得其名。

③ 举人：明清两代称乡试录取者。

韩　襄　山东鱼台人。由举人，嘉靖五年任，升工部员外。

张　钺　山东登州人。由举人，嘉靖十一年任。

胡汝辅　山西石州人。由举人，嘉靖十四年任，擢御史，升副使。已入《名宦》。

刘继先　山东新泰人。由监生，嘉靖十六年任。

赵廷琦　山西岢岚人。由举人，嘉靖二十年任。

汪宗之　贵溪人。由举人，嘉靖二十六年任，升应天府通判。

成　印　陕西耀州人。由举人，嘉靖二十七年任，升永平府通判。

秦　璿　广西桂林人。由举人，嘉靖二十九年任。

刘　恩　山东寿光人。由举人，嘉靖三十三年任。

杨　缙　陕西陇州人。由举人，嘉靖三十五年任。

文邦彦　广西全州人。由举人，嘉靖三十七年任。

白　鹤　河南卫辉人。由举人，嘉靖三十八年任。

江一定　山东即墨人。由监生，任本县县丞，升，嘉靖三十九年任。

姚守中　陕西洮州人。由监生，嘉靖四十二年任。

陶　栋　山东历城县人。由举人，嘉靖四十三年任。

王宗尧　山西闻喜县人。由举人，嘉靖四十五年任，官至郎中。

刘　祜　陕西咸阳人。由举人，隆庆二年任，升石州知州。

王邦直　山东临朐人。由举人，隆庆五年任。

李锦制　山西榆社人。由举人，万历三年任，调宛平县。

洪一谟　山东历城县人。由举人，万历三年任，调良乡县，擢御史。已入《名宦》。

张承礼　河南郑州人。由举人，万历四年任。

韩景闵　山西洪洞县人。由举人，万历六年任。

张汝蕴　山东章邱县人。由进士，万历八年任，调献县。

阮宗道　山西大同人。由选贡①，万历十年任，升南京大理寺评事，累官太仆寺卿。已入《名宦》。

王光祖　河南南阳县人。由举人，万历十一年任。

刘世武　直隶舒城县人。由选贡，万历十二年任。

冯　沂　河南汝州郏县人。由恩贡②，万历十三年任。已入《名宦》。

孙　绪　山西大同应州人。由岁贡③，万历十五年任。后以忧④去。

王　朔　陕西兴平县人。由岁贡，万历十五年任。

谢赐带　山东东昌府武定州人。由举人，万历二十年任。

田子耕　山东东昌府夏津县人。由举人，万历二十二年任。宽厚宜民，优容待士。

徐　伟　山东临清州人。由举人，万历二十五年任。

曾日唯　河南汝宁府光山县人。由进士，万历二十七年任，调繁⑤武清县，升户部员外。

李希召　河南兰阳县人。由进士，万历二十八年任。政教严肃，吏畏民怀，累迁南京户部郎中。

郑崇岳　浙江金华府浦江县人。由举人，万历三十三年任。力兴学校，务戢权豪，忠厚自其家声，精明由于独断，升南京刑部主事。

段必选　云南昆明县人。由举人，万历三十八年任。

戴之二　河南汝宁府固始县人。由举人，万历三十九年任。已入《名宦》。

张　燮　浙江余姚县人。由举人，万历四十四年任。

----

① 选贡：科举制度中贡入国子监生员的一种。
② 恩贡：明清贡监之一。
③ 岁贡：科举制度中贡入国子监生员的一种。
④ "忧"前脱一"丁"字。丁忧：遭逢父母丧事。旧制，父母死后，子女要守丧，三年内不做官，不婚娶，不赴宴，不应考。
⑤ 调繁：谓调任政务繁剧的州县。

陆　燧　南直松江府上海县人。由进士，万历四十五年任，调繁遵化县行取兵部主事。已入《名宦》。

陈所养　陕西汉中府洋县人。由举人，万历四十八年任。

段　铨　陕西兰州人。由举人，天启二年任。仁厚恭谨，恪守官箴。

郑之城　湖广辰州平溪卫人。由选贡，天启四年任。决狱而高悬秦镜，惩奸而吏肃春冰。

邱民仰　陕西渭南县人。由举人，天启六年任。厘宿弊十二事。河啮，岁旱蝗，为文祭祷，河他徙，蝗亦尽。调繁新城县，累官佥都御史。崇祯十三年巡抚辽东，城陷，殉节死。

欧阳保　江西新建县人。由举人，崇祯元年任。居官正直，御下精明，法尚严威，而城狐灭迹，功存修举，而花县重新。

卢跃龙　广东人。由举人，崇祯三年任。清廉端介，礼士爱民。

赵　海　贵州人。由举人，崇祯三年任。已入《名宦》。

李之藩　山东□□①人。由举人，崇祯四年任。

欧阳一遇　江西赣州府兴国县人。由选贡，崇祯五年任。

何达海　山西沁水县人。由岁贡，崇祯七年任。

黄奇遇　揭阳县人。由进士，任固安县，崇祯九年署东安事。已入《名宦》。

郑以诚　陕西甘州张掖县人。由选贡，崇祯九年任。

王佩弦　山东青城县人。由选贡，崇祯十年任，升盐运使。

李之用　山西太原府偏头关人。由举人，崇祯十三年任，升陕西泾州知州。

赵世亮　山东掖县人。由岁贡，崇祯十六年任。已入《名宦》。

国朝

郑以诚　陕西张掖县人。初以选贡任本邑知县。崇祯九年城陷失守，幽禁狱中。至顺治元年邑民赴京公保，复任。学识深沉，才能通变，治民有术，缉盗多方。

---

①　合刊本"乾隆志"此处亦空而未书，存疑待考。

（乾隆）东安县志

调南阳县知县。

刘应坤　辽东□□①县人。由贡士，顺治二年任。劝民息讼，门无雀角之纷；竭力弭灾，户免吏呼之苦。来依抚字②，去效扳辕③。

王鼎胤　山东淄川县人。由进士，顺治三年任。治规整饬，胥吏畏其风裁，听讼精严，编氓服其明断。调繁溧④水县。

王　晋　山东掖县人。由进士，顺治四年任。

夏时昌　满洲人。由生员，顺治五年任。

涂应旗　辽东铁岭人。由选贡，顺治六年任。升山东沂州知州。

宗良弼　河南滦泽县人。由进士，顺治九年任。已入《名宦》。

樊芳春　陕西泾阳县人。由举人，顺治十一年任。古貌古心，实德实政。律身清谨，剔蠹精严。

苏兆元　福建福宁州人。由举人，顺治十三年任。居官有体度，务安详。

王业隆　陕西平凉卫人。由岁贡，顺治十八年任。礼士爱民。升四川崇庆州知州。

李长炜　南直高邮州人。由恩贡，康熙八年任。

丁尔发　浙江义乌县人。由举人，康熙九年任。惠下俱见婆心，厘奸惟有铁面。士歌棫朴⑤，民颂甘棠。

王士美　江西金溪县人。由举人，康熙十年任。清廉守己，惠爱宜民，有慈母神君之颂。偶因科场诖误，后补山西闻喜县知县。

侯应封　宁远县人。由举人，康熙十二年任。才守兼优，士民咸颂。

李大章　江南丹徒县人。由荫贡，康熙十四年任。操履端洁，学问渊通，慈以

---

① 合刊本"乾隆志"此处亦空而未书，存疑待考。
② 抚字：谓对百姓的安抚体恤。
③ 扳辕：指挽留、眷恋好官。
④ "溧"合刊本"乾隆志"误作"漂"。
⑤ 棫朴(yù pǔ)：《诗经·大雅》中的篇名，多以喻贤材众多。

爱民,礼以待士。刊邑志,缮城池,缉逃亡,严保甲。庶不愧古之循吏焉。

吴兆龙　江南宜兴县人。由举人,康熙二十年任。

顾勤墉　浙江嘉善县人。由监生,康熙二十五年任。

耿振采　江南□□①人。由进士,康熙二十五年任。

柯　愿　福建龙溪县人。由进士,康熙二十六年任。

程　俊　镶白旗人。由监生,康熙二十六年任。

梁缵祖　正白旗人。由监生,康熙二十八年任。

董廷荣　镶黄旗人。由监生,康熙三十二年任。

钱　昇　浙江人和县人。由招民,康熙三十五年任。

叶鼎福　江南无锡县人。由监生,康熙三十六年任。

王友直　正白旗人。由监生,康熙三十九年任。

周士玙　湖广沔阳州人。由进士,康熙四十五年任。振兴学校,宽厚爱民。

杜　琅　山东滨州人。由岁贡,康熙五十三年任。

梁兆吉　广西永宁州人。由进士,康熙五十六年任。

周道裕　湖广应城县人。由进士,康熙五十九年任。

吴时亨　江南宜兴县人。由监生,雍正元年任。

傅树崇　河南登封县人。由进士,雍正三年任。

徐裕庆　陕西蒲城县人。由进士,雍正四年任。

戴　谟　浙江钱塘县人。由贡生②,雍正五年任。

石声闻　山东长山县人。由举人,雍正六年任。

刘　逊　山东沂水县人。由贡生,雍正九年任。

张　拔　山东平阴县人。由举人,雍正九年任。

林鹏飞　广东潮阳县人。由进士,乾隆四年任。

---

① 合刊本"乾隆志"此处亦空而未书,存疑待考。

② 贡生:指科举时代,考选府、州、县生员(秀才)送到国子监(太学)肄业的人。

庄学愈　江南武进县人。由举人,乾隆四年任。

徐世彬　江西德化县人。由拔贡①,乾隆五年任。颇著循声,旋即卸事。县治前有碑。

张鸿畴　江南桐城县人。由监生,捐授州同,乾隆六年任。

袁鲲化　江南宝应县人。由监生,考授州判,乾隆七年任。

李和永　河南光山县人。由监生,乾隆八年任。

李光昭　浙江山阴县人。由监生,任武清县县丞,乾隆八年升任。

县　丞

明

严　杰　天顺八年任。

何　瑛　河南杞县人。成化初年任,由本县主簿升。已入《名宦》。

杨　英　陕西巩昌卫人。成化七年任。

叶本盛　无为州人。成化十一年任。

包　钟　陕西甘州人。弘治九年任。

张　镗　河南人。弘治十一年任,升房山县知县。

包　汴　辽东人。弘治十六年任。

李永昌　山东邹平县人。正德四年任,升昌黎县知县。

李　文　陕西羽榆卫人。正德七年任。

罗　节　四川人。正德十年任。

徐一勤　山东长山县人。正德十四年任。

李时雍　河南磁州人。嘉靖四年任。

高　巍　山东滨州人。嘉靖十二年任。

原宗浙　山西辽州人。嘉靖十四年任。

---

① 拔贡:选举名目。明朝泛指增拔贡生之制。

张东铭　山东濮州人。嘉靖十九年任。

张鸿渐　山东齐东县人。嘉靖二十四年任。

史　策　山西解州人。嘉靖二十八年任。

郭　鲁　河南新安县人。嘉靖三十一年任。

严应爵　零陵人。嘉靖三十三年任。

徐云翔　蕲州人。嘉靖三十五年任。

江一定　山东即墨县人。嘉靖三十七年任，升本县县尹。

赵希儒　山东武定州人。嘉靖四十一年任。嗣后缺裁。

国朝

雍正五年设

李泰阶　江南苏州府昆山县人。由监生，水利营田效力，雍正五年到任。

胡惟正　正黄旗汉军。由监生，捐授州同，雍正十三年任，累升河间府泊头通判。

李逸客　陕西西安府三原县籍。由吏员，乾隆元年任。

胡君友　直隶河间府景州人。由监生，捐授州同，乾隆元年任，升杨村通判。

刘　杰　镶白旗包衣汉军。由监生，捐授州同，乾隆四年任，升三角淀通判。

徐大纲　正蓝旗汉军。由监生，捐授州同，乾隆十一年任。

张景衡　顺天府大兴县人。由监生，捐授州同，乾隆十一年任。

主　簿

明

华得芳　洪武三年任。

李　铎　天顺六年任。

辛　谅　天顺八年任。

何　瑛　河南杞县人。成化初年任，升本县县丞。入《名宦》。

薛　志　弘治七年任。

(乾隆)东安县志

张　　翔　弘治十年任。

马　　安　陕西武功县人。弘治十四年任。已入《名宦》。

丑　　华　山西人。弘治十四年任。

靳　　铭　山西人。弘治末年任。

李彦达　山西人。正德元年任。

豹　　振　凤翔人。正德四年任。

周凤翔　山西人。正德五年任。

杨　　俨　山西人。正德七年任。

原宗禄　正德七年任。

刘　　辉　山西人。正德十年任。

宋　　琏　平定州人。正德十一年任。

杨东山　平定州人。正德十二年任。

麦　　振　凤阳府人。正德十三年任。

姜　　润　山东人。正德十三年任。

刘　　文　陕西三原县人。正德十四年任。

徐　　问　凤阳人。正德十五年任。

宋宗伦　山东曹州人。嘉靖四年任。

冯　　连　凤翔府人。嘉靖五年任。

孙学礼　山东人。嘉靖八年任。

张　　瀹　庆阳府人。嘉靖八年任。

张　　文　山东人。嘉靖九年任。

蔡　　仁　陕西人。嘉靖十一年任。

郝　　成　山西人。嘉靖十三年任。

于　　塘　河南人。嘉靖十六年任。

张　　表　茌①平县人。嘉靖十七年任。

武　　官　邱县人。嘉靖二十年任。

徐　　润　颖②州人。嘉靖二十一年任。

颜孔耀　山东人。嘉靖二十四年任。

张大中　应州人。嘉靖二十四年任。

董　　儒　宣府人。嘉靖二十五年任。

郑　　祁　济宁人。嘉靖二十八年任。

关　　洛　应州人。嘉靖二十九年任。

段胤光　山东巨野县人。嘉靖三十二年任。

东颐寿　华州人。嘉靖三十三年任。

乔文太　洪洞人。嘉靖三十五年任。

郭　　杲　辽东人。嘉靖三十五年任。嗣后缺载。

国朝

雍正五年设

恽源浚　江南常州府武进县人。由监生，考授州同，雍正五年任。持身端洁，学问渊通，尤工词赋，能书善画。升大名府通判。

满原清　四川直隶嘉定州峨眉县人。系永清县典史，雍正七年任。

陈　　琦　浙江处州府宣平县人。由吏员，雍正九年任。

张人鉴　四川成都府金堂县人。由监生，捐授州同，雍正十二年任。累调，今升正定府通判。

周岐熊　山西忻州人。由秀监，捐授州同，雍正十二年任。

詹　　瞪　江南淮安府阜宁县人。由监生，捐授州同，雍正十三年任。

张学守　江南通州如皋县人。由监生，捐授州同，雍正十三年任。升通州澥县

---

① "茌"合刊本"乾隆志"误作"茬"。
② "颖"字误，应作"颍"。合刊本"乾隆志"此处亦误作"颖"。

（乾隆）东安县志

州判。

龙廷栋　江南安庆府望江县人。由监生,捐授州同,乾隆二年任。升永清县县丞,乾隆八年卓荐①,候升知州。

韩　极　直隶河间府交河县人。由监生,捐授州同,乾隆二年任。累调,今升云南安宁州知州。

吴廷铉　江南常州府金匮县人。由监生,捐授州同,乾隆三年任。

韩　极　河间府交河县人。由秀监,捐授州同,乾隆四年任。

张　永　江南淮安府山阳县人。由监生,捐授县丞,乾隆七年任。

顾之岑　江南通州如皋县人。由监生,捐授州同,乾隆八年任。

国朝

雍正十二年设

徐文龙　山西大同府大同县人。由监生,捐授州同,雍正十三年任。

李逸客　陕西西安府三原县籍。由吏员,雍正十三年任。

邢绍周　河间府东光县人。由监生,捐授州同,乾隆元年任。升高阳县县丞。

李光昭　浙江绍兴府山阴县人。由监生,捐授州判,乾隆元年任。

邓维植　福建延平府沙县人。由监生,捐授州同,乾隆三年任。升武清县县丞。

刘思忠　山东登州府栖霞县人。由监生,捐授州同,乾隆八年任。

典　史

明

厉昌盛　天顺八年任。

潘　茂　弘治七年任。

甯　英　弘治十五年任。

---

① 卓荐:因卓异而被举荐。

赵　贤　云南人。正德初年任。

宋　儒　山西人。正德五年任。

席　凤　河南人。正德八年任。

汪　鸿　南直隶人。正德十二年任。

盛　明　山东人。嘉靖六年任。

胡福玘　山西人。嘉靖十二年任。

马　玹　泾阳人。嘉靖十四年任。

范大爵　霍州人。嘉靖十七年任。

夏九皋　辽州人。嘉靖十九年任。

何　贡　南京人。嘉靖二十五年任。

孙　荣　全椒县人。嘉靖二十七年任。

李　济　代州人。嘉靖三十一年任。

袁　汉　亳州人。嘉靖三十四年任。

金　麟　浙江上虞县人。嘉靖三十七年任。

张　绪　招远县人。嘉靖四十三年任。

贾世安　大同人。隆庆五年任。

何　凤　南京人。万历二年任。

陈　谏　苏州人。万历五年任。

许　节　江西临川①县人。万历八年任。

石　琼　福建莆田县人。万历十三年任。

叶应诏　浙江山阴县人。万历十七年任，升巡检。

徐廷节　南直青阳县人。万历二十年任，升归顺州吏目。

祁天相　浙江绍兴府人。万历二十四年任。

鲁廷贯　浙江山阴县人。万历二十七年任。

---

① "川"合刊本"乾隆志"误作"州"。

#（乾隆）东安县志

张　默　　山东东阿县人。万历三十年任。

刘良臣　　湖广巴陵县人。万历三十三年任。劳干有守，升建昌营大使。

张　谆　　陕西渭南县人。万历三十七年任。

江起龙　　江西吉安府人。万历四十年任。

汪必达　　江西南昌县人。万历四十三年任。

彭廷官　　江西永新县人。万历四十五年任。

黄家栋　　福建莆田县人。万历四十七年任。

狄用礼　　溧①阳县人。万历四十八年任，升仓大使。

常应时　　山西蒲县人。天启元年任，升大使。

陈三策　　南直合肥县人。天启三年任。

陈三豪　　福建福清县人。天启五年任。学富政平。

杜其弊　　陕西□□②人。崇祯元年任。

路自纯　　山西□□③人。崇祯六年任。有才有为。

吉　庚　　山西□□④县人。崇祯九年任。

柴希贡　　山西□□⑤县人。崇祯九年任。廉仁有守。

许之蛟　　南直人。崇祯十一年任。

刁昭汉　　山东邹平县人。崇祯十二年任。

张凤化　　陕西富平县人。崇祯十四年任。

吴从仁　　山西⑥。

---

① "溧"合刊本"乾隆志"误作"漂"。
② 合刊本"乾隆志"此处亦空而未书，存疑待考。
③ 合刊本"乾隆志"此处亦空而未书，存疑待考。
④ 合刊本"乾隆志"此处亦空而未书，存疑待考。
⑤ 合刊本"乾隆志"此处亦空而未书，存疑待考。
⑥ "山西"两字以下，无更多信息。合刊本"乾隆志"此处亦缺。

国朝

陶弘才　浙江会稽人。顺治五年任。剿寇殉难,入忠义祠。

言大学　浙江绍兴府人。顺治五年任。

顾　相　浙江绍兴府人。顺治十一年任。

王　敩　顺天府人。由贡生,顺治十三年任。

徐中畅　青阳县人。顺治十六年任。

叶邦志　浙江义乌县人。康熙二年任。

袁希麟　陕西富平县人。康熙九年任。

徐　同　浙江会稽县人。康熙十二年任。

邵　观　浙江鄞县人。康熙十四年任。

章国英　浙江会稽县人。康熙十九年任。

史　纲　浙江会稽县人。康熙二十八年任。

王有功　山东商河县人。康熙三十六年任。

宋　斌　山东章丘县人。康熙三十九年任。

薛　莪　河南洛阳县人。康熙四十一年任。

王斌如　浙江萧山县人。康熙四十八年任。

叶　威　山西前卫人。康熙六十一年任。

陆　溥　江南松江府上海县人。由吏员,雍正十二年任。

武克勋　平阳府临汾县人。由内阁供事,乾隆三年任。

薛　远　绍兴府山阴人。由吏员,乾隆五年任。

朱以忠　绍兴府萧山县人。由律例馆供事,乾隆七年任。

姚廷会　绍兴府山阴县人。由吏员,乾隆八年任。

教 谕

明

胡　振　长垣县人。由举人,永乐三年任。

陈　瞱①　天顺八年任。

谢延龄　高密县人。弘治五年任。

陈　宪　鱼台县人。弘治八年任。

赵　隆　历城县人。由举人,正德初年任。升知州。

张永祯　曲阜县人。由举人,正德十五年任。升通判。

张　纪　河南灵宝县人。嘉靖初年任。

周　福　凤阳府人。嘉靖七年任。

张文明　祥符县人。由举人,嘉靖十一年任。升知州。已入《名宦》。

郭　锦　曹州人。嘉靖十六年任。

陈洪范　滨州人。嘉靖二十年任。

张　轸　辽东复州人。嘉靖二十二年任。

周　绅　固始县人。嘉靖二十四年任。

刘三锡　山东邱县人。嘉靖三十一年任。

杨　环　山西霍州人。嘉靖三十五年任。

舒弘化　富顺县人。由举人,嘉靖四十一年任。升知县。

于　绣　山东新城县人。嘉靖四十三年任。

李一才　山东嘉祥县人。隆庆元年任。

高希哲　山东常山县人。隆庆四年任。

孙　杰　贵州人。由举人,万历二年任。

吕希简　保定县人。万历五年任。升金州卫教授。

---

① "瞱"字误,应作"晔"。合刊本"乾隆志"此字作"晔"。

刘大良　安州人。万历八年任。

萧九章　福建晋江县人。由举人,万历十一年任。

颜魁槐　福建海澄县人。由举人,万历十四年任。升①饶平县知县。

张凤翼　广东澄海县人。由举人,万历十七年②任。升国子监博士。

滕如麟　云南永昌县人。由举人,万历二十年任。升③武清县知县。

毕　格　直隶南皮县人。由岁贡士,万历二十五年任。升山西教授。

蔡止茂　湖广黄冈县人。由举人,万历二十九年任。升福建龙溪县知县。

贾　桐　直隶兴济县人。由岁贡士,万历三十一年任。升大同府教授。

苗时露　直隶曲周县人。由岁贡士,万历三十三年任。升赵府典膳。

寇光裕　山西榆次县人。由举人,万历三十六年任。升安肃县知县。已入《名宦》。

韩东明　直隶安肃县人。由举人,万历四十一年任。升湖广武昌县知县。

王从先　湖广石首县人。由举人,万历四十七年任。升四川新都县知县。

边　仑　直隶蠡县人。由举人,天启二年任。

张文光　□□④县人。由岁贡士,崇祯二年任。

霍懋官　曲周县人。由岁贡士,崇祯三年任。

田嘉谷　山西人。由岁贡,崇祯五年任。

崔恒春　真定县人。由岁贡士,崇祯七年任。

彭复贤　□□⑤县人。由岁贡士,崇祯十年任。

郎　位　贵州人。由岁贡士,崇祯十四年任。

国朝

冯熙朝　真定县人。由岁贡士,顺治三年任。

---

① "升"合刊本"乾隆志"误作"陞"。
② "年"合刊本"乾隆志"误作"本"。
③ "升"合刊本"乾隆志"误作"陞"。
④ 合刊本"乾隆志"此处亦空而未书,存疑待考。
⑤ 合刊本"乾隆志"此处亦空而未书,存疑待考。

(乾隆)东安县志

潘鹏程　滦州人。由岁贡,顺治六年任。

颉　光　清苑县人。由举人,顺治六年任。

王梦明　安肃县人。由岁贡士,顺治十八年任。自此教谕缺裁,后于康熙十四年复设。

郭　燡　保定府清苑县人。由拔贡,康熙十六年任。

孙肯廷　正黄旗人。由贡生,康熙二十六年任。

霍绍曾　正定府井陉县人。由举人,康熙二十八年任。

李　铣　保定府高阳县人。由举人,康熙三十一年任。

戴　昙　河间府沧州人。由岁贡,康熙四十一年任。

戈　玠　河间府景州人。由岁贡,康熙四十四年任。

黄之瀚　河间府青县人。由举人,雍正三年任。

尹士奇　直隶天津州人。由举人,雍正五年任。乾隆十三年升国子监典籍。

杨　昤　正定县人。①拔贡,乾隆十三年署任。

戈云岩　河间府景州人。由举人,乾隆十四年署任。

金　鼎　大名府元城县人。由拔贡,乾隆十四年任。

训　导

明

刘　铱　天顺六年任。

杨　银　天顺八年任。

谢　颙　天顺十年任。

崔　浩　弘治三年任。

茹　璇　弘治九年任。

王　治　中牟县人。弘治十二年任。

---

① 此处脱一"由"字,当补。合刊本"乾隆志"此处亦脱此字。

东安县志　卷之十

邹世澄　□□①县人。弘治十二年任。

高　笙　漳浦县人。由举人,弘治十五年任。

贾　受　太原县人。弘治十八年任。

常　春　河南人。由举人,正德二年任。

张　钺　山东人。正德三年任。

闵　宽　眉州人。正德五年任。

王　镐　华容县人。正德八年任。

陈云汉　高唐州人。正德十年任。

唐　炼　归安县人。正德十二年任。

徐　玺　鄱阳县人。正德十三年任。

王文镐　湖广人。正德十五年任。

黄　逢　江西安异县人。嘉靖元年任。

望　遍　卢氏县人。嘉靖□□②年任。

王　泰　榆次县人。嘉靖六年任。

黄　振　即墨县人。嘉靖七年任。

荣　华　海丰县人。嘉靖十年任。

桑光溥　滨州人。嘉靖十六年任。升遵化县教谕。

韩　贤　新野县人。嘉靖十七年任。

孙思诚　邹平县人。嘉靖二十年任。

方凤翔　襄城县人。嘉靖二十三年任。

李　抚　蓬莱县人。嘉靖二十八年任。

刘世禄　安阳县人。嘉靖三十年任。

马　源　广宁县人。嘉靖三十三年任。

---

① 合刊本"乾隆志"此处亦空而未书,存疑待考。
② 合刊本"乾隆志"此处亦空而未书,存疑待考。

（乾隆）东安县志

丁　昆　凤翔府人。嘉靖三十四年任。

帅　义　四川人。嘉靖三十六年任。

刘　洸　河南人。嘉靖三十八年任。

吴　东　兰州人。嘉靖三十九年任。

王之干　闻喜县人。嘉靖四十二年任。

田　畔　昌乐县人。隆庆三年任。

孟　锐　孟津县人。隆庆四年任。自此裁缺一员。

王存仁　辽东人。隆庆五年任。

孙　富　同州人。隆庆五年任。

张　祯　冀州人。隆庆六年任。

陈问学　广宗县人。万历六年任。

杨廷选　正定府人。万历十年任。升安肃县教谕。

张　试　山西安邑县人。由选贡士，万历十二年任。升永清县教谕。

胡向仁　河间府青县人。万历十七年任。升山西平遥县教谕。

李　蕃　保定府安州人。万历二十二年任。

徐可久　永平府迁安县人。万历二十五年任。升河南开封府获嘉县知县。

齐　岐　保定府蠡县人。万历三十二年任。

张启明　山东夏津县人。万历三十五年任。升保安州学正。

郑民念　河间府东光县人。万历四十年任。升保定府教授。

卢思问　永平府卢龙县人。万历四十三年任。升河南临漳县教谕。

杨三元　保定府定兴县人。万历四十七年任。升河南洛阳县教谕。

陈　瑾　河间府天津卫人。由恩选，天启二年任。

白成文　南和县人。由岁贡士，天启七年任。

齐光裕　高阳县人。由岁贡士，崇祯二年任。

郭履礼　静海县人。由岁贡士，崇祯九年任。

曹应时　任丘县人。由岁贡士，崇祯十一年任。

郭一元　蠡县人。由岁贡士,崇祯十四年任。

万人杰　昌黎县人。由岁贡士,崇祯十四年任。

赵　阶　深泽县人。由岁贡士,崇祯十七年任。

国朝

孟陈王　滦州人。由岁贡,顺治三年任。升福建将乐县知县。

傅尔鉁　衡水县人。由岁贡士,顺治十三年任。

刘映斗　定州人。由岁贡士,顺治十五年任。

石光岳　昌黎县人。由岁贡士,康熙四年任。

邢师孔　新河县人。由岁贡士,康熙十年任。

马元调　顺德府任县人。由岁贡,康熙十一年任。学问渊博,教谕严明。光风霁月之怀,纳海茹川之量。刊志修学而振作有为,捐助恤贫而好义不厌。

傅凤翔　正定府新河县人。由岁贡,康熙二十一年任。

张裕贞　广平府清河县人。由恩贡,康熙三十三年任。

王熙运　宣化府蔚县人。由恩贡,康熙三十七年任。

耿　昇　河间府献县人。由岁贡,康熙四十年任。

武　昌　河间府盐山县人。由岁贡,康熙四十五年任。

刘扢芳　保定府满城县人。由岁贡,康熙四十六年任。

赵　怡　永平府卢龙县人。由岁贡,康熙四十九年任。

袁履恕　正定府阜平县人。由贡生,康熙五十六年任。

牛好问　河间府宁津县人。由岁贡,康熙六十年任。

汪仲玉　奉天府开源县人。由岁贡,雍正五年任。

郭凤雍　大明府开州人。由岁贡,乾隆三年任。

苏文辉　奉天海城县人。由岁贡,乾隆八年任。

张　伸　奉天宁远州人。①岁贡,乾隆十三年署任。

---

①　此处脱一"由"字,当补。合刊本"乾隆志"此处亦脱此字。

霍敏德　正定府井陉县人。由岁贡，乾隆十四年任。

武　备

　　国家兵制，凡山川厄塞险要之地，分设满汉军，以资防御。东安营都司一员，千总一员，又设驻防营防守御一员、防尉两员、骁骑校一员。旧志云：顺治五年因土寇刘东坡为乱，满兵驻防，实始于此。然考近畿州县皆有驻防营，且其制始于康熙十二年，并非顺治五年。盖满汉相统，臂指相使，靖外即以安内，兵制之尽善者也。旧有游击、守备，二缺俱已奉裁。其历任职官，年久缺轶，书其近而可考者焉。

防守御①　康熙十二年设，驻扎县治内，衙署乾隆八年建。

索　其

南达尔汉

赛　柱

包尔本

花连保

傅　仑　由侍卫，乾隆六年任。升本旗参领②。

福　格　由侍卫，乾隆十三年任。

防尉　二员，分满洲、蒙古。

莫思礼　满洲。

恩可　蒙古。

代都　满洲。

达不拉漠　蒙古。

拉都　满洲。

---

①　防守御：清驻防旗兵直隶驻防副都统所属军官名。低于协领而高于佐领，分驻京城附近县镇关隘。
②　参领：清代八旗甲喇额真（皇太极时改名甲喇章京）职官的汉译名。

渣木素　蒙古。

郭米　满洲。

古不立　蒙古。

花色　满洲。

白因代　蒙古。

常在　满洲。

罗罗　蒙古。

苏成额　满洲。

贰坠　蒙古。

骁骑校　乾隆二年添设。

图尔德

游击①

徐自能　满洲人。顺治六年任。自此缺裁。

都司②　领马兵四十七名,守兵一百八十五名,驻扎旧州。衙署乾隆七年建。

孔弘宪　河间府人。

李自芳　京卫人。

惠延祖　陕西人。由世袭出身。

王　清　陕西延安府榆林卫人。由行伍出身。

陈大伟　山西绛州龙门县人。由武进士出身。

李　实　陕西西安府咸宁县人。由武进士出身。

施　和　浙江山阴县人。

---

① 游击:武职官名。
② 都司:指清朝绿营兵军官,为正四品武官,次于游击、参将,都司为副将总理营务的,称协标都司。

（乾隆）东安县志

  林武略 广东潮州府惠来县人。由侍卫，乾隆六年任。升宣化府张家口游击①。

  王 佐 直隶人。乾隆十一年署任。

  许士达 贵州安顺府人。乾隆十三年任。

  杨 敬 河间府交河县人。乾隆十四年署任。

  戚 祥 湖广人。乾隆十四年任。

守备②

  徐国栋 京卫人。由武进士，顺治十一年任。

  周 光 山西人。康熙元年任。

  周子泰 陕西人。康熙十一年任。

  李蕴华 京卫人。由武进士，康熙十五年任。今缺裁。

千总③ 驻扎县治内。

  张荣善 昌平州人。

  李九思 永平府人。

  张联芳 天津人。

  赵可立 河间府人。

  史进忠 顺天府通州人。由行伍出身。

  刘经邦 河间府人。由行伍出身。

  常永贵 陕西西安府长安县人。由行伍出身。

  卢国正 顺天府通州人。由行伍出身。

  马 云 顺天府武清县人。由行伍出身。

---

① 合刊本"乾隆志"中"击""乾"二字左右紧邻，排版错置了"乾""击"二字位置。正确语序为："乾隆六年任，升宣化府张家口游击。"

② 守备：清朝绿营军官。

③ 千总：清朝绿营军之下级军官，即基层组织"汛"之领兵官。

武　成　山西大同人。由行伍出身。

姚世龙　顺天府三河县人。由行伍出身。

梁士玮　正定府正定县人。由行伍出身。

王怀玑　河间府献县人。由行伍出身。

顾进义　顺天府武清县人。由行伍出身。

樊　成　山西蒲州府临晋县人。由壬子科武解元出身。

附：永定河营、南岸下七工管河把总①　驻扎狼城。

韩　昌　宛平人。雍正六年任。

宫得振　永清人。雍正十二年任。

卢文成　永清人。雍正十三年任。

李　功　永清人。乾隆元年任。

王　芝　固安人。乾隆三年任。

杨全壁②　永清人。乾隆三年任。

宋嘉宾　固安人。乾隆三年任。

张素奇　□□③人。乾隆六年任。

王大林　大兴人。乾隆十年任，升北岸千总。

朱三仲　固安人。乾隆十二年任。

东安县志　卷之十

---

① 永定河营、南岸下七工管河把总：官名。主要分管两岸河兵，巡堤、查柳等河务，分属南、北岸同知管辖。
② "壁"疑为"璧"之误。合刊本"乾隆志"此处亦作"壁"。
③ 合刊本"乾隆志"此处亦空而未书，存疑待考。

东安县志 卷之十一 选举志

两河孕灵,三川钟秀。骏骨不凡,黄金依旧。玉待剖而价高,剑凌霄而光透。三物宾兴,四科铨奏。进士即选造之班,文章实经纶之手。苟能自致于青云,何患穷经而皓首。志《选举》。①

五代

吕　琦　仕唐为侍御史,拜端明殿学士。后仕晋,为兵部侍郎。

扈　载　仕周为校书郎、直史馆,后擢知制诰,迁翰林学士。有传。

宋

扈　蒙　为史馆修撰,卒赠右仆射。初,仕周为右拾遗、直史馆。

吕余庆　琦之子。以荫补,累官尚书左丞,赠侍中。有传。

吕　端　余庆之弟。以荫补,由秘书郎洊②历宰相。有传。

吕　海　端之子。登进士,累官开封尹。③

辽

韩孟殷　为蓟、儒、顺三州刺使。

韩延徽　孟殷之子。累官崇文馆大学士,封鲁国公。有传。

杨　晰　大中进士,累官枢密院使,后封辽西郡王。

韩德枢　延徽之子。累官侍中,封赵国公。

---

① 按:《选举志》受资料所限,前略而后详。前以五代、宋、辽、金、元朝代为序,内容甚简,可视为追记;后面明清两代内容翔实,以进士、举人、武进士、武举、文宦、贡士出身分类排序。点校中一仍其旧,未做调整。

② 洊(jiàn):再。

③ 合刊本"乾隆志"此处补注:"按:海,端之孙,应改正。"

韩资让　德枢之子。累官中书平章事。

韩绍芳　延徽孙,德枢子。重熙间参知政事,庭议征元昊,力谏不听,出为广德节度使。后闻兵败,呕血而死。

韩绍勋　延徽之孙。为辽东京户部使。会大延琳叛,执而杀之。

金

刘徽柔　字君美,天眷进士,由滦城簿迁洪洞令。大定中,同知河东路转运使,累迁至中都路转运使。

元

李士瞻　登进士,为翰林承旨,封楚国公,著有《经济集》。

李继本　士瞻之子。登进士,官翰林检讨。持身端洁,乐育人才,河朔学者皆师事之。号"一山先生",有《一山集》。

进　士

明①

施　礼　洪武丁丑科韩克忠榜进士,累官刑部尚书。

李　侃　正统壬戌科刘俨榜进士,累官右佥都御史、山西巡抚。

施　纯　成化丙戌科罗伦榜进士,授给事中,累官礼部尚书,兼太子少保。刑部尚书礼之子。

齐　章　成化丙戌科罗伦榜进士,累官太常寺少卿。《通志》载滦州人。

齐　文　成化己丑科张昇榜进士,累官户部郎中。《通志》载滦州人。

许　辅　成化壬辰科吴宽榜进士,授户部主事。

许　弼　成化乙未科谢迁榜进士,累官郎中。

李德恢　成化乙未科谢迁榜进士,累官严州府知府。侃之子。

胡　谅　成化戊戌科曾彦榜进士,累官南京光禄寺卿。

---

① 县志原文为"明进士",为使逻辑关系清楚,此处进行了调整,在"进士"类目下分朝代表述。

(乾隆)东安县志

李德仁　成化戊戌科曾彦榜进士,累官刑部郎中。侃之子。

孙　瑞　弘治癸丑科毛澄榜进士,授礼科给事中。

李　锡　弘治壬戌科康海榜进士,累官御史。

魏景昭　弘治壬戌科康海榜进士,累官御史。

许复礼　正德辛未科杨慎榜进士,改庶吉士,授给事中,累官参政。

吴　栋　正德辛未科杨慎榜进士,①官长史。

李光霁　正德甲戌科唐皋榜进士,②官大理寺评事。

李钦昊　嘉靖癸未科姚涞榜进士,累官参议。

李　珥　嘉靖丙戌科龚用卿榜进士,授户部主事。

杜　彰　嘉靖己丑科罗洪榜进士。

许应元　嘉靖壬辰科林大钦榜进士,累官布政。

许应亨　嘉靖甲辰科秦鸣雷榜进士,累官参议。

刘体乾　嘉靖甲辰科秦鸣雷榜进士,累官南京兵部尚书。致仕③,卒赠太子少保。

吴文灿　万历丙戌科唐文献榜进士,历官兵科都给事中。

林应元　万历壬辰科翁正春榜进士,授翰林庶吉士,历官吏科给事中。

李若琳　天启壬戌科文震孟榜进士,授翰林庶吉士,累官礼部尚书。

孙承泽　崇祯辛未科陈于泰榜进士,累官吏部左侍郎兼太子太保、督察院左都御史。《通志》载大兴人,乡榜科分无考。

林有本　崇祯丁丑科刘同升榜进士,④官盐运使经历。

---

① "官"前疑脱一"累"字,当补。合刊本"乾隆志"此处亦脱此字。
② "官"前疑脱一"累"字,当补。合刊本"乾隆志"此处亦脱此字。
③ 致仕:辞去官职。
④ "官"前疑脱一"累"字,当补。合刊本"乾隆志"此处亦脱此字。

国朝

李若琛　顺治乙酉科举人,丙戌科傅以渐榜进士,①官御史,巡按河南。《通志》载大兴人。

李果实　康熙己丑科赵熊诏榜进士,初任河间府学教授,再任正定府学教授。在任以德行文章课弟子员,人比之安定先生。及殁,翰林戈懋伦为之志。

顾人骥　乾隆戊辰科梁国治榜进士。

唐文运　乾隆戊辰科梁国治榜进士,寄籍大兴县。

举　人

明②

邢③　严　洪武甲子科举人,授教谕。

崔　林　洪武甲子科举人,授照磨。

刘　埜　洪武丁卯科举人,授学正。

焦　铎　洪武丙子科举人,授教谕。

施　礼　洪武丙子科举人。

范　凯　□□□□④科举人,授经历。

许　忠　永乐乙酉科举人,授知州。

张　溥　永乐戊子科举人,累官济南府同知。

王　佐　永乐甲午科举人,累官苏州府知府。

李　新　永乐甲午科举人,累官太仆寺寺丞。

李　春　永乐丁酉科举人,授照磨。

---

① "官"前疑脱一"累"字,当补。合刊本"乾隆志"此处亦脱此字。
② 县志原文为"明举人",为使逻辑关系清楚,此处进行了调整,在"举人"类目下分朝代表述。
③ "邢"合刊本"乾隆志"误作"刑"。
④ 合刊本"乾隆志"此处亦空而未书,存疑待考。

许　　成　宣德丙午科举人,授照磨。

李　　伸　宣德壬子科举人,累官国子监监丞。

施　　绅　宣德乙卯科解元,累官通政司右参议。

李　　侃　正统戊午科经魁。

周尚文　正统戊午科举人,授教谕。

赵　　宽　景泰庚午科举人,授知州。

许　　弼　天顺壬午科举人。

许　　辅　成化乙酉科举人。

施　　纯　成化乙酉科举人。

李　　宪　成化戊子科举人,授青州府通判。

胡　　纶　成化戊子科举人,授湖州府推官。

李　　慧　成化戊子科举人,授丰城县知县。

赵　　鸾　成化戊子科举人,授高邮州同知。

李德恢　成化辛卯科举人。

李德仁　成化辛卯科举人。

齐　　文　成化科举人。

齐　　章　成化科举人。

魏景昭　成化丁酉科举人。

王　　佐　成化丁酉科举人,授修武县知县。

王宗义　成化丙午科举人,授兖州府通判。

孙　　瑞　弘治己酉科举人。

张　　本　弘治己酉科举人,授安定县知县。

李　　锡　弘治辛酉科经魁。

许复礼　正德丁卯科经魁。

吴　　栋　正德庚午科举人。

李光霁　正德庚午科举人。

刘大有	正德庚午科举人。
张　儒	正德庚午科举人。
鲍　昭	正德庚午科举人。
黄鹤龄	正德癸酉科举人。
李钦昊	正德丙子科举人。
阎　登	正德己卯科举人，累官户部员外郎。
李　玶	嘉靖乙酉科举人。
李世清	嘉靖乙酉科举人，授东阿县知县。
孟　绂	嘉靖戊子科经元，授南康府通判。
许应元	嘉靖辛卯科举人。
张文举	嘉靖辛卯科举人，授郑州知州。
齐　思	嘉靖甲午科举人，授宣城县知县。
许应亨	嘉靖庚子科举人。
吴　桐	嘉靖庚子科举人，授栖霞县知县。
李大经	嘉靖庚子科举人。
邵鸣岐	嘉靖庚子科举人，累官广西府知府。
刘体乾	嘉靖癸卯科举人。
魏　楠	嘉靖壬子科举人。
庞　梅	嘉靖壬子科举人。
李应期	嘉靖壬子科举人，授掖县知县。
刘顺性	隆庆庚午科举人，授新郑县知县。
吴文灿	万历癸酉科举人。
杨　遇	万历癸酉科举人。
吴惟忠	万历癸酉科举人，授延安府同知。
林应元	万历己卯科举人。
福文明	万历壬午科举人。

陈　宪　万历戊子科举人，累官平阳府通判。

黄宗周　万历庚子科举人，授汲县知县，累官济南府海防同知。

邵豫立　万历壬子科举人，授冠县知县，升泗州知州。鸣岐之孙。

孙绳武　万历戊午科举人，授襄城县知县。

李若琳　天启辛酉科举人。

刘跻橚　天启甲子科经魁，尚书体乾之孙。

林有本　崇祯丙子科举人。

李复阳　崇祯丙子科举人，累官山西关内道参议。尚书若琳之子。

张居易　崇祯壬午科举人，任金华县知县。

孙道缵　□□□□①科举人。

孙圣麟　□□□□②科举人，任五河县知县。

国朝

福　泽　顺治乙酉科举人，任学正，累官青州府海防同知。

邵骏发　顺③治戊子科举人。豫立之子。

李果实　康熙乙卯科举人。

解　典　康熙癸巳科举人，任赵州学正。

李　文　康熙丁酉科举人。

王培元　康熙庚子科举人，任奉天府复州学正。

邵　纲　雍正己酉科举人，任昌黎县教谕。

解　禧　雍正壬子科举人。

李光澜　雍正壬子科举人。

秦其昭　乾隆丙辰科举人。

---

① 合刊本"乾隆志"此处亦空而未书，存疑待考。

② 合刊本"乾隆志"此处亦空而未书，存疑待考。

③ "顺"合刊本"乾隆志"误作"县"。

李天锡　乾隆戊午科举人。

黄　钺　乾隆辛酉科举人。

顾人骥　乾隆甲子科举人。

唐文运　乾隆丁卯科举人。

武进士

明

李若琏　□□①戊辰科进士,累官锦衣卫南营都督佥事。

李咸阳　□□②戊戌科进士,任江西湖口水师营都司。若琏子。

李起阳　□□③戊戌科进士,任宣化府镇标右营守备。若琏子。

李晋阳　□□④己丑科进士,任山西⑤天成卫守备。若琏子。

国朝

柴桂芳　康熙庚戌科进士,任崇明县守备。

孙天章　康熙丙辰科进士,任湖广襄阳卫守备,升江南广德营游击。

武　举

明

李巽阳　□□⑥己酉科进士。

---

① 合刊本"乾隆志"此处亦空而未书,存疑待考。
② 合刊本"乾隆志"此处亦空而未书,存疑待考。
③ 合刊本"乾隆志"此处亦空而未书,存疑待考。
④ 合刊本"乾隆志"此处亦空而未书,存疑待考。
⑤ "西"合刊本"乾隆志"误作"酉"。
⑥ 合刊本"乾隆志"此处亦空而未书,存疑待考。

(乾隆)东安县志

国朝

高 棐　　□□□□①科举人。

王 湛　　□□□□②科举人。

柴桂芳　　康熙己酉科举人。

孙天章　　康熙乙卯科举人。

路 坦　　康熙辛酉科举人。

李 耀　　康熙壬午科举人,任宁夏卫守御所千总。

王 燕　　康熙壬午武举,乾隆元年任山东济宁卫领运千总。

高成观　　康熙甲午科举人,任浙江桐庐县千总。

高弘道　　雍正壬子科举人。

高其垣　　雍正乙卯科举人,任江南镇江卫千总。

文　宦

明

马继文　　由制敕房,累官太仆寺卿,加工部右侍郎,兼司经局正字,侍经筵,修国史玉牒。

马 键　　由制敕房,任礼部仪制司员外郎。继文之孙。

徐可成　　由神乐观道士,累官礼部侍郎。

黄 铎　　钦天监天文生,升五官灵台郎。

潘一元　　钦天监承德郎。

潘一中　　钦天监监丞,升南京钦天监监正。

国朝

陈之纪　　由监生,任杨村通判。

---

① 合刊本"乾隆志"此处亦空而未书,存疑待考。
② 合刊本"乾隆志"此处亦空而未书,存疑待考。

段　扶　由监生捐职,任四川吏目。升云南照磨。

邵世球　由附监捐授主簿,直隶河工效力。

陈　铎　由监生捐授州同,直隶河工效力。之纪之子。

武　选

明

刘应元　万历间授侍御将军。

国朝

高承业　由千总,升文安县守备。

贾守志　由行伍,任大兴县马驹桥千总。

贡　士

明

陶　贵　洪武丁亥贡,授刑部主事。

王　郁　洪武己丑贡,授户部给事中。

王　昭　洪武乙卯贡,授刑部主事。

纪　谆　洪武乙亥贡,授御史,累官山西布政使司。见《乡贤》。

李　东　洪武□□①贡,授行人司左司副。

孟　固　永乐丁酉贡,授刑部员外。

魏　纲　永乐己亥贡,授浙江道御史。

阎　杰　永乐辛丑贡,累官太仆寺丞。

朱朝臣　永乐壬寅贡,授训导。

李　厚　永乐癸卯贡,授训导。

---

① 合刊本"乾隆志"此处亦空而未书,存疑待考。

(乾隆)东安县志

杨　敬　永乐乙巳贡,授县丞。

孟　鉴　宣德丙午贡。

范克明　宣德丁未贡,授主簿。

尹　智　宣德乙酉贡,授府照磨。

孙　武　宣德辛亥贡,授邠州巡检。

鲁　昇　宣德癸丑贡,授卫知事。

贾　杲　宣德乙卯贡,授推官。

胥　瞻　正统丁巳贡,授府知事。

王　谧　正统己未贡,授照磨。

周　信　正统癸亥贡,授知县。

唐　斌　正统甲子贡,授主簿。

刘　瑶　正统丙寅贡,授卫经历。

阎　岗　正统戊辰贡,授县丞。

孟　玘　正统己巳贡。

孟　宣　景泰庚午贡,授州吏目。

纪　宣　景泰壬申贡,授府照磨。

刘　鉴　景泰甲戌贡,授县丞。

张　铭　景泰丙子贡,授州判。

李　盛　天顺戊寅贡,授县丞。

王　俨　天顺庚辰贡,授华亭县主簿。

王　鉴　天顺壬午贡,授县丞。

孙　俊　天顺甲申贡,授鸿胪寺序班。

韩　玉　成化丙戌贡,授闸官。

崔　贤　成化戊子贡,授县丞。

张　纯　成化庚寅贡,授州同。

仇　睦　成化壬辰贡,授州同。

140

黄　简　成化戊戌贡,授滨州判官。

刘　玉　成化庚子贡,授辽东训导。

杨　间　成化壬寅贡,授主簿。

郝　文　成化甲辰贡,授肥城县主簿。

周　观　成化丙午贡,授训导。

阎　福　弘治戊申贡,授王府奉祀正。

张　昭　弘治己酉贡。

王　忱　弘治庚戌贡。

孟　旭　弘治壬子贡,授训导。

窦　惠　弘治甲寅贡,授即墨县县丞。

李　凤　弘治丙辰贡,授茌平县县丞。

焦　诚　弘治丁巳贡,授封邱县训导。

窦　奇　弘治己未贡,授新乡县县丞。

阎　翱　弘治庚申贡。

李　杰　弘治壬戌贡,授寿光县主簿。

李希贤　弘治甲子贡,授吏目。

郭卓伦　弘治丙寅贡,授扶沟县训导。

焦　谨　正德戊辰贡,授教授。

张　骐　正德庚午贡,授教谕。

施　懋　正德壬申贡,授大同府训导。

许伯伦　正德甲戌贡,授平凉卫知事。

王宗礼　正德丙子贡,授教谕。

刘　宣　正德戊寅贡,授县丞。

刘　景　正德庚辰贡,授米脂县教谕。尚书体乾之父。

于　铎　正德辛巳贡,授训导。

李　宣　正德壬午贡,授鹿邑县训导。

(乾隆)东安县志

王尚大　嘉靖癸未贡,授寿光县县丞。

马汝颐　嘉靖甲申贡,授武原县知县。

孟　纲　嘉靖丙戌贡,授河南府通判。

魏秉直　嘉靖戊子贡,授崇信县教谕。

黄　瑂　嘉靖庚寅贡,授平定州州同。

刘　进　嘉靖壬辰贡,授泰州判。

王　镛　嘉靖癸巳贡。

高　伦　嘉靖甲午贡,授东昌府经历。

陈　位　嘉靖丙申贡,授金州卫教授。

李景荣　嘉靖戊戌贡,授隆庆卫训导。

许时中　嘉靖己亥贡。

庞　伦　嘉靖庚子贡,授山西□①州训导。

张汝砺　嘉靖壬寅贡。

焦　佐　嘉靖癸卯贡,授石楼县训导。

高　瑞　嘉靖甲辰贡。

郭继先　嘉靖丙午贡,授观城县知县。

张天爵　嘉靖戊寅贡,授太谷县知县。

刘　相　嘉靖庚戌贡,授山阴县教谕。

王廷佑　嘉靖壬子贡,授泾阳县主簿。

孙应昌　嘉靖甲寅贡,授秦州训导。

解　汧　嘉靖丙辰贡,授咸阳县教谕。

许汝端　嘉靖丁巳贡,授猗氏县教谕。

孙　釜　嘉靖戊午贡,授代州训导。

冯时泰　嘉靖庚申贡,授诸城县县丞。

---

① 合刊本"乾隆志"此处亦空而未书,存疑待考。

张孚化　嘉靖壬戌贡,授平顺县教谕。学问宏深,行谊端洁。

李九渊　嘉靖丙寅贡,授永宁县教谕。

杨绍光　隆庆戊辰贡,授仪封县教谕。

陈　守　隆庆戊辰恩贡。

周　朴　隆庆庚午贡,授清苑县训导。

王三锡　隆庆壬申贡。

郭　楠　万历癸酉贡,授平原县主簿。

高维嵩　万历甲戌贡,授青城县主簿。

王嘉言　万历丙子贡。

施为霖　万历戊寅选贡,授山东峄县县丞。升马邑县知县。在任有碑。

李希曾　万历庚辰贡,授井陉县训导。

杨绍英　万历壬午贡,授平阴县教谕。

高维嵓①　万历甲申贡,授永平府滦州训②导。升河南汝宁府教授。

郭维城　万历丙戌贡,授山东蓬莱县主簿。升江西进贤县县丞。

史　亨　万历戊子贡,授怀庆府孟县训导。

房　伟　万历庚寅贡,授金州卫训导。

王应门　万历壬辰贡,授山西兴县训导。

马承祀　万历甲午选贡,考授通判。

施大志　万历乙未贡。

郭维墉　万历戊戌选贡,授陕西巩昌府西河县知县。升山西太原府岢岚州知州。

田舜耕　万历庚子贡,授陕西潼关卫训导。

陈民爱　万历壬寅贡,授清河县训导。

---

① 嵓:古同"岩",又同"严"。
② "训"合刊本"乾隆志"误作"汕"。

(乾隆)东安县志

张登云　万历壬寅恩贡。

刘龙光　万历甲辰贡。

聂大猷　万历丙午贡,授大名府浚县训导。升山东新城县教谕。

吕尧钦　万历戊申贡,授河间县训导。升行唐县教谕。

高维岑　万历庚戌贡。

张惟一　万历壬子贡,授永平府训导。升南宫县教谕,又升山西万全都司开平卫教授。持身端正,学问渊通。

王嘉宾　万历甲寅贡。

邢　孝　万历丙辰贡。

郭养心　万历戊午贡,授故城县训导。

魏邦才　万历庚申贡。律躬勤俭,处事和平。允协乡评,三举考义。

张希稷　泰昌庚申恩贡,授昆山县主簿。

刘兆东　天启辛酉副榜①,授徐州同知。系审理正刘璨之子。才猷敏练,在任捐俸救饥,缮城御寇,士民立石颂德。崇祯癸未年,流寇日逼,下诏求贤,工部尚书张凤翔荐补,任通州监纪。济难多方,寻升江南苏州府同知,时值革命,遂旋里。

曹　谦　天启壬戌贡,授京卫学训导。升霍山县知县。

李新开　天启甲子贡,授任邱县训导。

刘　栝　天启丙寅贡。尚书体乾之孙。

郝道洪　崇祯戊辰贡,授合州州同。升象州知州。

李　槚　崇祯戊辰选贡。

王荩臣　崇祯庚午贡,授赞皇县训导。升常武县知县。

吕周佐　崇祯壬申贡。

黄行可　辽东海防同知黄宗周之子。崇祯甲戌贡,授新乐县训导。升淇县知县。多著政绩,士民立碑颂之。

---

①　副榜:科举时代会试或乡试取士,除正榜外另取若干名,列为副榜。

安九有　崇祯乙亥拔贡,考授主簿。

黄见可　崇祯丙子贡。外方内直,今人古道。

曹一贞　崇祯戊寅贡,授大名府清丰县训导。值变殉难。

于时行　崇祯庚辰贡,授河南府训导。

黄桂芳　崇祯壬午贡。雅操清标,志存高尚。

李　柱　崇祯甲申贡,顺治初,授青州府通判。补江西饶州府通判。

国朝

张荐馥　顺治乙酉科副榜,授河南西平县知县。

赵聚奎　顺治乙酉恩贡,授吴县县丞。

黄芝芳　顺治乙酉贡,授湖广黄陂县县丞。升大同府经历。值江逆之变,殉难尽节。

孙谦亨　顺治戊子恩贡,授砀山县知县,补广济县知县。

田　圻　顺治己丑贡,选浚县训导。未任。

施我瑾　顺治辛卯恩贡,考授州判。改授常州府宜兴县县丞,补山西蒲州州同。系尚书施礼之后。纯孝堪嘉,居乡有德。

刘孔炫　顺治辛卯贡,考授知县。和易近人,持身有体。

艾初春　顺治壬辰贡,授滨州州判。

施行己　顺治癸巳贡,授唐县训导。

冯之琯　顺治甲午恩贡,授江西余于①县知县。

王之衡　顺治乙未贡,任授湖州府经历。

孙启祚　顺治丙申贡。谊敦宗族,行协乡评。

福而恒　顺治己亥贡。系知州文明之孙。

杨馨芳　康熙壬寅恩贡,考授县丞。

张兆元　康熙壬寅贡。

---

① "于"合刊本"乾隆志"误作"干"。

(乾隆)东安县志

黄蘅　康熙壬寅贡,考授县丞。系淇县知县行可之子。持身端洁,德孚乡评。

解璟　康熙乙巳贡。

扈运闾　康熙庚戌贡,考授训导。

张墀　康熙壬子贡,考授训导。

王璋　康熙壬子选贡,入监。

刘炌　康熙甲寅贡,考授训导。

李鸿　康熙乙卯恩贡。

穆九中　康熙乙卯岁贡。

刘宗奭　康熙丁巳贡。

扈昇　康熙己未贡。

张淳　康熙辛酉贡。

刘曰启　康熙癸亥贡。

刘洪霑　康熙乙丑贡。

解万杰　康熙丙寅拔贡[①],授博野县教谕。

王佳惠　康熙丁卯贡。

胡见龙　康熙己巳贡。

张大庚　康熙辛未贡。

邵庆延　康熙癸酉贡。

邓丹　康熙乙亥贡。

安维藩　康熙丁丑贡。

刘溶　康熙己卯贡。

田淑躬　康熙辛巳贡。

刘鸿济　康熙癸未贡。

---

① 拔贡:选举名目。明朝泛指增拔贡生之制。

艾人龙　康熙乙酉贡。

纪有堂　康熙丁亥贡。

徐舜相　康熙己丑贡。

王文羲　康熙辛卯贡。

解天章　康熙癸巳副榜。

扈公护　康熙癸巳贡。

李之翰　康熙乙未贡。

王之弼　康熙丁酉贡。

王业发　康熙己亥贡。

徐　欣　康熙辛丑贡。

范秀玉　雍正癸卯恩贡。

李果能　雍正甲辰拔贡。

王者臣　雍正甲辰贡，任新河县训导。

张硕弼　雍正丙午贡。

何　图　雍正戊申贡。

贾　梅　雍正庚戌贡。

李　琦　雍正壬子贡。

段存仁　雍正甲寅贡。

魏国正　乾隆丙辰恩贡。

杨　挺　乾隆丙辰贡。

王业缉　乾隆戊午贡。

徐　干　乾隆庚申贡。

俞明菘　乾隆辛酉拔贡。

王克立　乾隆壬戌贡。

胡　斌　乾隆甲子贡。

王业万　乾隆丙寅贡。

田文焕　康熙戊辰贡。补录。

例　贡

明

刘　琮　授府知事。

杨　绣　授州判。

王得道　河南太康主簿。

刘　璟　廪贡，授宁海州判。升王府审理正。有传。

于　腾　附捐。

刘　兴　增捐，授威宁县县丞。

刘匡国　附捐。

刘学曾　廪捐。

许文胄　廪准贡。系复礼之孙。授福建上杭县知县，升福宁州知州。胸襟洒落，风度高凝，兼擅词华，流声艺苑。

邵秉忠　廪贡，授山西临潼县丞。升成山卫经历。鸣岐①之子。有学有行，无竞无猜。

霍复亨　廪准贡，授山西扶风县丞。

刘乃鼎　增捐。体乾之②孙。

李遇春　附捐。

邵颖发　官鸿胪寺随堂。豫立之子。

于　鹏　廪贡，累官光禄寺丞，封征仕郎。

徐景铭　附捐。

---

① "岐"合刊本"乾隆志"误作"歧"。本志卷十三《人物志》"乡贤"条下亦有"邵鸣岐，嘉靖举人，累官云南知府"。

② "之"合刊本"乾隆志"误作"子"。

郭应昌 廪捐。

刘应东 附捐。

王世登 附捐。

国朝

邵嗣昌 廪准贡。

张乔年 例监加捐。

纪 溶 例监加捐。

李 焜 例监加捐。

黄 泰 例监加捐。

高弘训 例监加捐。

李希夔 例监加捐。

解 俶 例监加捐。

高永杰 例监考授州同。

儒 士

明

杨开泰 序班。

马继志 由供事,任通政司知事。

张 宾 序班。

吴彦鸣 詹事府录事。

佐 杂

明

潘文举 天文生。

潘国祥 五官保章。

王弘德　序班。

施吉甫　由武生,任河南原武县典史。

窦如星　由吏员,任潼关驿丞。

张继斌　由吏员,任蒙阴县典史。升永丰县巡检。

宋文耀　由吏员,任上饶县巡检。升平原县县丞。

杨廷桂　由吏员,任上蔡县驿丞。升夹马营巡检。

孟重轮　由吏员。任滋阳县驿丞。

张存诚　由吏员,任侯官县驿丞。

刘宗文　由吏员,任山西仓大使。

张　汉　由吏员,任潜江县主簿。

韩　忠　由吏员,任贵州太平府驿丞。

王济民　由吏员,任安庆府经历。

国朝

俞承祖　由吏员,任浙江石门县主簿。

马永乾　由内阁供事,任江西南丰县典史。

东安县志　卷之十一

东安县志 卷之十二 选举志

封 爵

　　五等崇班,八柄隆遇。爰刭白马,并给丹书。人臣际此,可不谓荣焉？然一再传而失者有之,或及身而失者有之,富贵亦何常哉！北平太守惟号将军,东陵故侯复为园客。志《封爵》者,存其旧也。

周

　　武王灭纣,封召公于北燕。燕之名始此。

汉

　　王敏,荆州刺史。桓帝时封安次侯。

魏

　　曹璜,燕王宇子,封常道乡公。《纲鉴》注:"常道乡,邑名,在顺天府东安县。"后司马昭迎常道乡公为明帝,嗣更名奂。

元魏

　　万安国,代人。献文时,以尚主封安城王,子翼嗣。

　　尉拨,代人。献文时,以功累封安城侯。

　　杨大眼,武都氏,杨难当之孙。宣武时,以战功封安城县子。

　　杨约,以军功封安城县公。

西魏

　　太祖之子宪,封安城郡公,后进封齐王。子乾禧封安城公。

辽

韩延徽,东安人。以佐命公①封鲁国公。

韩德枢,延徽子。以积劳封赵国公。

杨晳,东安人。初为著作佐郎,累迁南院枢密使,后封辽西郡王。辽西,今永平府。

元

李士瞻,东安人。官翰林承旨,封楚国公。

张仁义,东安人。金末徙家益都。太宗下山东,仁义走信安。主将知其有勇略,置诸左右。国兵围信安,仁义帅敢死士出战,以功署兵马总管。守信安逾十年,度不能支,乃与主将举兵内附。以定河南功授元帅。没于军,赐爵关内候②。见《山东通志》。

张禧,仁义之子。世祖时,禧从大将南征,累官都元帅。时议征日本,禧请行。屡立战功,官至镇国大将军、左丞。及卒,追封齐郡公,谥武宣③。载《一统志》。子宏纲为昭远将军,死于阵,另载"忠节"条。

明

冀杰,东安人。由行伍,从成祖靖难,以功累升左军都督佥事。从北征,仁宗命守开平,进左军都督。卒,赠清源伯。载《通志》。

福时,东安人。本姓张,名福时,世宗朝历官漕运参将。值河决,攒运④八载,飞挽⑤为诸郡先。太学士徐阶、兵部尚书杨博咸称之。晋挂印总兵官,

---

① "公"疑为"功"之误。合刊本"乾隆志"此处亦误作"公"。佐命功,即指辅助帝王创业的功劳。查《辽史·韩延辉传》,只云封鲁国公。而清刻"乾隆志"与合刊本"乾隆志"的《乡贤》下俱有:"以佐命功封鲁国公"字样。

② "候"字误,当作"侯"。合刊本"乾隆志"此处不误。

③ "武宣"两字前后颠倒,当作"宣武"。合刊本"乾隆志"此处亦倒。

④ 攒运:赶运;催运。攒,通"趱"。

⑤ 飞挽:指迅速运送粮草。

镇淮安,督漕如故。世宗品论武臣,有"清不过福时,勇不过马芳"之语。凡手敕,书名而不氏,故以为改福姓云。载《通志》。

附

汉清河刚王子寅,本始四年封修市原侯。

汉鲁孝王子疆,甘露四年,封东安孝侯。

刁靡,渤海人。后魏明元间,以功封东安伯。

刘尼,代人。太武时,以功封昌国子。后以迎立文成功,封东安公。

齐娄昭兄子睿,皇建初,封东安王。

以上五人照旧志载入,另有辨疑,见《拾遗》。

世　袭

明

刘㴩,兵部尚书体乾之子。由廪生恩荫①,初授都事,累工部员外郎。明敏清勤,克荷家声。爰从枢府,副职司空。

刘极,兵部尚书体乾之孙。由恩荫,授刑部郎中。

孙道朴,吏部左侍郎承泽之子。由恩荫,任泰州同知。

李亨阳,礼部尚书若琳之子。由恩荫,官陕西巩昌府同知。

李益阳,若璨之子。由恩荫,累官湖广宝庆府知府。

李昱,由恩荫,任湖广郧西县知县。

附：世袭

郝通,东安人。世袭指挥,通武略。嘉靖间,巨寇杨功搔扰畿辅,通击破之。挂印偏头关总兵官。

张仁,东安人。世袭指挥,性退让,有才识。虽居武胄,清约如寒士。后升陕西都司。

---

① 恩荫:明、清荫叙之制。为入仕途径之一。

邵瑛,东安人。系洪武二年军藉①,从驾征讨,立功居庸关等一十七处。永乐三年,授常山中护卫前所千户,世袭。弟邵斌亦袭职。

邵忠,斌之长子。永乐间袭职,授武略将军,世袭副千户。

邵豫培,忠之族孙。忠无嗣,天启间以豫培袭职。善骑射,多技能,兼通词赋。崇祯间,长子孔茂袭职。

张应魁,山左卫右所指挥佥事,授明威将军。

东安县志　卷之十二

---

① 藉:通"籍"。

东安县志 卷之十三 人物志

一邑之内,必有师儒。十室之中,岂无忠信?树坊表于后人,仰声名于前进。甘棠之遗爱未忘,桑梓之敬恭必慎。馨香分芹藻①之光,德艺入编摩②之蕴。俨异世而同堂,眷千龄于一瞬。志《人物》。

志之有人物,尚贤也。官兹土者有《名宦》,长兹土者有《乡贤》。乃亦有品诣卓绝而祀典缺焉者,何欤?今特附韩绍芳、李继本、许复礼、邱民仰四人于后,又立"忠节""隐逸"二条,以补旧志人物之缺,庶几不没其实而已矣。

名 宦

明

知县侯文秀,四川人。洪武七年任。廉以守己,勤以治事,兴学劝农,民人乐业。秩满而去,百姓思之不忘。

知县李骥,山东郯城人。洪武二十六年举于乡,入国学。三年,授户科给事中,寻免。建文时,荐起为新乡令。招流亡,复业者数千人。以艰③去。再起,知东安。凡政有不便者,悉奏免之。有嫠妇子为狼所啮,骥祷于城隍。明旦,狼自触死。后荐为刑部郎中,出守河南,声绩大著。详《明史·循吏传》。

知县王睿,河南临颖④县人。宣德五年任。政治宽平,人心悦服。九载任满,民泣留之。诏以知州,仍治县事。后卒于官,百姓皆悼痛不忘。

---

① 芹藻:比喻贡士或才学之士。
② 编摩:犹编集。
③ 艰:旧时指父母亲丧事。
④ "颖"字误,应作"颍"。合刊本"乾隆志"此处亦误作"颖"。

知县于璧,山东人。天顺八年任。节清政肃,民胥怀之。

知县景佐,山西蒲州人。弘治初任。政事精敏,吏民帖服。

知县彭伟,山东掖县人。正德四年任。入《名宦》。勘①云:"清俭居家,慈祥惠下。持守端而不阿权幸,用度节而不事征求。"

知县胡汝辅,山西石州人。嘉靖十二年任。居官务持大体。方详革弊端,旋即改任,人皆惜之。后擢御史,历陕西按察使司副使。

知县洪一谟,山东历城人。万历二年任。入《名宦》。勘云:"律己廉平,治民慈爱。值浑河之泛溢,竭心力以捍灾。堤堰成虹,普当时之利泽;棠阴是憩,颂去后之循良。"

知县冯沂,万历间任。廉平清正,人不敢干以私。照《通志》增入。

知县阮宗道,山西大同人。万历十年任。操持冰洁,实心任事。《东安邑志》自宗道创纂之。

知县戴之二,河南固始县人。万历三十九年任。入《名宦》。勘云:"精明出以和平,振作行之简易。条鞭立而民无差扰,堤岸修而田不污莱。高蹈言归,清风迈俗。"

知县陆燧,入《名宦》。勘云:"擢第巍科,分符剧邑。弊无不剔而狐鼠潜形,教无不兴而学田增置。叔子之碑具在,文翁之化依然。"

知县赵海,贵州人。入《名宦》。勘云:"勇于剔奸,庭无猾吏。仁以抚字,狱少冤民。桑麻之化日胥沾,桃李之春风尽被。"

知县黄奇遇,揭阳人。由进士,任固安县,调署东安。受事未久,剔厘六案。革从前未清之弊窦,定日后画一之章程。计革除侵派银三千余两,百姓感之。

知县赵世亮,山东掖县人。崇祯十六年任。入《名宦》。勘云:"廉隅守

---

① 勘:审查。

己,每铭座于四知①;慈惠宜民,更惕心于三畏②。劝农桑而兴学校,固封守而练卒徒。迨流寇犯京,挂冠而去。追种柳之高风,续采薇之芳躅。"

县丞何瑛,杞县人。成化初年任。入《名宦》。勘云:"严以律己,宽以宜民。课农桑,勤抚字,而民生有赖;立社仓,均徭役,而奸弊不行。开新河而兴水利,修城郭以固封疆。"

主簿马安,武功人。弘治十二年任。机事明敏,剖决如神。

典史夏九皋,辽州人。嘉靖十九年任。存心不失其初,居官无怠于事。清廉守法,吏员之翘出者。

教谕张文明,祥符人。嘉靖十一年任。入《名宦》。勘云:"天性孝友,赋质温醇,人伦楷模,文章典型。有为有守之儒,立德立言之品。"

教谕寇光裕,榆次县人。万历三十六年任。入《名宦》。勘云:"文章典则,制行光明。振起斯文,建魁楼而翚飞耸秀;陶镕士子,新黉舍而皋比谈经。"

附　邱民仰,陕西渭南县人。由举人,天启六年任。甫视事,厘宿弊十二条。河啮,岁旱蝗,为文祭祷,河他徙,蝗亦尽。调繁新城县,累官迁都御史,巡抚辽东。崇祯十三年,城破,殉节死。

国朝

知县宗良弼,河南滦泽县人。由进士,顺治十九年任。入《名宦》。勘云:"吏畏民怀,途歌巷祝。决数年不决之讼,剖一时难剖之冤。"

典史陶弘才,浙江会稽县人。顺治五年任。剿寇殉难,入忠义祠。另有传。

---

① 四知:天知,神知,我知,你知。
② 三畏:儒家指畏天命,畏大人,畏圣人之言。

乡 贤

五代

吕琦，字辉山，安次人。美风仪，重节概。少游学汾晋间。唐明宗时为侍御史。废帝立，拜端明殿学士，备顾问，多所裨益。晋高祖镇河东，有二志。琦与李崧劝帝与契丹通和，使强藩大镇无所引援，可弭乱心。帝听薛文遇言，议遂寝。及高祖起太原，果引契丹为助。琦后仕晋，为兵部侍郎。

扈载，字仲熙，安次人。仕周为校书郎、直史馆。尝游相国寺，见庭竹可爱，作《碧鲜赋》，题于壁。周世宗遣小黄门录之，览而称善。又编历代兴废治乱之迹，为《浑源赋》以进。擢知制诰，迁翰林学士。

宋

扈蒙，初仕周为右拾遗、直史馆。与载并掌制诰，时号"二扈"。及宋太祖受禅，蒙为史馆修撰。请修日历，太祖从之。命宰辅日录时政送史馆，仍以卢多逊专其职。太宗时，群臣请封禅，诏翰林学士扈蒙等详定仪注。寻以他故，罢封禅。卒赠右仆射。有《鳌山集》传于世。

吕余庆，安次人，琦之子。重厚简易，能识大体。建隆中，拜参知政事。知成都府时，盗贼四起，军士恃功骄恣，王全斌不能戢下。军校被酒持刀，夺贾人物。余庆立捕斩之，军中畏服。后拜尚书左丞。卒赠侍中。详载本传。

吕端，余庆弟。事太祖，累官太常寺卿。太宗时，为相持重，识大体。太宗尝曰："端为人，小事糊涂，大事不糊涂。"卒谥正惠。详载本传。

辽

韩延徽，字藏明，安次人。少英迈，涉历经史，累官崇文馆大学士。太宗初元，诸务草创，凡朝中机务，悉令裁决。威服诸国，延徽之力也。以佐命功封鲁国公。另有传。子德枢，官侍中，封赵国公。

杨晳，字昌时，安次人。太平中，擢进士，为著作郎，累迁南院枢密使，总理朝政。请谒不行，后封辽西郡王。

附　韩绍芳，延徽孙，官侍中。谏征元昊，不听，出为广德节度使。后闻兵败，呕血死。

金

刘徽柔，安次人，字君美。天眷进士，由栾城簿迁洪洞令，明敏善听断。秩满，县人遮留不得，为立祠刻石，以颂功德。大定中，同知河东路转运使司，以廉明第一，累迁中都路转运使。

元

李士瞻，东安人。为翰林学士承旨，封楚国公。尝使闽，适海酋据福州城，王师攻之不下。士瞻喻以祸福，酋遂出降。闽人立祠祀之。所著有《经济集》。

附　李继本，士瞻之子。登进士，授翰林院检讨。持身端洁，乐育人才。河朔学者多师事之。所著有《一山集》，时号"一山先生"。

明

施礼，字仲节。洪武间进士，累官刑部尚书。廉以持己，宽以平刑。丞廷尉而辨冤直枉，掌秋官而诛佞锄奸。竭力二亲之养，致身五帝之朝。始终无疵，朝野共仰。

纪谆，字克诚。累官左布政使。资干魁伟，才识超群。巡按荆湖，监察齐鲁。风纪振厉，刑政肃清。抚南交而威服远人，转山右而修明庶事。归远地之枯骸，义感天变；诛不孝之逆子，德并风行。

李侃，字希正。正统进士，累官都御史。存心正直，赋性刚方。沮易储之章，以折权宦；议迎复之举，以感当朝。巡偏关而辞貂雪夜，抚山右而布泽春阳。迎二亲于寇盗充斥之日，讲杂传于母氏丧明之年。声绩著于生前，俎豆光于身后。

施纯，登进士，擢官给事。历年滋久，茂著芳声。累迁鸿胪寺卿，晋阶礼部尚书兼太子少保。刑部尚书礼之子。

周尚文，举人，任乐昌训导。孝行纯笃。父目瞽，以舌舐之，复明。母丧，庐于墓侧,日夜哀号,盗不敢犯。

孟旭,岁贡士。质性纯良,与人无竞。居乡教授,一时人材,多所成就。子绂,中嘉靖经魁,才学并茂,盖得于庭训者居多焉。

吴栋,正德进士。资性朴纯,服官清慎。抗权臣而持风节,抑奔竞以杜私门。诚岁寒之松柏,后学之轨范也。官长史。

张文举,嘉靖举人。禀性方刚,学有原本。授郑州知州。有守有为,有古循吏风。见《郑州志》。

刘体乾,嘉靖进士,累官南京兵部尚书。禀狷介之操,抱经纶之略。奉使克持,廉节给谏。时有建明,久任银台,历司国计。三朝祗事①,允称耆硕之贤;八座载登,弗替清修之誉。赠太子少保。

李锡,亚元,登进士。天性醇笃,学业渊深。居乡符月旦之评,立朝著公忠之节。

邵鸣岐,嘉靖举人,累官云南知府。赋性孝友,誉望重于一乡;莅政仁慈,德化流于列郡。

施为霖,选贡,官县令。施大司寇之孙。有德有言,洵称人伦冠冕;曰忠曰孝,不愧先达箕裘。棠阴既树于花封,庙食宜崇于梓里。有传。

黄宗周,万历举人,累官金州海防同知。孝友于家,克敦一本之爱;勤劳于政,遂除半刺②之荣。尽瘁以裕边储,竭力而死王事。详《志铭》。

福文明,万历举人,累官南通州知州。饮冰③守己,操洁玉壶,观火临民,心悬金镜。系去思于南国,遂高尚于丘园。

附　许复礼,字稚仁,正德进士。改庶吉士,授兵科都给事中,以抗直闻。武宗数出游幸,复礼偕同官力谏,皆不省。世宗初,钱宁、江彬、宸濠之党诖误

---

① 祗事:敬业尽职。
② 半刺:指州郡长官下属的官吏,如长史、别驾、通判等。
③ "冰"合刊本"乾隆志"误作"水"。

系狱者甚众，复礼以为言，多所省释。中官黄锦诉高唐州判官金坡，连逮五百人，以复礼言，得弗穷治。后官终河南布政司参政。见《明史》。

忠 节

安次以忠节著者，晋有刘琨，辽有韩绍勋，元有张宏纲，国朝有陶弘才，凡四人。刘琨以并州刺史拜司空，都督并、冀、幽三州诸军事，已载《通志·名宦》。安次曷为而亦载之耶？盖古之死节于其地者，例得立庙以祀，昭其忠也。当琨与幽州刺史段匹䃅谋讨石勒，屯兵征北小城，及琨见害，葬楼桑村，俱安次地。夫以琨之戮力王室，不顾其家，卒受猜嫌，死于非命，安次固宜立庙以祀之矣。迄今岁月就荒，楼桑之墓亦不可考。忍令忠肝义膈、尽难死节之地澌灭而无传，岂不可慨也哉！旧志仅载琨墓，殊为疏略，今特立"忠节"一条，以刘太尉为首，各载节略以便观览。又附曹贞一①、黄芝芳二人于后，虽行事无可深考，姑仍旧志，以俟后之论定者焉。

晋

刘琨，字越石，中山魏昌人。官并州刺史，拜司空，都督并、冀、幽三州诸军事。与幽州刺史段匹䃅谋讨石勒。而匹䃅从弟末柸②受石勒贿，遣人以私书达琨，请为内应。盖反间也。时书为匹䃅逻骑所得，而琨别屯征北小城，竟未之知。匹䃅疑琨，遂缢杀之，子侄四人俱歼焉！墓在旧县治东二十里之楼桑村，今已无可考，详载本传。

辽

韩绍勋，东安人。鲁国公延徽之孙。史称辽东自神册③附契丹，无榷酤

---

① "贞一"字序颠倒，当作"一贞"。清刻"乾隆志"此处亦倒。查（康熙）《东安县志》卷七《选举志》"恩选岁贡士"条下有："曹一贞，应崇祯戊寅贡士。授大名府清丰县训导。值变殉难。"本志书下文亦有："曹一贞，东安人。以贡士为清丰县训导，崇祯十七年殉节死。"

② 末柸：即段末波，辽西鲜卑人，段匹䃅从弟。

③ 神册：是辽太祖耶律阿保机的第一个年号，共使用七年。

盐面之征。冯延休、韩绍勋相继为户部使,始以燕法绳之,民不堪命。会燕荐饥①,漕粟以赈,水路多至覆没。鞭朴搒掠,民怨思乱。东京舍利军详稳②大延琳因之为变,囚留守萧孝先并执韩绍勋等,杀之以快众心。余按:利薮之开,罪在延休,绍勋特继其后,未能奏除之耳。叛逆之徒借以为名,肆行屠戮,要不可谓非死于国难者也。《通志》已入"忠节"条,故仍之。

元

张宏纲,东安人。祖、父皆以战功历职通显。宏纲本将门子,夙谙韬钤③,有膂力。常随父出征,数立勋阀,累官昭远将军。后讨八百媳妇④,以力战死于阵。谥忠武。

附 明

曹一贞,东安人。以贡士为清丰县训导,崇祯十七年殉节死。

国朝

陶弘才,会稽人,任东安县典史。顺治五年,妖贼刘东坡为寇,会邑令赴会城,弘才率军民三百余人出城击贼,杀获甚众。再战,中妖术,为贼所执,犹夺刀杀贼数人,自刎死。另有本传。

附 黄芝芳,东安人。由贡士,为黄陂县县丞,升大同经历。值江逆之变,殉节死。

孝　行

从来忠义节烈,世有传人,而以孝称者殆不多觏,岂非奇节易立,而庸行难完欤?《记》称大孝、中孝、小孝,孝之名一而差等不同,大要在守身顺亲而

---

① 荐饥:谓连年灾荒。荐,频仍,屡次。
② 详稳:辽国官名。诸官府监治长官。
③ 韬钤:古代兵书《六韬》、《玉钤篇》的并称。后因以泛指兵书。或借指用兵谋略。
④ 八百媳妇:指八百媳妇国,元傣族部名。在云南车里(今西双版纳)以南。

已。旧志载孝行九人,间有仅取一节者,今仍其旧,以为子职①劝。

元

程式丧亲,筑庐墓侧,朝夕上食如生,哀号之声感动行路。翰林承旨康里公扁②曰:"慕亲。"有慈乌③巢于冢树,浑河为之回澜,人咸谓孝感所致。见《学庙碑记》。

明

李侃,继本之孙。正统七年进士,授户科给事中。时乜先④逼京师,公父母在容城,晓夜悲泣,乞假冒险走贼中迎之。太恭人晚年丧明,公每退朝必论说史传,以悦其心。见《墓志》。

周尚文,孝行纯笃。父目瞽,以舌舐之,复明。后为乐昌训导。母丧归葬,庐于墓侧,日夜悲号,盗不敢犯。时值淫潦,群蛙填压墓旁,甚厌苦之,曰:"何为惊扰吾母?"明日,蛙皆徙去。冬夕有双白兔驯伏苫寝,皆孝征也。成化中,奏请旌表,或云景泰⑤中。

刘学光,父殁,庐于墓侧。幽林孤绝,人迹罕到。每朝夕设奠,依依如膝下状,感蛇狐之不侵,致乡童之汲饮。知县洪一模⑥表其门。

魏邦才,律己端严,尤以孝称。问安侍寝克尽子心,视膳承颜不违亲志,竭终身之孺慕,孚众论于乡评。

国朝

邵豫新,系司马鸣岐之孙。司马德政素著,未邀祀典。至康熙五年,公举

---

① 子职:儿子对父母应尽的职责。
② 扁:在门户上题字。
③ 慈乌:乌鸦的一种。相传此鸟能反哺其母,故称。
④ 乜先(niè xiān):即也先,明代蒙古族瓦剌部首领,于明正统十五年攻打明朝。他的后人有的进入中原,定居于山东境内。
⑤ "泰"合刊本"乾隆志"误作"奏"。
⑥ "模"字误,当作"谟"。合刊本"乾隆志"此处亦误作"模"。查清刻"康熙志"中数次提及此人,皆作"洪一谟"。

入祠。豫新念旧祠颓废,捐资重建,榱桷①维新。庶几克光前烈,孝思不匮云。

刘缙,早背严亲,独依慈母,虽家贫不能常得甘旨②,竭力奉养,无缺于供。日夕定省,率以为常,不以作劳之余即自安寝,其妻张氏亦克尽妇道。宗族咸称其孝云。

张仲金,至性天成。母亡,善事继母,得其欢心,妻李氏亦孝而贤。庶几有姜诗、王祥之笃行焉。

梁问孟,本村民。父病,诸药弗效,中夜祷天,乞以身代。刲股,投药中,服之即愈。《经》曰:身体发肤,受之父母,不敢毁伤。然以父母所生之身为父母毁,卒能挽垂死之亲,而使之复生,虽毁犹弗毁耳。况竭力承颜,素著于乡论者,又彰彰也。

廉 行

当观圣王之世,夜户不扃,道不拾遗。后世趋利若鹜,寡廉鲜耻而俗不长厚。苟得一乡党自好者,虽矫激鸣高,亦足以砭贪而止竞,君子所亟许焉。东安旧志载廉行五人,皆身膺爵秩,介节自贞,为荐绅之雅望。然而求之草野间巷间,殊不概见,岂其显于时者易知,而隐于下者难知耶?

金

刘徽柔,天眷进士。大定中,累官同知、河东路转运使。以清廉第一,迁中都路转运使。见《一统志》。

元

李继本,士瞻之子。官翰林院检讨,能文章,有诗名,一钱一帛不苟取与。见《墓志》。

---

① 榱桷(cuī jué):屋椽。
② 甘旨:美味的食品。

明

李侃,继本之孙。立朝有直声,以佥都御史镇抚山西,力振风纪,贪墨屏迹。尝提兵巡偏头关,雪夜寒甚,边将以貂裘进,却之不受。后以母丧归,服除不出,家居十余年,好学安贫。殁,几不能殓。其清介如此。见《墓志》,并载《明史》。

黄简,字子敬。官山东滨州判,民为之歌曰:"黄子敬,心无竞,不爱钱,食清俸"。见旧志。

邵鸣岐,为东昌府别驾。革除陋规,一尘不染,署篆六邑皆有声。后朝城与临清争公境,上讼于观察使,极奖许之。迁兖州府司马,时峄邑以运道阻塞,大司空朱衡督开漕河八百里,动帑数十百万,三省监司举公清廉,以司出纳。事竣,朱大司空特荐内迁户部郎。呜呼!养廉只五斗,节高耐岁之松;铭心有四知,品驾凌霄之鹤。载之《掌故》,不愧先贤。

黄宗周为汲县令,民歌之曰:"黄大爷到底清。"见《汲志》。再仕金州监军,不受馈遗,官军凛然。本末详《志铭》。

义 行

义行之大且久者,莫如建学校以启一方之文明。会稽之学创自吴孜姑苏之学,成于范氏,而东安州旧学建于程式。夫式乃一布衣耳,慷慨乐施,竟与范、吴二公颉颃①先后,他日学校之兴、人才之盛,其可忘所自哉?

元

程式,好义之士也。至正间,于州治东设义学一区,赡地一顷一十亩,延师教其乡人,岁给廪饩弗替。时州学为浑河所冲,欲更建之,费甚不资。监郡卜侯、太守世侯暨学正张天麟暂假义学,以为弦诵②地。式慨然捐助,州学复兴,

---

① "颃"合刊本"乾隆志"误作"顽"。颉颃:谓不相上下,相抗衡。
② 弦诵:泛指授业、诵读之事。

皆一人力也。又能出财以给姻族之贫乏者，士大夫作诗歌以美之。见《学碑》。

隐　逸

古之隐逸者有二，或天性高旷不受羁绁，如严光、周党是也；或韬光遁迹退处隐沦，如管宁、陶潜是也。其迹同，其心殊。东安有杨存勖、周伯苌其人者，其殆管陶之流亚欤？

杨存勖、周伯苌者，宋之遗民也。二人读书楼中，慷慨悲歌，有恢①复中原之志。后闻元集大统，共逃去，不知所终。

附　仙释方伎

古之隐形尸解、超悟真空者，未尝无人焉。至于以医名者如和缓、秦②越人，以相名者如管辂、唐举类，皆效验若神，不失尺寸。是以史书载之，后世传之，良有以也。安志所载仙释方伎，览其始末，无他异能，不过撮拾以备志载之体耳，今仍之。

米四，字元祯，安次人。初业儒，能通六经，尤深于《易》。遇异人授以仙术，便志存山水。元中统初，举人才，以有司荐登进士高第，不仕，隐云居山三十余年。元末归家，见一老妪，问曰："此非米四故宅乎？"妪曰："是也，吾乃四之近邻，四去家百余年，田庐已尽，其父母兄弟皆吾家生死周恤之，今存者已去此矣。"四曰："吾即米四也，受汝厚恩，何以为报？昨检天箓，此地不数年后当遭兵燹，母亟避之。"妪从其言。后果验，四去，莫知所终。

任风子，不知何许人，能奕③棋，善导养。成化终，翱游至县，去就不常。不修容止，类乞丐状。雪夜宿古庙中，着粗布单衣，汗流沾体。邑人异之，多

---

① "恢"合刊本"乾隆志"误作"悕"。
② "秦"合刊本"乾隆志"误作"泰"。秦越人即扁鹊，战国时的名医。
③ 奕：通"弈"。

与之游。一日,拉伴于广严寺看棋,倏忽不见,有人自城外来者云:"任风子于京北山坡中已尸解矣。"

僧洪莲,自幼剃发,精修梵行,后闻宗善登坛演大乘法,遂往从之。特参妙相,付受法衣,尝刺血写五部灵文,宗风大阐,名达至尊。因召赴都。阅《大藏经》毕,除僧录司。归院后绳床布衣,兀然独坐,越八十六岁而寂。

福兴,白务里人,洪莲之高弟也。尝于大兴隆寺开坛说法,后住邑之广严寺。精通释典,名著缁流。成化三年卒。诏遣谕祭,今蜕塔在射圃园之西北。

真敬,左奕人。卓锡①于南门外之观音堂。戒行精严,寡言笑,好施舍,诵经不辍寒暑。预知死期,遍告檀那②,一夕坐逝。

圆朗,左奕观音堂住持也。绝嗜欲,勤修行。一夕忽对客作偈曰:"性寂情空。"危坐而殁。

周凤,淳化里人。以农为业,居常与洪莲为友。授以抚病之法,抚处即愈。又授以数术,算人生死无失。凤自言某月日当死。至日,阖户以谨避之,忽下床一跌而殁。其时有均智者,曾授数术于凤,亦能知生死,不爽毫发云。

施伯诚,镇江帅府万户翁之子,客游都下。值元末天下多故,无以自给,偶遇异人授轩岐术③,遂著神效。凡贫不能医者,悉疗治之。后子显贵,人以为有阴德云。

张文英,西储人。工和缓④之术,闻人有疾,持药饵往救之,生者甚众。初不望其后报也。今禅房寺有石碑存。

东安县志 卷之十三

---

① 卓锡:名僧挂单某处,便称为"住锡"或"卓锡",即立锡杖于某处之意,因谓僧人居留为卓锡。卓,植立;锡,锡杖,僧人外出所用。

② 檀那:梵语音译,即施主或信众。

③ 轩岐术:黄帝轩辕氏与其臣岐伯的并称,后世指医术。

④ 和缓:春秋时秦国良医和与缓的并称,亦指医术。

东安县志 卷之十四 贞烈志

皎皎贞操,铮铮烈节。良玉无瑕,素丝比洁。生死不易其心,强暴不得而胁。或画荻和熊①,或投缳刃铁,悲歌黄鹄只独宿而单栖,并冢鸳鸯偏交柯而接叶。志《贞烈》。

贞 操

明

谢黑儿妻梅氏,年十八夫亡,即欲自尽,姑止之。遗腹生一子。夙夜操作以奉舅姑,抚子成立,守节四十余年。宣德中旌表。照《通志》补入。

邑庠陈琏妻孔氏,年十八适琏。逾月,以岁贡赴南监。越三年,琏卒,氏迎榇归葬。姑怜其无子,欲嫁之。氏泣而前曰:"夫既早逝,姑老且疾,妇嫁,姑将何依?"誓志不从。时值兵荒,人民奔窜,氏事姑甚谨。及卒,丧葬如礼。孀居五十八年。正统中建坊旌表。

纪缵绪妻王氏,年十六适缵绪。会夫行戍,年歉而贫,氏竭力以养舅姑而自挑野菜以为食。洪武间,夫随征东昌不还,氏年才二十。姑怜其少,欲嫁之。氏曰:"妇所以不死者,为有舅姑在也,不然请先毕命于今日。"姑从之。其后孝养益笃。正统间旌表建坊在纪家庄。

康恭妻孟氏,成化初旌表建坊。

高明妻辛氏,年二十二夫亡,遗一幼稚。奉养舅姑终始不衰。子娶阎氏又早死,其媳孝于姑亦不衰。辛年七十五卒,阎年六十一卒,邑人嘉其双节。

---

① 画荻和熊:画荻和熊是指画荻和丸熊两个典故,后用为称颂母教之典。

李俊妻张氏,弘治十二年旌表,建坊县东街。

千户杨林妻张氏,林亡,年二十五。苦志纺绩,足不履户外者四十五年,清谨无玷,年七十一卒。弘治间旌表。

刘景学妻张氏,正德间旌表建坊县西街。

王文苑妻周氏,苑亡,上无翁姑下无子女,家贫岁凶,苦志守节,年七十五卒。县尹江一定旌其门。

扈文妻张氏,婚三载,文死,生遗腹子扈印。家贫守节,誓志终身。后印夫妇俱早死,张氏又抚其孙守忠成立,至八十三卒。县尹江旌其门。

李大经妻冀氏,夫亡,舅姑垂老而子幼,屡值荒年,节孝不替。知县陶栋旌其门。

孟约妻窦氏,年二十二约亡,子幼,誓志终身,年八十五卒。

孟瑻妻房氏,年二十一夫亡,无子,伶仃孤苦,守节至八十五卒。

魏宣妻岳氏,年二十三夫亡,子甫三岁,守志成立,贞名无玷,至八十三卒。知县阮宗道赍以粟帛。

生员郭佃妻张氏,年十六归于郭,四年,佃死而无子,氏以死殉,中夜自缢于灵床,姑救得免,且泣喻之曰:"汝死则得矣,如吾老人何?"氏从之,躬勤纺绩以资奉养,而私挑野菜以为食。姑见之,一恸几绝,因劝氏改适,嘱邻妇怂恿之。氏曰:"此非我所为也,若迫之,第有死耳。"誓志益坚。及姑亡,贫不能殓。乡党哀其志,悉赡①给之。守节五十余年卒。万历间旌表。

贾时雍妻郭氏,年二十二夫亡,家贫子幼,力勤茹苦以抚藐孤。及子游庠,未几而夭,抚两孙又无成立,茕茕孤独,年至八十而卒。万历二十一年旌表,建坊小南街。

武生王大傅妻任氏,夫亡,氏年二十三,欲绝粒以殉,念姑老子幼,勉襄大事。一夕风雨大作,梦寐中若有呼之起者,比抱儿起,屋即坏。事姑生死无

---

① "赡"合刊本"乾隆志"误作"瞻"。

憾,教子游庠,冰心苦节,五十年如一日也。天启二年旌表建坊大南街。

生员刘之翰妻李氏,年二十二翰死,舅姑已老,仅育一女,养老慈幼,励志不改。氏之父家故世族,弟侄皆显达,赖供薪米以佐苦节。天启三年旌表。

生员张震阳妻王氏,年二十三夫亡,子才六龄。家徒四壁,艰苦备尝。始终不二,抚孤补庠生。殁后,按台旌其门。

胡栋妻于氏,本儒家女,二十三而寡,苦志守节,抚子俊方补邑庠。按、学二宪旌其庐。

生员史简妻王氏,年二十三夫亡。抚孤成立而早夭,又抚稚孙。俯仰无依,负薪拾穗以自给,年八十余卒。知县田子耕旌其门。

武生杨逢盛妻田氏,年二十六夫亡。抚育二子,苦节四十八年,冰霜之操皭然不淄。子蔚为庠生。奉旨旌表。

生员葛润妻刘氏,素有贤行。夫亡,氏年十九,遗孤仅三月。抱孤日夜号泣,积哀成疾,不逾年而殒。闻者痛之。

张鹏翔妻王氏,年十五适翔。翔业儒未售而早死,氏年才十七。祖怜其少而无子,隐喻改适,氏擗踊①哀号,誓必守志以报所天。垂三十余年而殁,竟以节显。

张泰阳妻王氏,年十九孀居。贫无担石,绩麻待炊,课子游庠。未几,孤又早死,仅遗两孙。氏念两世孤单,清操益励,尝泣语两孙曰:"吾守尔父读书成立而早夭②,继之者在汝曹耳。"由是奋志力学,俱入邑庠,天之报施亦不爽也。按台汤公题请旌表。

殷惟公妻葛氏,二十五岁夫亡,守节终身。

张尧妻王氏,年二十六夫亡,守志不改。

刘可儒妻李氏,年十九夫亡。子女无依,拾薪自给。蓬鬓憔悴而谁适为

---

① 擗踊:形容极度悲哀。擗,捶胸;踊,以脚顿地。
② "夭"合刊本"乾隆志"误作"天"。

容,柴骨支离而缘姑不死。同不波于古井,等茶苦于如饴。节著霜闺,名标月旦。天启四年旌表,建坊北尹村。

张希皋妻刘氏,事详《烈妇传》。天启间旌表。

邓世银妻刘氏,夫亡,年二十八。奉姑以孝,教子惟勤。历五十载之苦节,享八十岁之高年。学、按两台给额旌表。

魏泽珠妻董氏,蕙兰成性,冰玉为心。十五而镜合双鸾,二八而帏歌寡鹄。鹃啼有血,声沉湘水之波;志矢靡他,节比柏舟之誓。五十载之贞操,不愧百千年之大节常昭。

贡生王嘉宾妾马氏、米氏,嘉宾殁,无子,二人矢志守节。及家势凋落,业针线以自给,茶苦如饴,始终不二。以视堕楼殉节者,相去应不远耳。知县苏兆元申请给额贞节。

生员于若瀛妻邵氏,年二十四夫亡,矢志贞操,以事舅姑。姑性素严厉,氏恭顺无违,得其欢心。未几,氏亦早殒,遂偕同穴。后二子俱游庠序。

儒士邵豫昭妻魏氏,夫亡,年二十三,一女而无子。侍奉孀姑不辞艰苦,守节数十年卒。乡邻悉称道之。

孟养善妻张氏,年二十一夫亡,号泣柩前,七日不食而死。呜呼!不惜青春,甘殉黄壤,如张氏者应不愧节烈女子矣。

刘邦治妻鲁氏,年二十三无子而夫亡,抚侄为嗣。屡遇荒岁,贫无所依,日挑野菜,拾薪为爨①,以苦节终。乡里贤之。

施金妻王氏,生子光祚,尚在襁褓而夫亡。氏苦志守节,抚子成立,并授之室媳李氏,颇嗣前徽,深慰姑心。及姑去世,光祚夫妇竭蹶②丧葬,毕而光祚亦死。李氏两世孀居,虽穷苦无依而此志不改,贞节之操可谓萃于一门矣。

儒士刘孔曜妻于氏,年十九而夫亡。抚襁褓之孤儿,历冰霜之苦节。课

---

① 爨(cuàn):烧火做饭。
② 竭蹶:竭尽全力。

子成立,列名簧序。归报九泉,生死无愧矣。

廪膳生王旭妻福氏,旭死,事姑抚幼,矢志清操。虽镜破鸾分,难比齐眉之孟;而冰清玉洁,何惭誓柏之姜!

儒士张郊庚妻王氏,年二十二而寡,生一女一男。姑以妇年少,欲嫁之,氏泣伏于地曰:"妇早丧所天,命实不由,子女三人,誓死一处,断不能更事二天也。"遂事姑抚幼,以节终其志。

薛民乐妻王氏,舅姑继丧,又失所天。氏年二十四,抚两遗孤。生一孙而二子俱夭,伶仃孤苦,无可告诉,乡人怜之。

王良臣妻孟氏,年二十六夫亡守志。遇凶年而糟糠自屠,历困苦而坚贞不移。上事舅姑,下抚弱息,两无所憾。可谓死者复生,生者不愧矣。

村民王守惠妻王氏,夫亡,誓不改适。孝事舅姑,晨昏无间。其后舅姑继丧,贫不能殓,鬻女葬埋。岁饥,采野菜蓬实以为食,见者皆哀怜之。

王汉卿妻刘氏,年二十四夫亡。上事舅姑,下抚弱息,冰霜之操,不愧所天。

刘承基妻娄氏,夫亡,遗息①才数月。苦志守节,送往字②居,终身不易其操。

国朝

生员解万有妻刘氏,年二十二岁夫亡,守节四十九年。康熙五十二年旌表。

生员张瑞妻孙氏,年二十岁夫亡,守节三十六年。康熙六十年旌表。

生员解万端妻宋氏,年二十五岁夫亡,守节四十三年。雍正二年旌表。

郭尔俨妻邵氏,年二十七岁夫亡,守节四十年。雍正十二年旌表。

王天泰妻武氏,年二十六岁夫亡,守节三十二年。乾隆五年旌表。

解万通妻曹氏,年二十五岁夫亡,守节三十三年。乾隆六年旌表。

李洁妻解氏,年二十六岁夫亡,守节二十六年。乾隆六年旌表。

---

① 遗息:死者遗留下来的子息。
② 字:抚育。

许自永妻景氏,年二十九岁夫亡,守节三十四年。乾隆六年旌表。

监生郭九会妻李氏,年二十五岁夫亡,守节二十九年。乾隆六年旌表。

监生郭九鼎妻孟氏,年二十八岁夫亡,守节三十二年。乾隆六年旌表。

孟文举妻季氏,年二十九岁夫亡,守节四十二年。乾隆六年旌表。

胡国永妻于氏,年二十九岁夫亡,守节三十二年。乾隆六年旌表。

王瑞妻杨氏,年二十六岁夫亡,守节三十一年。乾隆七年旌表。

王宗台妻张氏,年二十一岁夫亡,守节四十七年。乾隆九年旌表。

安福妻李氏,年二十七岁夫亡。守节三十五年。乾隆九年旌表。

于腾瀚妻刘氏,年二十五岁[1]夫亡,守节三十一年。乾隆十二年详准请旌。

李怀瑛妻姚氏,年二十七岁夫亡,守节四十五年。乾隆十二年详准请旌。

李果植妻郭氏,年二十三岁夫亡,守节二十九年。乾隆十二年详准请旌。

李益妻曹氏,年二十九岁夫亡,守节二十四年。乾隆十二年详准请旌。

生员王弘猷妻赵氏,年二十五岁夫亡,守节二十八年。乾隆十二年详准请旌。

贡生纪溶妻张氏,年二十五岁夫亡,守节四十三年,乾隆十二年详准请旌。

廪生李坦妻胡氏,年二十九岁夫亡,守节二十三年。乾隆十二年详准请旌。

张玘妻窦氏,年十八岁夫亡,守节三十六年。康熙五十九年旌表。补入。

胡希仲妻张氏,年二十五岁夫亡,守节四十年。乾隆十二年旌表。补入。

生员王业焕妻袁氏,年二十岁。夫亡,守节三十四年。现在请旌。

孟端庄妻刘氏,年二十二岁夫亡,守节三十八年。现在请旌。

王祚厚妻刘氏,年二十四岁夫亡,守节至六十一岁卒。

---

[1] "岁"合刊本"乾隆志"误作"年"。

（乾隆）东安县志

  生员李时龙妻施氏，年二十四岁夫亡①，守节至六十八岁卒。

  窦葵芳妻纪氏，年十九岁夫亡②，守节至七十七岁卒。

  解本秀妻张氏，年二十一岁夫亡。时双亲耄老③，家业萧条。长子绂甫四岁，遗腹生次子济。氏养老抚孤，竭尽心力。后为长子绂授室杨氏，四载而绂又夭，止遗一女。杨氏年方二十。两世孤嫠，饮冰茹蘖④，艰苦备尝。张氏守节五十年，至七十二而卒。杨氏继济次子文光为绂后，今亦五十八岁矣。洵称一门双节云。

  李日培妻韩氏，年二十一岁夫亡。守节七十二年，寿九十七岁卒。⑤

  张子成妻胡氏，年二十四岁夫亡，守节至六十九岁卒。

  生员李希贤妻曹氏，年二十九岁夫亡，守节至六十八岁卒。

  廪⑥膳生李之发妻阮氏，年二十五岁夫亡，守节至七十岁卒。

  胡统虞妻孙氏，年二十一岁夫亡，守节五十一年卒。前令周道裕题其门曰"节孝流芳"。

  李景文妻邓氏，年二十五岁夫亡，守节至八十五岁卒。

  杨自利妻赵氏，年二十岁夫亡，守节六十六年卒。前令周道裕题其门曰"贞心劲节"。

  郑大海妻孙氏，年二十六岁夫亡，守节至八十六岁卒。

  李起龙妻孙氏，年二十二岁夫亡，守节至七十一岁卒。

  王思善妻赵氏，年二十八岁夫亡，生子甫八月。父母见其少寡，欲夺其志。氏峻拒之，不归宁者数载。守节三十六年卒。

  杨士荣妻赵氏，年三十岁夫亡，守节七十年，享寿百龄。

---

① "夫亡"合刊本"乾隆志"误作"亡夫"，字序颠倒。
② 同上。
③ 耄老：即衰老。
④ 茹蘖（rú niè）：生活清苦，为人清白。茹，吃。蘖，树木砍去后从残存茎根上长出的新芽。
⑤ 此处原文疑有误。
⑥ "廪"合刊本"乾隆志"误作"禀"。

侯建玉妻马氏,年二十七岁夫亡,仅一子得志甫九岁。守节三十七年,得志以疾亡,无嗣。氏绝粒号呼,旬余而殁。

郝汧妻娄氏,年二十六岁夫亡。汧之弟及妇亦相继而殒,仅遗幼侄倬生未弥月,翁姑老且病。或劝之嫁。氏曰:"吾一家兄弟妯娌四人,今独剩一妾,妾嫁,翁姑将谁依?且禽兽行,吾不忍为也。"于是养老抚孤,孝慈兼至。倬长,获游庠序,皆氏之力也。守节五十一年卒。

刘尔瑁妻施氏,年二十岁夫亡,守节至六十二岁卒。

高子立妻阎氏,年十九岁夫亡,守节至六十五岁卒。

刘主实赵氏,年二十六岁夫亡,守节至七十岁卒。

于廷佐妻李氏,年二十五岁夫亡,守节至八十一岁卒。

李彰德妻李氏,年二十六岁夫亡,守节至六十九岁卒。

邢天爵妻赵氏,年二十八岁夫亡,守节至六十八岁卒。

张世仟妻赵氏,年二十二岁夫亡,守节至五十九岁卒。

解冠甲妻郭氏,年二十三岁夫亡,守节至七十岁卒。

刘谋妻韩氏,年二十四岁夫亡,守节至七十四岁卒。

孟杰已妻王氏,年二十二岁夫亡,守节至七十岁卒。

生员刘之琦妻刘氏,年二十九岁夫亡,守节至五十八岁卒。

江南广德营游击孙天章妻祁氏,天章亡时,氏年二十八岁,守节三十七年。现在请旌。补入。

孝居百行之首,故节必本于孝,不孝不足以言节。既孝矣,未有不顺且慈者。合而言之,奉养舅姑,和睦妯娌,抚字幼孤,皆节妇必有之事也。从来举节孝者,采摭事实,例用骈辞,凑合支离,千人一辙,旧志所载可概见矣。今惟有奇节异行者,则特书之,其余只载守节年岁,初非故从简略也。

烈　节

论曰:烈与节不同。节励志于久远,烈捐躯于一时。论事则节任其难,论遇则烈逢其惨。要其守义全贞,则一也。故士曰:"烈士女曰烈女。"东安以烈著者,自明迄今共七人。肝脑涂地,理碧血于九原;清白不污,留香名于万古。以视乐羊妻之刎到①全身,王贞妇之投崖殉节者,何以异哉!

明

儒士刘慎妻张氏,明末寇乱避难郊外。为贼所逼,誓死不屈,贼怒以刀脔之。嗟乎!临难全身,志节不夺,张氏之死胜于生远矣。子曰启,食饩上庠。知县王佩弦旌其门。

生员施我经妻荣氏,避乱王家庄。猝遇暴兵,不为所屈,抱子投河而死。邑人作歌以哀之。知县旌其门,未经题请。

国朝

任义春妻孟氏,旗人台六乘义春他出,图奸孟氏,以刀胁之曰:"从则生,不从即死。"孟氏力拒不从,遂为台六所杀。康熙三十二年旌表,入祠。

陶子明妻张氏,本贫家妇,以礼自守。旗人七十艳其貌,挟刀而往,欲犯之。氏与之抗,大声詈骂。七十惧为邻人所知,遂杀之。康熙三十八年旌表。见《通志》。

骆大姐年十七,父亡,与母兄处,足迹不履户外。邻人郑逢春窃窥之。一日,乘女独处,强欲图奸,女不从,以斧击杀之。康熙五十三年旌表,入祠。

刘三妻赵氏,杨圣章欲奸之。氏抗不肯从,疾呼邻人,杨即遁去。氏曰:"贞白之体,奈何一旦为强暴所逼。"愤恨之甚,自缢而死。雍正五年旌表,入祠。

孟黑子妇苑氏,年二十,其姑素无行,导之以邪,妇不从,屡窘辱之。六月五日自投于河,越八日始殓而形不朽。远近闻之,莫不骇异。乾隆五年旌表入祠。另有小传。

东安县志 卷之十四

---

① "到"合刊本"乾隆志"误作"劲"。

东安县志 卷之十五 河渠志

子长《河渠》，孟坚《沟洫》。患去利兴，惟资人力。溯其源流，考其通塞。行所无事，缵①禹之绩。浑水汤汤，沧桑屡易。疏沦修防，厥功孔亟。浊流顺轨，金堤屹立。奠我室家，繁我黍稷。志《河渠》。

河渠②

东安紧邻东淀，半属水乡。元明以来，久为浑流往来冲突之所，盖居然一泽国也。自万历年间，浑河南徙，固霸邑之西北遂成平陆。而狼城、吕公诸河，近数十年来，亦俱渐成沃壤，非复昔日沆漭沮洳③之景象矣！第河道虽淤，其源流踪迹若不详加考究，何以备后人之证据！若夫一河而经历数村，随地异名者，亦必尽为记载，是记水乡之村落矣。至于旧存断续河沟，虽上无来源，然乌知非昔日诸河之故道？且因势利导，摄受沥水而宣泄之。胥于④是乎赖，尤不可不加之意者也。旧志所载，详略未得其宜。今悉为考正，并于见闻所及绘旧河渠一图于卷首，留心水利者，庶可按图而得欤！

永定河

一名桑干河，即湿水也。湿音錔。《说文》以为即《禹贡》《孟子》济漯之漯，而《水经注》则湿漯。二水迥异。一发源东武阳，入河。一发源代郡，至雍奴入海。《永清志》以桑乾为古漯河，似误。又名浑河，又名小黄河，又名芦沟河。"永定"之

---

① 缵(zuǎn)：继承。
② "河渠"两字原县志所无，为使条目清楚，根据本志前的目录所加。
③ 沆漭(hàng mǎng)：水面辽阔无际貌。沮洳(jù rù)：低湿之地。
④ "于"合刊本"乾隆志"误作"干"。

（乾隆）东安县志

名乃圣祖仁皇帝所嘉锡①也。发源于山西太原之天池，伏流至朔州马邑县雷山之阳。浑泉溢出东下，是为桑干河。合塞外诸水，由宣化入直隶界，穿西山而达宛平，至芦沟桥下。地平土疏，水势奔突，挟泥带沙，善决善淤。迁徙靡常，或分或合，东安最当其冲。元明之世，河决之患无岁不有，其时或疏泄或捍御。如明主簿何瑛之挑东畔、西畔二河；明邑令洪一谟、阮宗道之筑堤防护，皆不过随时补救而已。至万历乙未秋，浑河南徙固霸。旧志载："有会极门太监王时先期乞灵，天师捐资设醮，晋牒拔②水，以祈河伯。会有朱龙告限，如期河徙。"语甚不经，但至今邑人犹称述之。东邑浑河之患顿息，而固、永、文、霸一带迭受其害。康熙三十七年，圣祖仁皇帝亲临阅视，命抚臣于成龙大筑堤堰，疏浚并施。自卢沟桥以下，由固安之杨村它头经永清之郭家务，抵霸州之牛眼③，至大城之辛张归淀。三十年来，河无迁徙冲突之患。惟入淀之后，下口日淤，信安、胜㳽④诸淀，辛张、策城诸泊，渐成平陆，壅阏清流，几无达津之路。雍正三年，世宗宪皇帝命怡贤亲王同大学士朱⑤兴修水利，令引浑河，别由一道。遂于永清之郭家务改河东行。由冰窖、武家庄，经东安之狼城、宋流口、东沽港，至武清之王庆坨，归长淀。河入三角淀，浑流容衍于淀中，而大清河遂得遄驶归津矣！十余年来，头道、二道等河，月城、黄花等套，自南而北日渐淤平。三角淀尽成沃壤，叶淀亦淤其半。乾隆四年，下口由东安之郑家楼东溃民堤而北出，东北趋武清萧家西南等庄，归沙家淀，入凤河。出口间或西折，则逆流至东安之淘河。复折而东，经葛渔城、穆家口，仍归沙家淀。下口

---

① 锡：通"赐"。
② "拔"字误，应作"祓"。合刊本"乾隆志"此处亦误作"拔"。祓（fú）：古代用斋戒沐浴等方法除灾求福。
③ 牛眼：村名。康熙时曾改河于柳岔口，乾隆亲巡时已不可确考，当地有村名"留龙"，因嫌其"滞留"之意，便赐名"牛眼"。现霸州市堂二里镇西有丰林村，其村北一部即原之牛眼村。
④ 胜㳽：㳽古同"汸"，现称为"胜芳"。
⑤ 大学士朱指朱轼，民国三年本此处作"命怡贤亲王及大学士朱轼兴修水利"。

情形大概若此。东邑境内,自狼城至东沽港,永定河身长二十里。下口浑流所占,则淘河、葛渔城、于家堤三村宛在水中,田庐多被其害。一二年来,亦日就淤垫矣。

或问于余曰:"永定河果有一劳永逸之策乎?"余曰:"不能。"何以故? 浑河不难于治上游,而难于治下口。南北岸十八汛①险工②林立,然顶冲埽③湾处所,拔桩④走埽⑤决口,什不一觏。可见,上游虽险,犹可以人力抢护也,惟下口不能禁其不淤。渐淤则渐高,南高则北徙,北高则南徙,南北俱高则无路宣泄。下口无路宣泄,不得不于上游而议改矣。此亦事势之必然者也。

或又曰:"三角淀特设厅汛⑥,专司疏浚下口。果如所言,岂厅汛⑦各员皆尸位素餐者乎?"余曰:"不然。"下口之淤垫,非人力所能为也。犹记乾隆二年春,王庆坨村北引河一道,长约十七八里、宽约二十余丈、深约一丈三四尺。不等凌汛⑧水至,大溜北趋黄花套,三日之后,水势消落,引河已成平陆矣。计此一河,非费数万帑金、数万民力不能成功,然不足以当凌汛⑨一水之淤,况伏秋二汛⑩浩瀚之势乎? 不特此也。余在下口六载,当汛水长发之后,乘一小舟随溜测河。每遇舟浅不能前进而返。盖下口水势出漕,必旁溢。旁溢则原溜必淤,四散分流矣。所以《水经注》引俗谚云:"高粱无上源,清泉无下尾。"清泉即湿水之尾闾。《注》为"清泉至潞,所在分流,更为微津,散漫难

---

① "汛"合刊本"乾隆志"误作"泛"。
② 险工:经常受水流冲击,易贴溜出险的堤段。
③ 埽(sǎo):同"扫"。
④ 拔桩:打掉根基之意。
⑤ 埽(sào):治河时用来护堤堵口的器材,用树枝、秫秸、石头等捆扎而成。
⑥ "汛"合刊本"乾隆志"误作"泛"。
⑦ "汛"合刊本"乾隆志"误作"泛"。
⑧ "汛"合刊本"乾隆志"误作"泛"。
⑨ "汛"合刊本"乾隆志"误作"泛"。
⑩ "汛"合刊本"乾隆志"误作"泛"。

寻。"盖自昔而已然矣。

或又曰："然则埝船杙夫之设,竟无益乎？"余曰："否。"杙夫之力,惟不能施于浑河下口。若以之疏浚淀河,则事半而功倍。盖浑河伏秋二汛①,每逢发水,所过辄淤。长或十余里,宽或百余丈,浅者三四尺,深者六七尺。舟行则胶,徒涉则陷,纯沙则板,汙泥则泻,因淤而挖,随挖随淤。虽有杙夫,安所施其力哉？若夫淀泊之中,其通舟楫之处,偶遇浅阻,杙夫乘小舟略为捞挖,舟通而溜自驶。至于支河汊港,素不通舟,芊草菰蒲,皆能壅塞。若杙夫时为疏导,支流脉络贯通,淀水自易宣泄。所以迩年来,西淀分设杙夫,深为有益。此明验也。故设杙夫以治淀河,乃策之至善者也。惟以浑河下口之淤,归罪于杙夫,则杙夫不任受耳。

或又曰："以清刷浑之策,如何？"余曰："清水止可敌浑,断不能刷浑也。"所谓以清敌浑者,浑河逼近清流,恐其溢入淤垫。束清流之全力,处上游之势以敌之,使不得漫入,则可。若清浑并行,浑水之力数倍于清流,而淀河系受水之区,其流更缓。必至白露后,诸河水势消落,归淀,淀河之流始行迅疾。而永定河伏汛②之水,其浑浊较他汛③为尤甚。当浑河盛涨之日,正清河力弱之时,惟有受其淤而已,岂能刷之哉？余与河工同事数人,辨④之甚力。初皆不以为然,厥后始信余言为不谬。故以清刷浑之说,万万不可轻试之于桑干者也。

或又曰："浑河两岸,开渠引灌,分道浇溉,易瘠为沃。如《通志》所云'泾水之富关中,漳水之富邺下。'其法何如？"余曰："不能。"引流分灌,必须先讲沟洫之制。浑河水浊而性悍,水浊则易淤,性悍则难制。虽有沟洫,其如所过辄淤,四散奔突,何哉？惟迩年来,广筑遥堤,乾隆三年,筑隔淀坦坡埝,自霸州

---

① "汛"合刊本"乾隆志"误作"泛"。
② "汛"合刊本"乾隆志"误作"泛"。
③ "汛"合刊本"乾隆志"误作"泛"。
④ 辨:通"辩"。

董家铺接老堤起,至武清龙尾子止。乾隆四年,筑北大堤,自永清半截河东起,至东安贺家辛庄止。乾隆五年,筑北埝,自接北大堤尾起,至武清东萧家庄止。多建减水坝,乾隆三年,建金门闸石坝一座,建长安城、东胡林、曹家务、惠家庄草坝四座。七年,建求贤村、清凉寺、双营草坝三座。八年,建张仙务、郭家务、五道口草坝三座。实补偏救弊之良策也。盖河日淤高,堤日增长。现在堤身外高二丈有余,内高不过五六尺。乾隆七八两年,大汛①之时,七工以下,水面离堤顶相距不及一尺。若非诸坝为之分泄,势必平漫矣。此其明验也。减河过水无多,旋即断流,不至为害。若两旁多种高粮,皆获丰收,菽粟或有损伤。浑河所过之处,地肥土润,可种秋麦,其收必倍。谚云:"一麦抵三秋。"此之谓也。小民止言过水时之害,不言倍收时之利,此浮议之不可轻信者也。余尝称永定河为无用河,以其不通舟楫,不资灌溉,不产鱼虾,然其所长独能淤地。自康熙三十七年以后,冰窖、堂二铺、信安、胜涝等村,宽长约数十里,尽成沃壤。雍正四年以后,东沽港、王庆坨、安光、六道口等村,宽长几三十里,悉为乐土。兹数十村者,皆昔日滨水荒乡也。今则富庶甲于诸邑矣。与泾漳二水之利何以异哉?故浑河者,患在目前,而利在日后。目前之患有限,而日后之利无穷也。

或又曰:"浑河所淤之地,其利若此。今东西两淀不乏淤地,随其高下量筑堤埝,而艺种之,其利何如?"余曰:"不可。"北方之淀,即南方之湖,容水之区也。南方河港多而湖深,北方河港少而淀浅,是淀之利害尤甚于湖也。读雍正四年怡贤亲王条奏,今日之淀较之昔日,淤几半矣。淀池多一尺之淤,即少受一尺之水。淤者,不能浚之,复深复围而筑之,使盛涨之水不得漫衍于其间,是与水争地矣。下流不畅,容纳无所,水不旁溢,将安之乎?是故借淀泊所淤之地为民间报垦之田,非计之得者也。盖一村之民,止顾一村之利害;一邑之官,止顾一邑之德怨,而治水之法不能有利而无害,不能尽德而无怨。惟

---

① "汛"合刊本"乾隆志"误作"泛"。

在司其柄者，相其机宜，权其轻重。当弃则弃，毋务小利以悦民；当兴则兴，毋惑浮言而掣肘。斯得之矣。

或又曰："浑河下口，水占之地，按亩给价除粮，此莫大之旷典也。而民有愿有不愿者，其故安在？"余曰："其愿者，顾目前；其不愿者，计日后也。"定例，河占之地，每亩给价六钱。东、武下洼之地，有每亩止值二三钱者。官价已倍其值，此顾目前者之所以愿售也。浑河经由之处，数年淤成沃壤，其所值或数倍或什倍。且东安旗圈投充之地，什居其六。民间恒业甚少，一领官价，淤出之后即成官地，不得复归原业，此计日后者之所以不愿售也。然有力之家包数年之粮，尚属易事，其余未免拮据，此又告蠲告赈者之所以纷纷也。余之愚见：浑河下口入淀，势必水占数村，莫若量其所占之地，地方官查其段落、顷亩，按其原征科则造册，报部存档，不必给价，暂与除粮。俟淤高涸出之后，仍听原业自行耕种，复照原则征粮，则小民自必乐于从事矣。安顿下口地亩之法，似莫便于此。

或又曰："下口水占村庄，其有户多人众、安土重迁、势难他徙者，量筑护村埝以捍御之，岂不甚善？"余曰："此亦有二。其有一面傍堤、一面临河之村，筑埝以障之，使水不直射，则可。如四面环水之区，则断断不可者也。"盖下口一带，原属水乡，村落地基皆居高阜，水势盛涨，其被浸泡者不过傍村小屋耳，其村中高房大厦尚可无恙也。若筑围埝以护村，河水逐年淤高，埝亦不得不逐年增长。数年之后，势如仰釜。汛①水长发，面面受敌，水势冲刷，风浪排击，岂村民之力所能防护哉？稍有疏虞，建瓴直贯，民其为鱼矣。昔日之堂二甫，其覆辙也。故筑护村围埝之法，亦不可不熟为筹画者也。

以上数条，随问随答，就事论事，洵管窥蠡测之见也。附录于此，以供高明之指摘。

---

① "汛"合刊本"乾隆志"误作"泛"。

凤河

源出南苑内，自大兴县之凤河营入东安境，经由堤上营，计长八里余，至下庄头入武清界。旧河由堘上村至二光归淀，因故道淤塞，雍正四年自堘上村以下改流，至天津之双口入淀。

按：凤河出自南苑，涓涓细流，夏秋水发，冬春涸竭。旧志《河渠》内不载凤河，惟八景内有《凤河春水》，且云"隆冬不冰"，皆虚语也。自雍正四年改河之后，迩年以来，不特浑河由沙家淀至东萧家庄，南归凤河，而东、武西北一带沥水，亦自北大堤减河至庞各庄，东归凤河。诚东、武二县最要河道，必须时为疏挖宽深，以资宣泄者也。

龙河

上无来源，自大兴之田家营入东安境，经由大五龙、古县、刘各庄、南昌、永丰、田庄等十九村庄，约长七十余里，至罗锅判入武清界。又自解口村入东安境，经响口村，约长十三里，至定子甫，仍入武清界。旧由武清之六道口归淀，今至武清石各庄，循北大堤减河归凤河。

哑吧河

上无来源，自固安之华各庄入东安境，约长四里余。至张家野鸡庄入永清境，又自永清横亭入东安境，至济南屯会干沟。旧由葛渔城东归淀，约长四十余里。今至惠家铺，南循北大堤减河归凤河。干沟并无上游，自本邑小韩村起，至济南屯归哑吧河，约长十六里。

按：龙河、哑吧、干沟皆上无来源，分泄沥水之渠也。今龙河尚有河槽，亦多淤浅。哑吧、干沟半已淤成平陆，河沟亦多被占种。余于初次兴修水利，案内议请疏浚，未及举行。此数河者亦东邑境内疏泄沥水之要道也。

坦坡埝引河

自永清之郭家务草坝起，经霸州之李家铺入东安境，计长五里余，至水大王庄仍入霸州境，历静海、武清、天津界至老河头，入大清河。

北大堤减河

自固安之求贤村草坝起，经永清之五道口入东安境，至惠家铺会哑吧河，约长二十六里。至穆家口入武清界，至庞各庄东归凤河。

按：南北减河皆就筑堤，方坑挑浚①成河，以泄永定河草坝分减之水者也。浑河所过辄淤，且一带土性多属浮沙，必须每年量为疏浚，庶免壅滞之患。

附 旧河渠

易水

《水经》："易水由涿郡故安县阎乡西山历范阳容城，又东过安次县南。"

圣水

《水经》："圣水出上谷，历良乡、长乡，又东过安次县南，东入于海。"注云："圣水又东左合白祀沟，沟水出广阳县之娄城东南，经常②道城西，又东南入圣水。"又云："圣水又东经渤海安次县故城南，又东南流注于巨马河，而不入于海也。"旧志载"桃水受涞水，分东至安次，入古地河。"又云："孙家坨在古地河北。"查《水经注》"圣水"条下云："圣水自涿县东与桃水合，又云桃水上承涞水，又云桃水东入阳乡，东注圣水。"与旧志互异。询之故老，亦无识古地河之名者。附此以备参考。

巨马河

《水经》："巨马河出代郡广昌县涞山注即涞水也，历遒县、容城、泉州，东入八丈沟，又东过渤海东平舒县北，入海。"注云："八丈沟，水出安次县东北平地泉，东南径安次县东，又南，右合虖池河枯沟。沟自安次西北，东径常道城东、安次县故城西，晋司空刘琨所守以拒石勒也。"

---

① 挑浚：清除淤塞，开通河道之意。
② "常"合刊本"乾隆志"误作"长"。

按:今易水、拒马水,俱至定兴县,会入西淀。圣水至任县入南泊,与当时故道迥异。旧志载易水、白沟河,而不载圣水。至呼池河枯沟,正安次三川之一,为刘司空拒石勒之确据,今并为补入。

狼城河

上接霸州信安河,经东安之宋六口、淘河,至武清之范瓮口,东归三角淀。今淤。

吕公河

上接文安胜涝河,经东安之褚河、东沽二港,由武清之王庆坨东归三角淀。今淤。

按:狼城、吕公二河,皆自霸州之边家河而来,乃清河之正派,东淀之经流也。浑河屡徙,二河逐渐淤平,东安境内无复东淀清流矣。

淘河

宋何承矩云:"自淘河至泥沽口,屈曲百二三十里,天设险阻,真地利也!"昔人讲水战之地,大为要害。今淤。

磨叉港

在东沽港西南,相传唐令鱼思圣征高丽,从此经过。按:此乃狼城河之汊港也,今淤。

向口

在穆家口北,北通解口,宋时东川分派。今淤。

穆家口

在葛渔城东北,上通向口、解口,下经八里桥入六道口。今淤。

东畔河

自县城外南坛起,经田家庄穿哑吧河至甄家庄,东归涝子淀。

西畔河

自大北尹起,经北马子庄穿哑吧河,至孙家沱北止。

以上二河,明主簿何瑛所挑,以泄浑河暴涨者也,今皆淤。

垂杨渡

在东沽港之北,下通静海,上通东安,因岸有垂杨,故名。今淤。

附 旧淀泊

瑯川淀

在县治南七十里,其源自霸州,为九河之所聚,入于磨叉港。今淤。

淘河泊

在县治南五十里,今淤。

莲花泊

在甄家庄南,今淤。

洸子淀

在甄家庄东北,今淤。

徐孟泊

在东沽港西南,又名"上下接口"。国初圈为网户地,后逐渐淤平。雍正四年,怡贤亲王奏请复归原业,即今之续边粮地也。

长淀泊

在葛渔城东,今淤。

东安昔①称泽国,今成沃野。境内惟浑河一道,两岸间有漫溢之虞,下口不无水占之处,民常以此为患。然余之所忧者不在浑河,而在沥水,盖东安西北受宛、大、固、永之水。从前东南一带多系河泊,数道分流,引归三角淀,不致壅滞为害。今自狼城至穆家口,俱为浑河所占,南面无受水之区,惟赖凤河出口。一遇淫雨过多,沥水骤至,宣泄不及,东南各村一带沮洳。迨至水势消落之后,低洼之处,晚禾秋麦已失望矣。故余曰:东安之患不在浑河,而在沥水也。

---

① "昔"合刊本"乾隆志"误作"西"。

堤 埝

永定河南岸官堤
自狼城接永清县界起,至东沽港接武清县界止,计长十八里。雍正四年筑。

永定河北岸官堤
自哈喇港接永清县界起,至淘河村东接武清县界止,计长二十四里。雍正四年筑。

围淀民堤
接北岸官堤尾,武清范瓮口村东起,至武清六道口村西止,计长六里余。雍正六年筑,今废。

隔淀坦坡埝
在褚河港村北,上接霸州,下接静海,计长五里。乾隆三年筑。

北重堤
起止如北岸官堤,雍正十一年筑。

北大堤
自哈喇港接永清界起,至贺家辛庄东止,计长八里余。乾隆四年筑。

北埝
接①北大堤尾起,至穆家口接武清县界止,计长十八里。乾隆五年筑。

附 旧堤

黄蜗堤
在县南四十里挑河镇之南。元皇庆元年,水溢②黄蜗堤,即此俗呼黄家堤。

---

① "接"合刊本"乾隆志"误作"按"。
② "溢"合刊本"乾隆志"误作"益"。

青杨堤

在挑河镇之东南,今村名青杨树。

马家堤

在挑河镇南。

于家堤

在葛渔城之南。

刘家堤

在四十亩口之南。

魏家堤

在古县之北。

凤河堤

在凤河之南。

左奕堤

在县西十里,辽为之西堤。

七里堤

在县东八里,辽为之东堤,今村名七字堤。

燕王堤

在户子濠南五十里。

朱村堤

在县正西八里。

以上旧堤俱废。

桥　梁

广安桥

在响口村,村民徐文彦等重建。

永安桥

在田庄,村民孙万廞等重建。

万善桥

在皮家甫,田庄民孙万廞等重建。

永丰桥

在永丰村。

附 旧桥梁

大通桥

即大石桥。宋往来互市之路。北通长庆宫,南通信安寨,跨浑河南界。今无考。

通济桥

即西浮桥,南通益津关,北通耿就桥。在左奕东,跨浑河西界。今无考。

八里桥

即东浮桥,宋建。南通六道口,北通凤河,在土楼东罩马河。今无考。

小石桥

在县西南二十里马子庄迤南,辽往来为牧放之处,今名石桥村。

永年桥

在东沽港中流,今无考。

次平桥

在县西,今无考。

东安县志 卷之十五

（乾隆）东安县志

东安县志　卷之十六　古迹志

曲池易平，高台易倾。陵谷迁改，沧桑变更。令威之鹤归华表，麻姑之水浅蓬瀛。渐经漫灭，孰可指名？惟贤达所游处，历异代而流声。临水登山，不尽古今之感；摘词作赋，莫穷天地之情。志《古迹》。

古迹①

安墟

在东安县界，黄帝制天下以立万国，始经安墟，合符釜山。照《通志》纂入。

按《史记》："黄帝合符釜山，而邑于涿鹿之阿。"《志》云："始经安墟。"不知何据。釜山在保定府安肃县，涿鹿即今保安州。

常道乡

在今县治西北五十里。旧志云："周武王封召公长子于燕，以常道乡为采邑。"考《史记·燕世家》武王灭纣，封召公于北燕，并无以常道乡为采邑语，不知何据。核之《通志》亦不载。按《纲鉴》："魏武子宇封燕王，宇子璜封常道乡公。"此确鉴可据者。又《魏书·地形志》："安次有故苌道城。"苌道即"常道"字音之讹。今西北乡有常道村，疑即常道城故址。

安次县

汉置属渤海郡，在今县治西北四十里，俗名古县。后魏改为安城，属燕郡。隋仍名安次，属涿郡。唐武德初移治于石梁城，属涿郡。贞观中又移于常道城。开元中又移于耿就桥行市南，属范阳郡。元升为东安州。州治即今旧州。

---

① "古迹"二字原文所无，为使条目清楚，根据志前的目录添加。

石梁城

旧志:"在古县东南五十里。"《方舆纪要》:"在旧州头东南五十里。"按其道里,即今灰城也。

崧州城

在县治西北七十里,辽古喇王所置州,即今之机察王村也。

卢王屯

在常道乡东南二十五里。汉高帝五年七月,卢绾从击燕王臧荼,臧荼降。八月,立绾为燕王。其名卢王屯,以绾与刘贾夹攻取燕,屯兵于此故也。今俗名"卢屯"。

留犊村

在县西北五十里,魏时巨鹿人时苗为寿春令,及得代,留犊于寿春。归经此地,里人闻其事,以为贤令,因名其里为留犊村,立祠以祀。时公阮志以为"八景"之一。

三川

旧志载:"大石桥之流为东川,西浮桥之流为西川,八里桥迤西之流为南川,晋刘琨守此以拒石勒。"三川今俱无考,刘司空拒石勒处在呼池河枯沟,详载《河渠志》"拒马水"下。

葛城

在县南三十五里,相传宋建屯守于此,今名葛渔城。

狼城

在县南四十里,即宋信安军之狼城寨,今永定河经由其地,改名安澜城。

飞虹桥

南跨界河川,汉武元狩二年建,刘琨曾饮于此,今无考。

长庆宫

旧在广平淀,辽天会三年移安次南五十里。东接捺钵,南通番汉,有大石桥以受宋诸国之礼,今茨平屯乃其旧址。

土楼

在县东六里,宋时为土儿卫台,高一丈二尺,盘一百六十步。旧建楼于上,今废址尚存。

省抑宫

在安次南,辽会同中建,以禁妃嫔之有犯者。元时屡迁废后于其地,今改属武清县境。俗名皇后店。

印台

在县南东沽港,半截河之西,北接九河,南连大海。一名砥柱台。今其址无考。

奕台

在县西十二里,高一丈六尺,周一百二十步,制如土楼。元人点军于此。今其址在左奕村。

待清楼

在王里屯,浑河东岸。元皇庆元年建,常驻此修筑河堤,行劳工礼。

二士楼

在行市南,宋杨存勖、周伯荩读书处。二人居尝慷慨,志复中原。及闻元集大统,弃业而遁,不知所终。

飞空故里

又名仙庄,在安次县南九十里,或云在半截河之南。今无考。

聚燕台

《帝京景物志》①云:"采育东南二十里,有阜高一丈,广三四十尺,曰'聚燕台',每值秋社,燕欲辞巢,必各将数千百聚于此台,呢喃一二日,然后分翔而去,故名。"今无考。

---

① 当为《帝京景物略》,明末刘侗、于奕正合撰。

采育

即安次县之采魏里,明初为上林苑,改名蕃育署。后人合新旧而名之,呼为采育署。以三蓄为赋,计营五十八,旧有鹅鸭城,今割入大兴县界。

附① 更定八景

双阁凌云

双阁西斗魁、东文昌,在县治内。形家②言文运③所关。自明以来创建已久。阁之形制,皆高四五丈,飞角重檐,耸出雉堞之上。遥瞻北阙,旁览西山。宿星斗于栏杆,流银河于窗户。拾级而登,飘飘然,可以凌青云而直上矣。

遥峰夕照

安次去西山百里而近。每夕春时,云霞烂漫,掩映林壑,有峰峦楼阁、旌幢羽葆、绛帐金莲、蟠龙翥凤之象。实天下之奇观也。夏秋积雨初晴,残虹欲敛,更觉陆离光怪,照人眉睫。

谯门晓钟

钟悬谯门之东,霜寒韵彻,月落声沉。醒五夜之清心,启千家④之阛阓⑤。顺风可闻二十余里。相传,农妇早起,闻地下钟声隐隐,乃掘得之。款识"太安二年造",盖古物也。北魏时文成帝及辽时俱有"太安"年号。

灵应飞塔

灵应寺,唐之古刹,今名广善,在固城庄有浮图一座。相传风雨中,顶忽飞去,盖为蛟龙所攫耳。远而望之,残塔半株,涌出林表。盘野鹳于空中,回倒影于天际。诚佳景也。

---

① "附"字原文所无,根据志前的目录添加,以便眉目清楚。
② 形家:旧时以相度地形吉凶,为人选择宅基、墓地为业的人。也称堪舆家。
③ 文运:指科举应试的运气。
④ "家"合刊本"乾隆志"误作"象"。
⑤ 阛阓(huán huì):街市,街道。

（乾隆）东安县志

永定潮声

永定河即古桑干河，其源发于云中。自卢沟而下有潮突然而起，奔流二百余里，高可四五尺。沙石争趋，林木响应。每日两潮，第不若浙江潮之有定候耳。明于奕正诗"卷土成涛飞赤雪"，乃实赋其事。

长堤秋月

去县南四十里有堤，自甄家庄经葛渔城抵穆家口，形如偃虹，绵亘将二十里。南界淀河，北界减河，两水相夹。秋夜月印澄潭，一镜中分，落天边之蟾兔；双珠乍吐，睡波底之鱼龙。散步其间，清兴欲绝。减河系乾隆十年新开者。

北野烟林

县北郊外芦村、麻村一带，林木茂密，与篱落相映，绵延二十里许。春时桃李争妍，花香欲醉，新阴匝地，翠色俱流。烟光杳霭中，步步引人入胜。洵如剑南诗云"柳暗花明又一村"也。

土楼晴雪

楼去县东六里许，宋时为土儿卫，高一丈二尺，周一百六十步。旧传建楼台于上，今其址犹存。冬月积雪初晴，凭高远望，历落茅茨，槎枒古树，白色皑皑，百里内外，尽在画图中矣。

论曰：自天地剖判以来，域内山川孕灵毓异，必待英贤寄迹而名始著。苟或不然，虽负幽秀瑰奇之质而自古无称，人迹罕到则亦埋没于荆榛蔓草，而为樵夫牧竖之所栖托，岂非地以人传者耶？安次得名于汉，名区胜迹宜有可纪。顾考其境内，皆平畴广野，既无天台灵鹫之奇，华岳匡庐之胜，足以驻游踪而夸①奥宅。加以北魏辽金之际，中土人物邈焉殊绝。而居是土者，岁月就荒，陵谷迁变，或有而弗传，或传而弗尽，宜古迹之寥寥也。然而流览安墟，襟海带河，穆然想黄帝之遗风焉。眺三川而吊楼桑，刘越石之慷慨如昨；城葛渔而成狼寨，信安军之营垒依然。问长庆之故宫，寻二士之旧里，亦足以寄流连而

---

① "夸"合刊本"乾隆志"误作"跨"。

增忾①叹矣。至于山川台榭，凡可以赏心志娱耳目者，此特游宴之胜区，无关前贤之名迹，故曰：地以人传，人不待地而后传也。

附　坊表

明

方伯坊　洪武中布政使司纪谆建，在县南乡纪家庄。

绣衣坊　正统间监察御史施礼建，在县南街。

大司寇坊　正统间刑部尚书施礼建，在县南街。

孝子坊　景泰间周尚文建，在县南街。

都宪坊　成化间都御史李侃建，在县西街。

大宗伯坊　成化间礼部尚书施纯建，在县南街。

解元坊　成化乙卯科施绅建，在县南街。

父子尚书坊　成化间施礼、施纯建，在县南街。

五世进士坊　李辅建，在县西街。按：进士内有许辅，无李辅。

兄弟联芳坊　李德仁、李德恢建，在县东街。

都谏坊　弘治间礼科给事中孙瑞建，在县东街。

进士坊　弘治间监察御史李锡建，在县东街。

都谏坊　正德间兵科给事中许复礼建，在县东街。

经元坊　嘉靖八年孟绂建，在县南街。

名登天府坊　嘉靖间举人张文举建，在县西街。

宫保坊　万历间兵部尚书刘体乾建，在县西街。

昭代②**明卿**、**清朝俊彦二坊**　在县治左右，万历间知县陆燧建。

以上所建坊表今并废。

---

① 忾（xì）：叹息。
② 昭代：政治清明的时代。

附 冢墓

晋

刘太尉琨墓在古县东二十里楼桑村。历官都督并、冀、幽三州诸军事,晋爵太尉,与幽州刺史段匹䃅共讨石勒,后为匹䃅所害,遂葬于此。今其地有南桑园、北桑园,而无楼桑村。或岁久更易其名,南北桑园即楼桑村,亦未可定。然而冢土已平,绝无碑表,无可考证矣。

辽

中丞韩泽墓在县西北五十里更生村。乾统间,墓旁民掘得志石,掩而埋之。今无考。

辽西郡王杨晳墓在旧州西南二里,旧传有石器碑文,今无考。

明

刑部尚书施礼墓在县南十五里益留村。子纯,成化间为礼部尚书,亦附葬于此。谕祭碑存。

太常寺卿齐章墓在县北二里东储村,弘治八年赐谕祭。碑久废。

布政使司纪谆墓在县东南六里纪家庄。

都御史李侃墓在县东北五十里张家庄,东北二百二十步。碑文墓志无存,另有记,见《拾遗》。

兵部尚书刘体乾墓在县北门外一里许,谕祭碑文存。

赠光禄寺卿胡甫荣胡忠墓在西马圈村,谕祭封碑存。

附 寺观

玉皇庙 向在县治东北隅,明万历九年刘九经建。本朝顺治十七年,邑民张圻改建北门外,魏之剑舍基地十七亩。

东岳庙 旧在县治东门内,明永乐十五年知县李茂建。本朝顺治十七年,邑民贾登云等募化改建东门外。

三皇庙 康熙七年穆进孝刚太①募化建于药王庙后。

真武庙 在县治小东街,明嘉靖十九年募修。

三官庙 明嘉靖二十七年知县成印建北城楼上,后知县陶栋移于县治东街。本朝康熙元年贾登云、张圻募化重修。

观音堂 在税课司胡同,明崇祯年间监生刘乃鼎建。本朝康熙十年邑民张琇重修。

二郎庙 在县治西街北后巷。明嘉靖初年,邑民孟永昌重修。

白衣庵 在县治南门外观音堂南,明万历四十六年知县陆燧建,置香火地六十亩。

观音堂 在县治南门外,明嘉靖己亥年曹雄等建。本朝康熙四年邑民贾登云、张圻募修。

广严寺 在县治西,明正德三年邑民孟士中舍地、郭谅捐资建。每遇朝贺,习仪于此。

广福寺 在县西北四十里。

定觉寺 在县西北五十里常道乡,唐垂拱三年赐额,五代时毁于兵。辽天庆间张铣,金时韩承彦、杨俊卿各有修建。

净安寺 在县治西北六十里王里村。

广延寺 在县治西北四十里大五龙村。

崇国寺 在县治西北四十里僧垈头村。金天会五年重建,碑存。

宁国寺 在县治西北五十里留犊村。金大定三年民人曹瑛建,碑存。

兴华寺 在县治西北四十五里东更生。金大定四年建,碑存。

兴胜寺 在县治西北三十五里顺民屯。金时建。

广善寺 即唐之灵应寺,在徐村里固城庄。明太监何至渊重建,有碑,内有浮

---

① 穆进孝字刚太。

（乾隆）东安县志

图。一夕风雨中，顶忽飞去，今更定东安八景"灵应飞塔"即其地也。说在"古迹"条。

净觉寺	在县治西北五十里小寨村。明宣德八年太监张盛建。
净严寺	在县治西北五十里白家务村。
华严寺	在县治东北四十里麻家营村。僧知通募民，张浩重修，碑存。
福胜寺	在县治西北六十里丰其营村。明景泰四年太监王镇建。
福兴寺	在县治西北二十五里麻村。明景泰四年千户张通修。
兴国寺	在县治西北三十五里夔庄。明景泰四年太监王镇建。
宝胜寺	在县治西北四十里旧州。明正统十四年邑民王福林修。
延福寺	在县治西北六十里稽察王村。明成化二年民人鄞昇建。
兴隆寺①	在县治东北四十三里伊家马房村。明成化年僧道山募修，碑存。
严祥寺	在县治西北二十五里祖哥庄。明正统十二年太监张善建②。
水月寺	在堤上营村。
华严寺	在东马头村。
观音寺	在西马头村。明万历九年民人魏克俭建。
朝华寺	在卢村。
福圣寺	在东得胜村。
福圣寺	在西马圈村。
清凉寺	在大垡村。
开化寺	在于家常甫村。
护法寺	在榾榆木屯。
瑞征寺	在王家常甫村。
寿生寺	在北昌村。

---

① "兴隆寺"合刊本"乾隆志"作"隆兴寺"。
② "建"合刊本"乾隆志"误作"修"。

兴圣寺 在北垈村。

镇国寺 在茨平村。

广会寺 在张各庄。

石佛寺 在南北城村。

宝济庵 在马家务村。

光福寺 在古县村。

普照寺 在北尹村。

清凉寺 在马子庄。

无梁寺 在禅房村。

海月寺 在挑河头村。

龙泉寺 在东沽港村。

圆通寺 在麻家庄。

铁胎庙 在宋六口村。明侍御将军刘应元建。

□□寺 在响口村。

附 义冢

圣王之世,幼有所长,老有所终。不惟生者享仁寿之乐,即死者亦无暴露之惨,掩骼埋胔,泽及枯骨是也。东安旧有义冢七区,凡贫无所归、不能卜葬者,俾得瘗埋,无虞暴露。庄生以在上为乌鸢食,在下为蝼蚁食,乃放浪之言,岂送死之道乎!

县治南门外义冢一区,计地三亩。

县治西门外义冢一区,计地三亩。

挑河头义冢一区,计地十亩。

惠家铺义冢一区,计地五亩。

小惠家庄义冢一区,计地三十亩。

旧州义冢一区,计地五亩。

把什营义冢一区,计地二亩。

附 旧志八景

安次晓钟

土楼管弦

奕台夕照

通津晚渡

葛城渔唱

狼城秋月

凤河春水

留犊西村 阮志　　**伏魔遗刃** 王志

东安县志　卷之十六

东安县志 卷之十七 艺文志

蒙载弟兄俱知制诰，士瞻父子继迹翰林，刘李章奏风节嶙峋，文山越石忠义艰贞。坛坫词赋，草野讴吟。讵侈博雅，乃办①贞淫。幽光潜德，世远年湮。残碑断碣，贵比南金。志《艺文》。

诗 赋

赠卢谌　　　　　　　　　　　　　　　刘琨字越石

本传云："琨为匹䃅所拘，自知必死而神色自若。为诗以赠谌，感鸿门白登之事，用以激谌。乃未喻其旨，殊乖琨心。被拘经月，卒为所害。"

握中有悬璧，本自荆山璆。惟彼太公望，昔在渭滨叟。
邓生何感激，千里来相求。白登幸曲逆，鸿门赖留侯。
重耳任五贤，小白相射钩。苟能隆二伯，安问党与仇。
中夜抚枕叹，想与数子游。吾衰久矣夫，何其不梦周。
谁云圣达节，知命故不忧。宣尼悲获麟，西狩涕孔丘。
功业未及建，夕阳忽西流。时哉不我与，去矣若云浮。
朱实陨劲风，繁华落素秋。狭路倾华盖，骇驷摧双辀。
何意百炼刚，化为绕指柔。

答刘琨　　　　　　　　　　　　　　　卢谌字子谅

浚哲惟皇，绍熙有晋。振厥弛维，光阐远韵。有来斯雍，至止伊顺。三台

---

① "办"字误，当作"辨"。合刊本"乾隆志"此字亦误作"办"。

(乾隆)东安县志

摘朗,四岳增峻。伊陟佐商,山甫翼周。弘济艰难,对扬①王休。苟非异德,旷世同流。加其忠贞,宣其徽猷。伊谌陋宗,昔遘嘉惠。申以婚姻,著以累世。义等休戚,好同兴废。孰云匪谐,如乐之契。王室丧师,私门播迁。望公归之,视险忽艰。兹愿不遂,中路阻颠。仰悲先意,俯思身愆。大钧载运,良辰遂往。瞻彼日月,迅过俯仰。感今维昔,口存心想。借日如昨,忽为畴曩②。畴曩伊何,逝者弥疏。温温恭人,慎终如初。览彼遗音,恤此穷孤。譬彼樛木,蔓葛以敷。妙哉蔓葛,得托樛木。叶不云布,华不星烛。承俸卞和,质非荆璞。眷同王良,用乏骥骤。承亦既笃,眷亦既亲。饰奖驽猥,方驾骏珍。弼谐靡成,良谟莫陈。无觊狐赵③,有与五臣。五臣奚与,契阔百罹。身经险阻,足蹈幽遐。义由恩深,分随昵加。绸缪委心,自同匪他。昔在暇日,妙寻通理。尤彼意气,狭是节士。情以体生,感以情起。趣舍罔要,穷达斯已。由余片言,秦人是惮。日碑效忠,飞声有汉。桓桓抚军,古贤作冠。来牧幽都,济厥涂炭。涂炭既济,寇挫民阜。谬其疲隶,授之朝右。上惧任大,下欣施厚。实祇高明,敢忘所守。相彼反哺,尚在翔禽。孰是人斯,而忍斯心。每凭山海,庶觌高深。遐迩存亡,缅成飞沉。长徽已缨,逝将徒举。收迹西践,御哀东顾。曷云途远,曾不咫尺。岂不夙夜,谓行多露。绵绵女萝,施于松标。禀泽洪干,晞阳丰条。根浅难固,茎弱易凋。操彼纤质,承此冲飙④。纤质实微,冲飙斯值。谁谓言精,致在赏意。不见得鱼,亦忘厥饵。遗其形骸,寄之深识。先民颐意,潜山隐几。仰熙丹崖,俯澡渌水。无求于知,自附众美。慷慨遐踪,有愧高旨。爰造异论,肝胆楚越。惟同大观,万涂一辙。死生既齐,荣辱奚别。处其玄根⑤,廓焉靡结。福为祸始,祸作福阶。天地盈

---

① "扬"合刊本"乾隆志"误作"杨"。
② 畴曩:往日,旧时。
③ "狐赵"合刊本"乾隆志"误作"孤赵"。春秋时晋国狐偃和赵衰的并称。
④ 飙(biāo):暴风。
⑤ 玄根:指道家所称的道的根本。

虚,寒暑周回。夫差不祀,衅在胜齐。勾践作霸,祚自会稽。邈矣达度,唯道是杖。形有未泰①,神无不畅。如川之流,如渊之量。上弘栋隆,下塞民望。

按:是诗,或作数首,或作一首,然篇法不断只须②作一首。读刘琨本传云:"琨感鸿门白登之事,用以激谌,未喻其旨,殊乖琨心。"谬矣!自"曷云途远"起,至"遗其形骸,寄之深识",其间忧疑恐惧,计无所出,明已答琨。其云"曾不咫尺",琨已被拘,欲见无由也。"谓行多露"恐为他人所谗谮③也。"女萝施于松标"言已以微弱之躯附于匹䃅,"根浅难固,茎弱易凋",况谌与琨为姻戚,猜嫌之际,冲飙易起,措词俱在隐约间。故曰:"致在赏意,寄之深识"也。谌既不能救琨,无可奈何。是以劝其达观,又慰之以天道,用意殊深远矣。至前段"桓桓抚军"正指匹䃅推琨为大都督,共讨石勒。误解者以为美匹䃅,尤属痴人说梦。其后匹䃅害琨,谌上疏为琨理冤,请诛④匹䃅。谌岂愦愦⑤肯负越石者哉。

易水送客过⑥东沽 邑之东南有东沽港　骆宾王

此地别燕丹,壮士发冲冠。昔时人已殁,今日水犹寒。

过白沟河　　　　　　文天祥

昔时张叔夜,统兵赴勤王。东都一不守,羸马迁就荒。
适过白沟河,裂眦须欲张。绝粒不遄死,仰天扼其吭。
群臣总奄奄,一士垂天光。读史识其地,抚卷为凄凉。
我生何不辰,异世忽相望。皇图遘阳九,天堑⑦漏飞艎。

---

① "泰"合刊本"乾隆志"误作"恭"。
② "须"合刊本"乾隆志"误作"顺"。
③ 谗谮(zèn):说别人的坏话,诬陷。
④ 合刊本"乾隆志""请"后脱一"诛"字。
⑤ 愦(kuì):昏乱,糊涂。
⑥ "过"合刊本"乾隆志"误作"道"。
⑦ 合刊本"乾隆志""天"后脱一"堑"字。

引军诣阙下,捧土障狂澜。出使义不屈,持节还中郎。
六飞狩南海,金钺将煌煌。武侯空感心,出师惊四方。
吾属竟为羁,世事吁彼苍。思公有奇节,一死何慨慷。
江淮我分地,我欲投沧浪。沧浪却不受,中原行路长。
初登项羽馆,次览刘季邦。涉足河与济,回首嵩与邙。
下车抚梁门,上马指楼桑。戴①星渡易水,惨淡天微茫。
行人为我言,宋辽此分疆。悬知公死处,为公出涕滂。
恨不持束刍,徘徊官道旁。我死还在燕,烈烈痛肝肠。
今我为公痛,我死谁为伤。天地垂日月,斯人未云亡。
文武道不坠,我辈终堂堂。

经刘琨墓　　　　　　　　文天祥

中原荡分崩,壮哉刘越石。孤迹起幽州,双手扶晋室。
福厄天意乖,匹碑生鬼蜮。公死百世芳,天下分南北。

飞虹桥 刘琨曾会饮于此　　　　　　失名

百尺飞虹跨界河,水光云影湛相磨。落山霞绮连天远,航海楼舡傍斗过。
击楫正逢时莫可,传觞此夜兴如何?干戈满地思良将,不是风流旧永和。
此诗②旧志作刘琨,误。晋时安得有七律体?玩诗意,系后人追忆刘琨者,特失其名耳。

过安次　　　　　　　　元　脱脱

耿就桥南安次县,烟火楼台二万家。自从峡石东西败,只遗衰草伴黄沙。

---

① "戴"合刊本"乾隆志"误作"载"。
② "诗"合刊本"乾隆志"误作"时"。

再过安次遇大水

安次城南水没路,波涛滚滚人难度。沧波翻去又复来,田家何日得耕布。

长庆宫留题　　　　　　　　　元　巎巎

岩峣宫殿凌天表,一脉洪涛入槛流。势压晓山千涧落,寒随野水半枫秋。
微才空抱长卿志,滞迹还同王粲游。北望燕台何处是,五云飘缈凤城楼。

浑河待渡　　　李继本字一山

待渡浑河晚,怀人水国遥。鱼龙吹雪浪,风雨送春潮。
百炼丹心在,千茎白发凋。茫茫今古意,回首愧渔樵。

渔阳客邸《通志》作李延兴　　　　　　　　前人

城外云山浓似绮,屋里琴书静如水。石炉添火燃松根,袅篆鼎云飞不起。
天涯倦客此停骖,茶灶烟销犹隐几。奚奴呼觉日平西,一片秋声响窗纸。

客僧舍有感　　　　　　　　　　前人

寻幽偶上翻经阁,揖罢高僧听讲禅。花雨未消头上雪,昙云时度水中天。
百年宇宙谁为客,半日烟霞即是仙。今古兴亡一惆怅,蝇头蜗角漫相牵。

雪中退朝　　　　　　　　　　　前人

雪舞回廊乱打人,朝回驰马路无尘。天粘白海横飞练[1],风转丹墀细叠银。
诗赋涵虚清到骨,梅魂袭月冷凝神。直须借与调羹手,遍洒名藩作好春。

---

[1] "练"合刊本"乾隆志"误作"鍊"。

(乾隆)东安县志

访东安令　　　　　　　　前人
青霜下庭柯,野日笼薄霭。官①舍故人逢,樽酒两相对。
感时惜凋落,抚事兴慷慨。俯仰此踟蹰,令名不朽在。

浑河水涨甄家庄　　　　　　陈恕
当年窃笑青苗法,此日重征白地钱。若欲诸公恤民隐,由他沧海莫桑田。

过垂杨渡　　　　　　　　张惟忠
柳色凝初曙,莺声散晓霞。微茫连水国,迢递见村家。
绿满平田草,红开断岸花。流亡宜早复,此地有鱼虾。

砥柱台　　　　　　　　　韩贯
九河从北来,大海自南撞。中有砥柱台,屹然不敢傍。

通津渡　　　　　　　　　张勋
乱草织斜阳,绪风凝晓霜。客船更无数,不见祖生航。

送刘尚书体乾罢归　　　　　　吴哲
都门十里攀辕日,阙下诸艰去国时。四海征输心力竭,一生清节骨毛知。
忧民有疏频焚草,解组归田但食薤。从此御河桥上望,流波出浦听凄其。

---

①　"官"合刊本"乾隆志"误作"宫"。

骢马篇赠李锡　　　　　　　　　　　　卢龙陈经

壮士击玉壶,长歌骢马篇。昔仰李元礼,今称北海贤。凤凰御下紫泥诏,却辞开封登九天。搴帷①仗钺下三川,鸣金伐鼓开华筵。北去燕山二千里,桂棠之棹木兰船。南风直送金台去,象简乌衣拂瑞烟。冰清照素心,长剑答知己。相知明月楼,夜夜怀君子。正是风云激荡时,汗血驰驱鸣帝里。

望葛渔城寨　　　　　　　　　　　　　　失名

西南九水连天堑,东北三川列地罗。万里江山今不改,汉家何必屡求和。
此诗旧志亦作刘琨,误,晋时无七绝体。

挽黄宣公福　　　　　　　　　　　　　　施礼

五朝开济老儒宗,磊落襟怀孰与同。生有忠谋应大用,死邀恩眷得褒封。书名东观声华重,遗惠南交事业隆。昨日秋香亭下过,思君不觉泪沾胸。

安次八景诗　　　　　　　　　　　　　邑令陆燧

鸡人初唱曙星多,吼地铿鎗落晓河。五夜遥随莲漏彻,数声响答白云和。无端尘吏回清梦,忽省天街振玉珂。一自鲸鸣知和寡,缶音欲效奈难何?
谯门晓钟

荒台一片尚峨峨,剩有黄沙带碧莎。箫咽凤声饥雀语,筝随雁柱叱牛歌。故宫已自生禾黍,旧月曾经照绮罗。自古沧桑无定局,不知此后更如何。
土楼管弦

---

① "帷"合刊本"乾隆志"误作"惟"。

(乾隆)东安县志

谁能返照驻挥戈,画榭当年奈奕①何,鸡犬于今消毳幕,桑麻依旧绕浑河。村烟不碍通残霭,牧笛初回信短坡,咫尺长安何处是,凭高北望五云多。
奕台夕照

千家村落阻浑河,日暮争喧渡口多。竖子数鞭回牧笛,丈人一锸荷农簑。炊烟起处家非远,独鸟来时景未蹉。绝讶龙江风色似,荻花深处橹声过。
通津晚渡

涓涓流水绕坡陀,出郭东南十里过。欸乃数声何处起,冥濛一片夕阳多。云随野艇归还遏,雁呖秋空度欲和。漠漠只今皆税地,沧浪有曲未堪歌。
葛城渔唱

两城狼寨兀嵯峨,一水中分清浊河。万里烟消天似洗,片轮桂满镜初磨。击空直欲翻银汉,纵棹真同泛素娥。耐可乘流赊月色,凭将问取洞庭波。
狼城秋月

凤凰城接凤凰河,一缕东风散碧波。柳絮翻时银浪涌,桃花漾处锦纹多。草桥夜雨新痕涨,晓郭春晴白练拖。极目那知耕耨地,只今蓼蓼长蒿莪。
凤河春水

好官无过得钱多,贻臭流芳竟若何。不见寿春留犊宰,至今安次有余歌。饮泉粤峤曾经拜,表里燕南肯浪过。敢拟千秋攀逸驾,高山景仰自峨峨。
西村留犊

---

① "奕"合刊本"乾隆志"误作"弈"。

前题　　　　　　　　　　　　　　　　失名

客梦惊回晓漏中,蒲牢吼出满天风。鸡鸣茅店人初动,马过板桥霜正浓。
寒雁叫残声漠漠,曙鸦飞散树重重。题诗追忆寒山寺,月落枫林夜半钟。

层楼突兀倚青霄,绣户玲珑翠黛娇。银甲弹筝金凤语,锦衣行酒玉蝉敲。
春残满圃花零落,云冷东山妓寂寥。遥忆当年行乐地,五陵年少马蹄骄。

百尺崇基碧藓封,几回登眺觅仙踪。杏桃艳冶东风里,杨柳参差晚照中。
万里云山天咫尺,几家茅屋树西东。奕①台旧事成陈迹,漫赋新诗意莫穷。

待渡河边日欲晡,斜阳山色景模糊。前村牧笛萧萧起,隔浦渔灯点点孤。
拍岸水声如石裂,照人月色似银铺。乘闲借得丹青笔,写入霜绡作画图。

城上乌啼正夕阳,忽闻渔唱起沧浪。音随流水烟波阔,韵入高风夜月凉。
几度咿哑来远浦,一声欸乃过垂杨。堪嗟碌碌红尘客,谁识其中野趣长。

烟波潋滟月婵娟,清逼令人倚杖看。水底潜蛟鳞角动,林间宿鸟羽毛寒。
光凝碧落三千界,影傍瑶泰十二栏。今日题诗追旧迹,阴晴圆缺古犹难。

一泓新水湛漪漪,淡荡春光日正迟。草色平铺青翡翠,晴光倒漾碧琉璃。
风生渡口归舟急,沙暖滩头宿雁稀。幸遇升平无个事,挥毫一赋凤河诗。

贤宰由来映列星,一毫不染似冰清。但将惠政流膏泽,自有讴歌著颂声。
月夜花村无犬吠,雨晴荒坂有牛耕。至今父老传遗事,留得西村纪姓名。

---

① "奕"合刊本"乾隆志"误作"弈"。

(乾隆)东安县志

八景诗存二首　　　　　　　　　　　　　王照

里外狼城界一河,天光月色漾秋波。虚含潋滟鲛珠吐,静泛空明雁影过。
一座玉壶沉桂子,满轮冰镜濯姮娥。瑶台直望三千里,良夜迢迢禁尔何。
狼城秋月

西北河源入凤窝,隆冬不冻自生波。来从一脉通南苑,浪起三春毓太和。
珠液汤汤如沸鼎,温流泼泼想鸣珂。沙汀风暖寒威少,无数鸳鸿游泳多。
凤河春水

八景诗存六首　　　　　　　　　　　　邑令郑之城

严城曙色动云中,逸响春容吼晓风。声度遥峦衔月小,韵传野寺破烟浓。
催耕处处连三辅,峦阙依依出九重。乡梦迷离频欲起,醒心何必待闻钟。
谯门晓钟

奕台遗址薜花封,仙去犹存驻鹤踪。数点归鸦残垒外,一声牧笛夕阳中。
岚光掩映荒城北,暝①色参差土舍东。把酒临风天欲暮,怀人吊古思无穷。
奕台夕照

农罢归来日欲晡,津头芳草色模糊。拏舟待渡暝②烟小,挂笠投村片月孤。
积翠岩峣山列嶂,澄空潋滟水平铺。辛勤欲问田家事,拟绘流民郑侠图。
通津晚渡

---

① "瞑"字误,应作"暝"。合刊本"乾隆志"此处亦误作"瞑"。暝(míng):黄昏。
② 同上。

烟水苍茫澹夕阳,扁舟渔父咏沧浪。闲鸥互答声偏逸,汀雁征歌句自凉。
新涨棹回依岸芷,晚风网晒挂堤杨。持鱼沽酒逢樵话,世外徜徉岁月长。
葛城渔唱

荒城溪净月娟娟,秋半光华分外看。二水自流清与浊,一泓常湛暖犹寒。
烟消上下波涵镜,藻映空明树倚栏。回首帝城知不远,南枝乌鹊借非难。
狼城秋月

郭西村舍似晨星,景仰高贤辙迹清。制锦自应多惠政,栽花那得便芳声。
莺蹄处处催驱犊,日暖家家事耦耕。却爱陶潜能玩世,颓然嗜饮亦留名。
西村留犊

八景诗存四首　　　　　　冯泰运

晚色微茫日渐晡,津头烟景树模糊。归人络绎横舟小,野迹迷漫宿鸟孤。
乱舞白苹霜欲下,静涵秋霁练平铺。丹青会得无穷意,好画城南水月图。
通津晚渡

簑笠纶竿卷夕阳,悠然一曲棹沧浪。无心得句云流响,适意推篷月送凉。
歌罢系舟搴宿莽,醉来鼓枻傍垂杨。不须①桃洞寻秦叟,鸥梦忘机化日长。
葛城渔唱

秋清何处问婵娟,南郭澄潭映月看。光莹金波人濯魄,露凝鲛室夜生寒。
庾公楼上频传箪,汉骑关门正倚栏。翘首三山知在望,借飞双翰不云难。
狼城秋月

---

① "须"合刊本"乾隆志"误作"顺"。

（乾隆）东安县志

千载高贤仰景星，移官留犊矢冰清。荒村暂舍标芳躅，孔道随车纪颂声。
俎豆烟中思汉绶，犁锄雨后起春耕。于今继绪多良吏，卖剑兴歌亦有名。

西村留犊

赠刘烈妇 张希①皋妻　　　芮浩

比目不独游，贞禽不再匹。素质倘受缁，遂为世所厌。
卓哉烈妇心，矫矫强有力。十五事君子，婉娩扬淑德。
承颜奉舅姑，机杼勤纺织。相随十二年，兰阶寡弱息。
良人忽遘闵，吁天竭悃愊。谁知命不辰，剪却双飞翼。
逾月既襄事，奄奄无气色。是夕悲风号，投缳殉君侧。
义重生自轻，玉埋光不蚀。千秋烈节名，垂芳永无极。

前题　　　张培

石梁峨峨城南北，嫠女流辉立人极。心期正礼饬壶绳，奉帚承颜明女则。
斩斩嗃嗃闲有家，芬氲气拂荆棠花。玉树无枝金萱老，阶前未②长宜男草。
妾心祷嗣属媵予，夫心不慕秦罗敷。香缄箧籢同心缚，王母琼箱拆锦约。
锦约一拆琼箱空，阿谁金粉薰罗幕。夫驾青虬玉洞飞，妾求白兔银台药。
药不可得夫不来，天为凄绝风为哀。英魂珍重斑狸首，泪尽阑干血空呕。
不学甄家凤缥缈，不学吴娘乌夜晓。文箫合共彩鸾升，玉清甘被陵华恼。
伤心不惜双翠翘，委骨谁收两错刀。宛转蛾眉丝一缕，芳灵耿耿空云霄。
我吊其人人如玉，夕阳芳草浑河绿。千古慨息怀贞操，翻为斯世男儿哭。

---

① "希"合刊本"乾隆志"误作"布"。
② "未"合刊本"乾隆志"误作"禾"。

前题　　　　　　　　　　　　　　　　　　冯泰运

此生那得更团栾,花已凋零月已残。红缕有情悲紫燕,黄泉无信寄青鸾。
缥投高阁名偏重,玉碎香奁骨未寒。千载芳名标棹楔,苍松郁郁耐人看。

前题　　　　　　　　　　　　　　　　　　刘兆东

嘻吁何为者,哀彼刘姝子。百身赎夫生,一意从夫死。
夫死上有兄,妾身下无子。有兄姑不忧,无子妾何倚?
心思急走丸,微命激穷矢。凄风入素帷,严霜裂芳芷。
肝肠金石同,志节邱山拟。金石匪精纯,邱山亦倾圮。
惟有誓死心,兀突乾坤里。清声环巨马,芳名溢闾里。
卓哉闺中侠,钦风乌能已。

施烈妇　明末避乱遇寇,抱儿赴河死　　　　　　黄道吉

殉难一时明节义,维风千古振纲常。芳魂肯逐流波逝?烈骨须垂汗简香。
绣褓有儿宁不恤,清门无玷益生光。家亡国破身俱尽,精卫填波怨夕阳。

王贞妇诗　　　　　　　　　　　　　　　　刘宗奭

丝萝乔木两相附,契阔迢遥百岁期。一夜狂风撼乔木,丝萝摇落将安归?
九原何处迷泉路,膝下孤儿方学步。鸳鸯飞散墓堂云,芙蓉泣老秋江露。
儿读书母纺棉①,促织声悲机杼边。何事青天辜苦节,不令白发长高年。
月色凄凄风袅袅,夜台望子成名早。子若成名衣锦衣,墓前枯草回春姿。

---

① "儿读书母纺棉"之句疑脱一字。合刊本"乾隆志"亦脱其字。

(乾隆)东安县志

张烈妇　　　　　　　　　　　　　　　　　　刘宗奭

刘慎妻，明末寇乱，避难郊外，为贼所逼，不屈，贼以刀脔之。

仗义全躯铁石肠，人人击节叹贞良。宁拼玉碎身难辱，不愧冰操死有香。
血化青磷寒夜月，光飞紫电闪斜阳。好从汗简书遗烈，百世芳名在石梁。

赵明府纪事诗 有序　　　　　　　　　　　　　　　张墀

公讳世亮，东莱人。以世阀来尹石梁，厘剔敝政，抚字心勤。不半载，封内渐有起色，及闻流寇陷都城，痛哭流涕，留题于壁，有"千古难消亡国恨，声声杜宇月明中"之句。即日挂冠，惟羸马一乘，清风两袖而已。谨缀数绝，庶口碑东土，即当堕泪岘山云尔。

一①

比户嗷嗷仰宰官，心勤抚字②起凋残。慈良欲效彭州牧，每向哀鸿问急难。

二

清德能辞暮夜金，犹嫌五斗尚薰心。肯将赤子脂膏尽，换取天殃与子孙。

三

寇贼凭陵闯汉关，急开仓庾济民艰。当年遗泽犹如昨，清泪潸然堕岘山。

四

未酬定国安邦略，肯作开门揖盗人？一自投簪归去后，千秋墨绶拜香尘。

东安县志　卷之十七

---

① 清刻"乾隆志"此处脱序号"一"。合刊本"乾隆志"亦脱此字。为使层次清楚，此"一"为编者所加。
② "字"合刊本"乾隆志"误作"宇"。

东安县志 卷之十八 艺文志[1]

更定八景诗

双阁凌云

国朝邑令李光昭别字潜岩

双阁东西峙,文昌接斗魁。扶摇通帝座,登陟俨蓬莱。
足下风云起,窗中日月开。有基应勿坏,须觅栋梁材。

遥峰夕照

落日衔西岭,浮光倒烛天。虹收残雨后,云烂早秋前。
异景开图画,奇文丽彩笺。赏心延伫久,一鸟入苍烟。

谯门晓钟

狮纽龙衔古,年荒隐篆文。潜形出下土,振响入层云。
五夜梦初觉,千村远更闻。此心常惺惺,何处着尘氛。

灵应飞塔

灵应唐朝寺,何年塔自飞。谓言风雨夜,曾伴毒龙归。
残顶摩孤鹘,层台照落晖。苍然出林表,十里见依稀。

---

[1] "艺文志"三字原文所无,为使本节眉目清楚,编者根据志前的目录添加。

永定潮声

不信桑干水,奔流似浙潮。排空飞赤雪,触岸卷冰绡。
林木声皆应,鱼龙气不骄。星槎如有便,矫首入烟霄。

长堤秋月

似来湘浦上,落月映秋空。两水划明镜,长堤卧彩虹。
璧从蛟室剖,珠自蚌胎融。极目烟林际,南飞隐塞鸿。

北野烟林

真堪名绿野,随处得花村。术著橐驰传,人疑庾信园。
轻红酺晓露,新翠上朝暾。试共寻春去,林中好避喧。

土楼晴雪

废榭留遗址,偏宜雪后看。映空白塔古,射眼玉山寒。
茅舍融烟湿,枯枝立鸟残。尚思僵卧者,特地问袁安。

永定河恭纪　　　　　　　　　　　　前人

列圣忧劳告厥成,河流此日地中行。铸犀永镇鲸波险,奠璧能教海若平。
茅屋秋村杨柳月,牵犁春坂杏花耕。万方乐利衢谣遍,永定当年早锡名。

寻刘太尉墓　　　　　　　　　　　　前人

晋朝太尉刘越石,相传墓在楼桑村。我来安次寻旧迹,封碑华表皆无存。
想当匹碑施毒手,尔时槁葬埋荒原。更历千年陵谷变,询之父老谁能言?
离离野草藏碧血,耿耿白日扬忠魂。天荒地老肯磨灭?吊古踯躅声俱吞。

陶弘才　　　　　　　　　　前人

圣朝初定鼎,东南扫余孽。廓清在九垓,未暇诛草窃。
何意虫鼠辈,劫掠犯城堞。壮哉陶弘才,杀贼奋忠烈。
既为贼所擒,自刎血寸铁。官资别崇卑,致身即英杰。
此事垂百年,父老犹能说。敢告采风使,庶以励臣节。

大通桥　　　　　　　　　　前人

志称大通桥即宋辽互市之路,北通长庆宫,南接信安寨,跨浑河南界。
鱼鳞雁翅跨浑河,互市当年此地过。长庆北来通币帛,信安南去集兵戈。
于今古殿云山在,自昔空屯黍稷多。万里乾坤归有道,村中时听叱牛歌。

苑烈妇　　　　　　　　　　前人

烈妇苑氏者,本为小家女。凛然持大节,食贫甘所处。
姑意殊不然,遂以逢其怒。敲朴逮肌肤,詈骂出门户。
妇口不忍言,妇心良独苦。黾勉竭承颜,区区竟何补。
自维坚白身,含垢那得吐。誓死出门行,踟蹰①河之浒。
针缕纫衣裈,绦带缠胸脯。从容明志节,毕命在清渚。
八日始殓藏,时正逢溽暑。颜色宛如生,髻鬟亦楚楚。
是惟贞气完,精灵难朽腐。远近骇听闻,观者如列堵。
谁与白其事,司马王者辅。

---

① "蹰"合刊本"乾隆志"误作"蹦"。踟蹰:徘徊不前。

陶弘才　　　　　　　吴曰刚

从来忠义士,秉心常皎洁。陶君少孤贫,坎轲多错节。
读书鄙章句,奉母尽欢悦。初出尉东安,牛刀下班列。
不以官职卑,抚字心常切。无端负弩来,贼氛弥落堡。
吐雾作蚩尤,猖狂逼城堞。义勇激群黎,提戈斩妖孽。
贼众尽披靡,君力曾无竭。单骑入重垓,堕术遭蹉跌。
杀贼侍中心,骂贼常山舌。履尾触虎威,一身惨车裂。
头颅贼可悬,肝肠贼可掣。一片忠义心,千古不磨灭。
至今东安民,岁时樽俎设。感激语陶公,涕泗声哽咽。
敬告太史氏,编简勿遗缺。歌成悲风来,霜天正凛烈。

咏刘太尉琨　　　　周日藻旭之

太尉镇三州,屯兵征北城。时与段匹䃅,敦槃结同盟。
奈何口血干,背义杀忠贞。楼桑冢安在?壮士为不平。
横槊歌出塞,河北气纵横。

寻刘琨墓　　　　　　周琰青瑶

志切中原气慨慷,惨遭匹䃅自相伤。羽毛既剪飞难起,祸败相仍势莫当。
千古有谁题恨血,一抔无处问楼桑。文山自是真知已①,不道重寻迹已荒。

八景诗　　　　　　　　前人

东璧耀文昌,北极悬斗柄。我欲凌太虚,云气下相迎。双阁凌云

---

① "已"字误,应作"己"。合刊本"乾隆志"此处亦误作"已"。

西山①忽在眼,夕照生云霞。朗然开天阙,现出金根车。遥峰夕照

蒲牢本②灵物,不击能自语。唤醒世间人,声声报天曙。谯门晓钟

莲花拥空中,日月相摩弄。有时风雨来,夭矫若飞动。灵应飞塔

黯惨天地色,潮来风怒号。安得从龙伯,平地无波涛。永定潮声

长堤踏秋月,千顷堆琉璃。相逢赠珠人,翱遊作水嬉。长堤秋月

风花各异色,烟林同一碧。持语踏春人,何必寻南陌。北野烟林

积雪映朝晖,土楼屹然起。鸟啄荒坂间,人闭茅茨里。土楼晴雪

二士楼 前人

楼为杨存勖、周伯苾读书处。二人者,盖宋之遗民也。居常慷慨,有志中原,及元集大统,遂逃去不知所终。今其楼已毁,相传在行市南。

江山如旧几迁流,异代犹传二士楼。仅有悲歌摅草野,恨无奇策奠神州。
逃名肯食西山蕨,蹈义甘从东海游。片土不磨遗址在,居然碣石累千秋。

狼城怀古 前人

莫问烟云十六州,宋辽于此割鸿沟。全凭一水为天堑,散列千屯起戍楼。
血镞沉枪荒垒在,芦烟汀月古城秋。今逢一统河山固,四野桑麻遍绿畴。

题安次县呈李明府 前人

汉代初名安次古,唐时旧治石梁存。春潮似雪东沽港,秋稼如云北隐村。

---

① "山"合刊本"乾隆志"误作"由"。
② "本"合刊本"乾隆志"误作"水"。

(乾隆)东安县志

邑有贤明勤抚字,吏无呼斥扰鸡豚。衣冠简朴民风厚,耕凿难忘帝力恩。

望西山　　　　　　　　　　　　　　　　　　　前人

西山如障复如屏,遥望空中一抹青。绝壑应知人罕到,幽岩似觉梦曾经。
云霞秀色开图画,紫翠岚光入杳冥。想见高僧清梵后,桫椤花落满空庭。

秋怀引　　　　　　　　　　　　　　　　　　　前人

苦瓜垂宝引蔓长,草根蒺藜闻啼螿①。墙头风吹野枣香,芦汀飒飒迎秋凉。
鸿雁一声东南翔,感时怵惕思故乡。

浑河行　　　　　　　　　　　　　　　　　　　前人

安次地卑其土瘠,古城历代多迁易。浑河滚滚驾秋涛,崩沙颓岸相激射。
每逢淫潦助侈张,淹损田禾坏屋宅。明当万历罹此灾,城板不没才数尺。
居民半从树杪②栖,晨炊断绝林烟碧。我朝轸念饥溺心,历圣忧劳此中积。
束楗③负菱④筑堤防,疏凿决排分地脉。委输入淀注之海,监河使者时络绎。
是河迁徙故不常,精卫填波衔木石。数年以来幸不灾,蛟龙偃卧如蜥蜴。
高原下隰皆耕种,秋有黍稌⑤夏有麦。生成共仰帝力恩,惠养亦在贤侯责。
但愿年年庆履丰,河海安澜遵禹迹。

张庆臻　　　　　　　　　　　　　　　　　　李凌原卫郊

庆臻,彭城伯骐之后,世袭惠安伯。甲申之变,散财亲党,阖宅燔死。今东安犹

---

① 螿(jiāng):寒螿,即寒蝉,蝉的一种,比较小,墨色,有黄绿色的斑点。秋天出来鸣叫。
② 杪(miǎo):树枝的细梢。
③ 楗(jiàn):堵塞决水口所下的竹木草石。
④ "菱"合刊本"乾隆志"误作"菱"。
⑤ 稌(shǔ):稻子,特质糯稻。

传惠安伯庄田即采地也。

与国同休三百年,国亡何忍独生全?倾资脱手酬亲党,阖宅捐躯付烈烟。
伪命投诚真可耻,非刑榜掠竟谁怜?惠安忠烈千秋在,东邑尤传食采田。

吊苑烈妇　　　　　　　　前人

屈辱三年志不更,苑家有女独怀贞。试看一带浑河水,从此波涛彻底清。

其二

衣裾缝处泪痕并,义重方知一死轻。烈日炎燸难速朽,冰心铁骨有余清。

吊文丞相踵谢翱韵　　　　　　　　前人

艰危扶幼主,仗义起江村。但许身酬国,安知祸灭门。
青天还浩气,白日耿忠魂。柴市临刑地,千秋碧血存。

南苑踵李东阳韵　　　　　　　　前人

南苑前朝拓地开,霜风杀草落枯槐。乘时秋狝鸾旗出,候晓长杨羽猎来。
林际射熊因筑馆,云中落雁亦名台。独骑款假无聊客,羡煞杨雄作赋才。

桑干水　　　杭必成艮甫

莫讶桑干水,河流半是泥。试看澄澈处,犹似在山时。

长沟即景　　　　　　　　前人

百折清渠委宛通,山村晴雨不妨农。千畦绿遍稻花露,六月香多莲叶风。
地力已饶吴俗美,秋成先兆太和丰。唐太和戊申年大有诏百官出郊观稼
何缘沃土更多寿,泉脉菖蒲碧满丛。

(乾隆)东安县志

水村 前人

压脊黄茅屋,平桥白藕畦。数家村带阔,几树柳垂堤。
收钓银鳞泼,登场香稻齐。茭①塘凫雁熟,唼②叶动玻璃。

河干秋晚 前人

桑干水落遍黄沙,衰柳长堤有暮鸦。苜蓿草间蝴蝶出,绕丛犹自觅秋花。

桑干行馆新亭落成呈侯③观察 前人

新亭临水回清幽,不待禽鱼花水稠。两岸绿杨疑苑树,一条红浪泻芦沟。
雨来帘槛江云入,日出林塘海雾收。每卜阴晴凭眺望,不因濠濮暂勾留。

病中依韵答方竹书 前人

睡起支颐坐,心闲一事无。病添药债夥,贫觉宦情枯。
良友诗频寄,斯文道不孤。漫云成潦倒,流浪胜江湖。

悼方竹书 前人

王程西驶复东驰,寄我凄凉客邸诗。道义论交贫耐久,别离期暂会无时。
子虚谁荐长卿④赋,鹏鸟空传贾傅悲。堪叹板舆将母至,翻因薄宦负乌私。

---

① "茭"合刊本"乾隆志"误作"菱"。
② 唼(shà):形容鱼、鸟吃东西的声音。
③ "侯"合刊本"乾隆志"误作"候"。
④ "卿"合刊本"乾隆志"误作"郎"。

送邑令徐公署满赴省 徐公讳世彬　　　　　　　　　黄钺

谁似江西夫子贤,居官德政不胜镌。三称自昔闻蒲邑,四长于今继颍川。
草满讼庭驯野鹤,风清画阁听鸣弦。他时惠爱重相忆,几树棠花大道旁。

前题　　　　　　　田见麟

雷封百里内,处处遍循声。听讼堂悬镜,栽花春满城。
十奇曾致咏,四长兢齐名。一旦驱车别,攀号道路情。

前题　　　　　　　沙景行

莅政未经年,循声已遍①传。德风嘘草野,甘雨润桑田。
棠荫垂遗②爱,图形拟昔贤。临岐争卧辙,无计可留鞭。

前题　　　　　　　黄陆

文章政绩两堪传,茂宰风流本是仙。门馆垂帘当昼永,村墟无犬警宵眠。
不贪自喻任棠水,克爱人思召伯贤。其奈驱车留不得,何时竹马再迎前。

吊苑烈妇　　　　　　　李大年

南山有鸟北山罗,鸟自高飞罗奈何。
三载贞心坚白璧苑适孟三年而身殉,一朝清节著浑河。
渐台守死名偏重,桑下辞金义孰多。比似古人真不愧,千秋坊表郁嵯峨。

---

① "遍"合刊本"乾隆志"误作"偏"。
② "遗"合刊本"乾隆志"误作"遭"。

八景之四　　　　　　　　　　　　　俞明菘 季青

唅呟镗鞳不寻常，神物安能地下藏。响出林端烟冥冥，韵流云外曙苍苍。
高楼思妇惊残梦，野店羁人促晓装。振醒世间聋聩者，一时万象尽光昌。
谯门晓钟

灵应唐朝旧梵宫，半株残塔势龙炊。青莲瓣落承宵露，绿笋梢长折晓风。
顶集巢禽常旦暮，地浮沧海只虚空。中央坐镇扶鳌极，佛法方知有大通。
灵应飞塔

北郊烟景正阳春，处处风光映四邻。接叶芳条承翠幄，落花细草藉文茵。
黄鹂巧啭能留客，紫燕低飞不避人。试负锦囊寻丽句，暂沽村酒驻行轮。
北野烟林

平原旷望少林邱，积雪初晴映土楼。峻比银台称皎洁，险非玉垒可寻游。
高人未必无袁卧，逸兴何防有戴舟。惭愧梁园叨授简，邹枚词赋恐难酬。
土楼晴雪

双阁凌云　　　　　　　　　　　　　高其伟 伟人

双阁登临近日边，西山飞翠落檐前。纵观天地无穷际，拔足红尘便是仙。

遥峰西照

西岭参差落照开，残虹欲敛晚霞催。依稀江令怀中锦，割取天边数尺来。

谯门晓钟

几杵钟声梦里闻，戛然清响入层云。千门欲启星河落，舜跸几希自此分。

灵应飞塔

花砖剥落藓苔封,日射浮图倒影重。闻说夜来风雨作,七层莲顶攫蛟龙。

永定潮声

浑河滚滚泻红潮,触岸崩沙势动摇。夏后昔年乘四载,安澜重奏圣明朝。

长堤秋月

长堤杨柳月中疏,蟾影秋光动碧虚。试棹小舟吹铁笛,夜深清兴更何如?

北野烟林

芳林密幄晓烟霏,处处花香欲染衣。篱落数家鸡犬静,桃源风景半依稀。

土楼晴雪

野田日出噪群鸦,细路冲泥小犊车。一带寒林晴景好,霏微残雪似梅花。

八景之四　　　　　　　　荣体仁统四

凌虚双阁峙茏葱,壮丽无方体势雄。画栋参差笼晓日,雕梁绵亘落晴虹。西山岚翠遥相接,北阙风云气自通。蹢步丹梯凭绝顶,纵观千里兴何穷?

双阁凌云

落日初沉暮色浮,西山霞绮照城头。层空闪烁旌旗立,异态狰狞虎豹游。仿佛麏兵临赤壁,依稀蜃气结红楼。诗情对此应无限,万叠光铓笔底收。

遥峰夕照

才经石景下芦沟,滚滚波涛不断流。气撼林皋飞赤雪,势兼沙石走黄牛。
拟同扬子三春候,比似钱塘八月秋。但使蛟龙能偃卧,漫劳明主费深忧。
永定潮声

长堤蜿蜒月轮孤,秋景宵涵似五湖。龙穴光生沉片玉,鲛宫泪滴落双珠。
萧萧野岸疏杨柳,飒飒寒汀响荻芦。比似令君清节迥①,分明濯魄在冰壶。
长堤秋月

八景之四 李友竹

万籁声沉际,晨钟忽动时。千家门未启,一梦醒来迟。
伴月落苍冥,催鸦报曙曦。昔年沦地下,灵异有谁知。樵门晓钟

浑河疏派远,滚滚起波涛。卷土红泉裂,掀天雪岭高。
势能穿贝阙,怒欲撼金鳌。何必钱塘险,惊湍一样号。永定潮声

弥望尽平野,林皋秀色通。风吹烟柳碧,晴湿露花红。
接叶藏蛮羽,清阴驻玉骢。人家互掩映,篱落半西东。北野烟林

积雪初晴后,寒光映土楼。蹇驴寻古道,饥鸟啄荒畴。
历落茅茨出,槎枒老树幽。年丰先有兆,幸免窭②人忧。土楼晴雪

二士楼 俞明菘

南宋江山半壁休,平生志业竟无由。也知炼石天难补,强欲挥戈日再留。
明月清风高士里,颓垣蔓草读书楼。兴亡转眼俱陈迹,怀古无端起百忧。

---

① 迥:形容相差很远。
② 窭(jù):贫寒。

吊苑烈妇　　　　　　　高其伟

自矢无瑕玉,甘从一命倾。志坚石不转,浪浊体逾清。
事异乐羊妇,哀同焦仲卿。漫言死速朽,烈烈貌如生。

飞虹桥怀古　　　　　　荣体仁

长桥天外驾飞虹,极目三川指掌中。慷慨雄心灰一旦,将军大树起悲风。

吊苑烈妇二绝　　　　　　前人

自抱贞心洁似霜,那能曲意徇姑嫜。凭将一带桑干水,抵作捐生玉女塘。

楚楚衣裳密密缝,污泥不染玉芙蓉。岂知死后蒙恩奖,翻白当年隐忍胸。

苑烈妇　　　　　　　　杭必成

珠玉沉渊光不灭,椒兰被焚芳不歇。苑家有女秉幽贞,能与古人争奇烈。
十七结发为夫妻,贫贱糟糠心亦怡。蛾眉曼睩不自炫,高堂日夕承欢愉。
阿姑藉妇居奇货,移家故傍大堤住。杨柳青旗新刍篘①酾,邀欢遣②作当垆妇。
行郎贾客车相牵,姹女何曾工数钱。闭门自勤织纴业,陌上徒回骢马鞭。
春风桃李花开落,生性不寻花里乐。姑意拂然日见凌,那许深闺守帏薄。
深闺惨淡暗伤情,此身皎皎常分明。愿托微波竟谁诉?捐生直比鸿毛轻。
君不见昔时海烈妇,纫衣忍向江涛赴。羞逐行云巫峡阳,甘心汨没桑干渡。
六月狂澜暑雨俱,何人举网出贞姝。沉埋③八日菰芦里,犹抱如琼颜色殊。

---

① "篘"合刊本"乾隆志"误作"蒭"。篘(chōu):一种竹制的滤酒的器具。
② "遣"合刊本"乾隆志"误作"遗"。
③ "埋"合刊本"乾隆志"误作"理"。

（乾隆）东安县志

吾闻匹妇强死为淫厉①，况乃精诚动天地。入告九阍冤魄伸，书名彤管垂禋祀。我来寻渡狼城浒，为吊贞姝沉玉处。读罢邯郸绝妙辞，石若有凭石能语。

八景诗 　　　　　　　　　　　　　　　杨诏采臣

翚飞画栋出云端，对峙巍峨眼界宽。仰探九霄生羽翼，洞开八面见峰峦。文昌高挹台符贵，魁斗横连气色寒。遥想龙楼凝瑞霭，举头咫尺是长安。

双阁凌云

遥从百里见西山，林壑参差杳霭间。一带残虹微雨霁，数村斜景晚霞殷。锦章绣叚②谁经剪，玉洞仙坛自可攀。仿佛赤城标万丈，天开奇景落人寰。

遥峰夕照

神物何甘腐朽终，由来实大自声洪。虽无龙气冲天上，已作鲸音吼地中。淡淡霜华和晓角，离离月影度长空。一声醒彻千家梦，木铎还应愧尔功。

谯门晓钟

荒庄古刹枕平芜，残塔依稀露半株。见说焚身藏舍利，却因摩顶学浮屠。乖龙夜挟雷霆斗，宝③殿寒依日月扶。灵应寺如灵鹫寺，飞来飞去两模糊。

灵应飞塔

来何汹涌去无端，卷土崩沙走急湍。数尺惊涛翻地轴，一时飞雪度桑干。声号林木沉清昼，势挟蛟龙作壮观。保障全凭贤令尹，功垂柱石砥狂澜。

永定潮声

―――――――――

① 淫厉：祸害，灾害。
② "叚"字误，当作"叚"。合刊本"乾隆志"此处不误。
③ 合刊本"乾隆志"中"斗"与"宝"两字顺序颠倒。

月丽秋空宝镜悬,长堤疑是玉蜿蜒。一条斜界东西岸,二水中分上下天。
蟾兔光寒浮练影,蛟龙穴静抱珠眠。数株杨柳萧疏甚,半带栖鸦半带烟。
长堤秋月

北去郊园望欲迷,茂林芳树绕疏篱。烟霏弱柳随风舞,日照繁花带露滋。
睍睆鸟音时下上,翩翩蝶影对参差。寻春日暮忘归去,路转村回又一奇。
北野烟林

城东古阜宋时台,雪后登临亦壮哉。寒色嵯峨冰柱立,日华照耀玉山颓。
何人策蹇①冲泥去,无数飞鸦压树来。好倩营邱工画手,鹅溪一幅正新裁。
土楼晴雪

苑烈妇　　　　　　　　　　　　　　王业缉

三年忍泪独吞声,就义幡然一命倾。素质何曾污浊浪,香魂原自结芳蘅。
不同精卫空含怨,却与渐台共埒名。汀月渚云千古在,碑题黄绢忆平生。
堤上有李明府题碑

八景诗存四　　　　　　　　　　　杨议政臣

落日沉西岭,余霞散夕辉。千林相映发,孤鹜与齐飞。
艳夺天孙锦,晴披玉女衣。须臾成变幻,苍狗转依稀。遥峰夕照

凫钟初待扣,振响出谯楼。气得秋霜迥,声随晓月流。
居高能警众,触物必宣幽。一邑传将遍,苍凉曙色浮。谯门晓钟

---

① 策蹇:骑乘着瘸驴。旧时常用以形容生活困窘。蹇(jiǎn):跛足的驴子或驽马。

（乾隆）东安县志

自古河为患，谁能奠浊流。势疑翻溟渤，怒欲撼林邱。
凫鹥随飘泊①，蛟龙纵远游。依稀曲江岸，八月广陵秋。永定潮声

水势分龙尾，堤形似偃虹。一轮秋月迥，万里海天空。
匣镜菱初吐，珠胎蚌始融。翱游清兴洽，倚棹荻芦中。长堤秋月

园中　　　　　　　　　　　　　　　杨冲斗澹园

白板双扉镇日闲，园丁出入一开关。蒹葭淅沥疑藏水，城堞②倾颓可学山。
得句未安吟树下，挥毫略倦卧亭间。忘机野鸟都相熟，任意飞鸣自往还。

秋日至北隐村　　　　　　　　　　　前人

荒村名北隐，端合老农居。矮屋偏藏树，秋园亦有蔬。
迥离城市远，不觉世情疏。他日移家住，潜夫好著书。

芦园即事　　　　　　　　　　　　　前人

散尽浮云霁色开，芦园四望亦佳哉。日因寒露将南至，雁为秋风已北来。
禾穗盈场珠粒粒，荞花满野雪皑皑。呼童去打篱间枣，莫禁邻家妇与孩。

雨后园中散步　　　　　　　　　　　前人

霁色收残雨，园中倚杖行。霜前菘有味，秋后树多声。
驱犊耕闲地，呼禽下野城。最怜黄菊好，相傍草亭生。

---

① "泊"合刊本"乾隆志"误作"洎"。
② "堞"合刊本"乾隆志"误作"蝶"。堞：城上如齿状的矮墙。

六月六日作　　　　　　　　　　　　　　　　　　　前人

六月六日何其热，汗流挥扇未尝歇。晨兴曳杖阅田畴，午睡支颐亲枕席。檐浅忽睹夏云奇，庭虚更留村月白。云月无心共往来，不嫌老夫茅屋窄。

自题　　　　　　　　　　　　　　　　　　　　　　前人

二十余年罢据鞍，退居村舍日衰残。挽强心在身无力，好饮喉存量不宽。东粤西秦成梦幻，春耕秋获报平安。哦诗草阁毡帘下，盆火相亲耐岁寒。

春晴村外闲步　　　　　　　　　　　　　　　　　　前人

日暖泥融冻雪晴，一经弹指又春耕。柳梢初变轻黄色，莺舌新调细碎声。路熟村西扶杖去，眼空林外逐云行。烟霞久恋真成癖，开岁何曾入县城。

哭方竹书有序　　　　　　　　　　　　　　　　　　李光昭

余与竹书先后从事北河，竹书以乙卯秋任三角淀武清丞，余以甲辰①夏署东安簿。同驻一村，僦居萧寺者三年。意气甚得，相见恨晚。公事之暇，辄相过从，贳酒剧谈，每至夜分。或贫不举爨，倾瓶盎中斗粟互相赡给，豁如也。竹书天才纵②逸，凡文牒、笺奏、诗赋、词曲，下笔千言，不加涂点，而清新俊逸，追踪庾鲍。当事皆奇其才。特其性情兀傲，不合于时，以故虽名噪畿南，终偃蹇一丞而已。尝乞假将③母，不遂所请。至戊午冬，始迎养太夫人于雍阳。讵料己未三月而竹书遽赴，修文穷宦萧然，几无以殓，遑问归计哉！余在静海工次，闻讣惊悼。抚今追昔，哭之以诗，语皆真实，不计工拙④也。

---

① 合刊本"乾隆志"此处加注："按，甲应作丙。"
② "纵"合刊本"乾隆志"误作"蹤"（今简写作"踪"）。纵逸：恣纵放荡。
③ 将：供养，奉养。
④ "拙"合刊本"乾隆志"误作"掘"。

未得扶摇奋羽翰,七年憔悴老桑干。宦情淡似陶元亮,诗思清于陆务观。
是处何妨埋崛强,异方谁肯念孤寒。高堂垂白桐江远,廉吏焉知身后难。

河上逍遥似水仙,云房习静数逃禅。三秋凄雨残堤铺,五夜飘风野淀船。
感遇讵能忘旧恨,论文谁与采遗编？伤心最是黄鹂调,唱罢灯前一黯然。
竹书初任武清丞,作黄鹂调札寄夫人,叙述生平踪迹略备。尝以示余,犹能诵之。

河干即事次徐阁部韵　　桐城方策竹书

旌节夸行健,桑干路向西。岸高丛树矮,山远冻云低。
晓趁曦车发,昏投蔀屋栖。追随愧迟钝,蹇步逐霜蹄。
漫说河无定,河流来自西。拥沙增地厚,吹浪觉天低。
泛滥劳宸虑,修防惯野栖。何年歌底绩,古道息轮蹄。

题野淀工次　　前人

何地容人昼掩关,劳生无分学偷闲。难禁赤日思芳树,欲附青云望远山。
雨过荒塍泥滑滑,潮来野渡水潺潺。逍遥河上谁知己,晓暮骑驴独往还。

雪后索居少逸以诗寄示依韵赋此　　前人

到处闲情问酒杯,高歌声醉白云隈。恰从河北传新纸,似向江南寄早梅。
落月空梁频入梦,远山残雪尚成堆。闭门久学袁安卧,乘兴何时踏冻来。

即事二首用前韵　　前人

冷落谁能劝一杯,临河居寂似山隈。门前烟冻王孙草,壁上春生处士梅。
时友人寄画梅一幅。人散古墟沙碛满,官闲残牍暗尘堆。长堤何事喧车骑,探
首疏篱看往来。

斋钟法鼓伴衔杯,静掩松关碧涧隈。名是监河难供水荒村不解酱井,冬日

水涸,竟无汲处。位非节度亦还梅。关山缥缈云千叠,庭户萧寒雪几堆。扫径但邀明月共,足音空谷望谁来。

少逸以手书垂问赋此奉答　　　前人

先生抱奇姿,修髯面如玉。天地同浩然,气象迈流俗。
鸾凤应高骞,暂为枳棘屈。羞我驽钝才,皓首恋微禄。
河上有垂杨,三年共栖宿。避弹忽惊飞,鸣莺出幽谷。
别绪纷且长,前欢难再续。诓意故人情,于我倍肫笃。
高轩复惠顾,留宾只脱粟。居食两怀惭,无竹兼无肉。
村酒沽茅柴,薄醉还抵足。风雨一灯青,恬然喜睡熟。
身世安足论,梦残话心曲。丈夫志寰瀛,岂被凡物役。
进退各因时,藩篱嗤羝触。晨星映片帆,归棹何迅速。
自怜萧寺中,月明空古屋。蛙吹杂蚊雷,喧填乱耳目。
清音未可期,欣见方回仆。津门来朵云,殷勤盥手读。
读罢自长吟,暮天江树绿。

竹书莅雍阳七载,著作甚富,吴迥楼修《武清志》,时竹书已作古人,一切遗稿嗣君挟以南归,故《艺文》中未暇采及,亦缺典也。余检书麓,得《河干杂作》数首,然非生平得意之笔,录之以存片羽。竹书虽武清丞,而所司河务实辖东安者也。

奉令复之永定河,赠局长张师晦

恽源浚哲长

桑干复祗役,宣力互鞅掌。凉飔激素秋,凄景迫幽赏。
风涛陵谷移,伊人逝惚恍。空践题柱踪,徒存伏轼想。
俗情肆流瞩,澄怀渺孤往。行迈謦咨诹,劳歌发尘块。
同心遂所托,即事交推奖。识达寡岐趋,鉴精靡一爽。
岁序久奄忽,志意频消长。谁终薄世荣,寻直尺羞枉。

易水　　　　　　　　前人

易水流如昨，荆卿唤不应。犹闻声变徵，怅望泣沾膺。
壮发三千丈，秦关百二层。揕胸虽失计，赫矣懦夫兴。

圣泉　　　　　　　　前人

圣水清堪掬，原泉细莫穷。借他新活泼，浣我旧明聪。
白石涵孤鳖，青苔湿暗丛。贪廉都未省，沾溉若为功。

泛舟　　　　　　　　前人

岂是沧浪渔父游，津桥终日泛轻舟。匏瓜再系才空老，瓠子重歌兴忽秋。
水叶蜻蜓移进进，烟芜鶄鹢去浮浮。生涯合①笑还拘束，物理相看不滞留。

河上　　　　　　　　前人

日暖催蜩激，风斜入燕低。阴阴云叶度，汹汹浪花迷。
细草吟秋藉，轻舠②把钓携。名将禄共隐，心实醉如泥。

吊苑烈妇　　　　蔡必达学川

蓬生在麻中，曲以直为受。麻苟在蓬中，直者不可久。
所以参天松，名山自相守。伤彼苑氏姝，乃为村家妇。
遇人何不淑，澳涩难出口。皎皎金石姿，安能蒙其垢。
毅然赴清流，一死义不苟。卓哉烈女操，悬之共星斗。

---

① "合"合刊本"乾隆志"误作"含"。
② "舠"合刊本"乾隆志"误作"舫"。舠（dāo）：小船。

赋

东安风土赋
周琰

粤若轩辕之古都兮，始安墟而合符。导九河于碣石兮，奠幽冀而宅居。迄召公之分陕①兮，创燕国之雄图。秦瓜分而郡县兮，楚灭秦而私王夫臧荼，汉令绾以灭燕兮，有庐屯之故墟。萧王②略地于河北兮，屡乘胜于安次。邑由汉其得名兮，实渤海之所治。司马迎曹奂而践祚兮，传常道之旧趾。晋与石勒而为仇兮，刘段同盟而雪耻。登虹桥而慷慨兮，眺三川之逶迤。将枕戈以歼寇兮，讵猜嫌之中起。叹忠诚之莫知兮，竟一旦而横死③。寻征北之旧城兮，问楼桑④于蒿里⑤。北魏隋其无称兮，唐构逆于范阳。挟燕犀⑥与胡马兮，逞安史之强梁。辽灭后唐而有其地兮，陷燕云于北荒。宋辽争持于南北兮，割白沟而为疆。戍屯守于狼葛兮，恃河水之泱泱。金灭辽而元代兮，执文山⑦而宋亡。题恨词于旅壁兮，吊越石⑧之冢荒。有杨周⑨之二氏兮，亦慨叹而遁藏。遗故楼于兹土兮，徒见颓垣蔓草而彷徨。历明代而永清兮，仰道德于今皇。赫畿南之巨邑兮，邻长杨与五柞。翠华翩其莅止兮，睹千乘万骑之相错。拂罕竿于云日兮，张平沙之帘幕。诏吏而亲咨其疾苦兮，匪玩游以为乐。繄是邑之潟卤兮，有戚畹侯家之汤沐。富千亩之绵衍兮，画沟塍之重复。地坦漫而无山兮，水沉潆而多渎。龙骧首其尾伸兮，凤宛颈而翼伏。桑干发

---

① 分陕：今河南省陕县。相传周公、召公分陕而治。后谓封建王朝官僚出任地方官为"分陕"。
② 萧王：指汉光武帝刘秀。
③ 横死：指遭遇意外而灭亡，一般形容死得很突然、很快、很不甘心。
④ 楼桑：汉末刘备故里名，在今河北省涿州。
⑤ 蒿里：本为山名，相传在泰山之南，为死者葬所。因以泛指墓地，阴间。
⑥ 犀：泛指坚固的铠甲。这里指披甲的步兵。
⑦ 文山：文天祥自号文山。
⑧ 越石：指晋代名臣刘琨。
⑨ 杨周：指杨存勖、周伯莕。旧志载其二人常慷慨有志中原，元集大统，逃去不知所终。

源于云中兮,下石径而气粗。色浑浊其不清兮,挟沙石以奔趋。喷红潮于南浦兮,飞赤雪于东沽。倘泛滥其四溢兮,虑吾民之为鱼。搴长茭①而塞瓠子兮,殚列圣以勤劬。肇锡名以永定兮,获穰穰之黍稌。戴尧禹之渥泽兮,莫不耕田凿井,相与抃舞乎康衢。俗悲歌而慷慨兮,性质直而慕义。农愿朴而无华兮,士精勤而自励。溯贞臣与列女兮,想流风之所被。扈得君以词赋兮,吕持重而负大臣之器。继本师表于北方兮,宏纲陷阵而身毙。刘直谏以罢官兮,李蹇谔而不避。或杀身以御暴兮,或沉水以旌志。或矢节于冰雪兮,阅艰难死生之一致。固难得而具陈兮,聊拔尤以表异。览名胜于此都兮,缀八景②而标题。考畴曩之遗迹兮,半荒忽而无稽。苟遇赏而心写③兮,何必瑶岛之与蓬池。访叶县之仙令④兮,属平生之旧知。聆弦歌之德化兮,息余驾于轩墀。偶援笔而作赋兮,庶采风之不遗。

谯门晓钟赋　　　　　　李浚原

有饁⑤耕于陇上,闻铮铉于地中。讶音声之特异,具畚锸以相攻。掘数尺而即得,乃万石之华钟。龙文狮纽,薜蚀泥封。涤而视之,形制精工。实大安⑥之所造,迄前明而发蒙。于是阖境喧传,贡之邑令。设虡⑦业以高悬,体宏中而肆应。初疑狮吼,又若鲸铿。悠然以远,戛然以清。圆而不杀,散而不凝。韵和莲漏,响答鸡声。破袅袅之暝⑧烟,透落落之疏星。跙心伏而未动,庄蝶梦而初惊。催景阳之晨鬟,促羁客之晓征。每因风而送远,亦应霜而自

---

① "茭"合刊本"乾隆志"误作"菱"。长茭:竹或苇制成的索。
② "景"合刊本"乾隆志"误作"影"。
③ 心写:抒发内心感情。
④ 仙令:县令之美称。
⑤ 饁(yè):给耕作者送食。
⑥ 大安:即太安。"大"古通"太"。太安为辽道宗耶律洪基的年号。
⑦ 虡(jù):古代挂钟磬的架子上的立柱。
⑧ "暝"字误,应作"暝"。合刊本"乾隆志"此处亦误作"瞑"。

鸣。彼夫寒山寺前愁眠相对,木兰院里饭后初听。或沦流波于沧海,或卧晚景于荒庭。而是钟也,独悬于丽谯之侧,厅廨之旁。发五夜之深省,讵偃息以在床。虚而待扣,应以无方。清而不浊,入于辽苍。不疾不徐,乍悠乍扬。爱民者祛其噍杀,忧民者触其感伤。以之治奸,可以烛堂下之群盗;以之辨怪,可以识汉宫之未央。倘推是心于为政,何妨以牛而易羊。至于洪而不纤,仁之施也;利而能和,义之宜也;抗而如坠,礼之卑也;廉而有辨,智之差也;往而必复,信之基也。具此五德,安能淹郁①而不试? 故曰宣以发其奇。

东安县志　卷之十八

---

① 淹郁:蓄积。

东安县志 卷之十九 艺文志①奏疏

授大将军加散骑常侍谢恩表　　　晋刘琨

陛下略臣大愆,录臣小善,猥蒙天恩,光授殊宠,显以蝉冕之荣,崇以上将之位。伏省诏书,五情飞越。

臣闻晋文以郤縠为元师②而定霸功,高祖以韩信为大将而成王业。咸有敦诗阅礼之德,戎昭果毅之威,故能振丰功于荆南,拓洪基于河北。况臣凡陋,拟踪前哲,俯惧折鼎,虑在覆𫗧③。昔曹沫④三北而收功于柯盟;冯异垂翅而奋翼于渑池,皆能因败为成,以功补过。陛下宥过之恩已隆,而臣自新之善不立。臣虽不逮,预闻前训,恭让之节,臣犹庶几。所以冒承宠命者,实欲没身报国,辄死自效,要以致命疆场,尽其臣节。至于宠荣之施,非言辞所谢。又谒者史兰、殿中中郎王春等继至,奉诏,臣俯寻圣旨,伏纸饮泪。

臣闻夷险流行,古今代有。灵厌皇德,曾未悔祸。蚁狄纵毒于神州,夷裔肆虐于上国。七庙阙禋祀之飨,百官丧彝伦之序。梓宫沦辱,山陵未兆。率土永慕,思同考妣。陛下龙姿日茂,睿质弥光。升区宇于既颓,崇社稷于已替。四海之内,肇有上下。九服之氓,复睹典制。伏惟陛下蒙尘于外,越在秦郊,蒸尝之敬在心,桑梓之思未克。臣备位历年,才质驽下。丘山之衅已彰,毫厘之效未著。顷以时宜,权假号位⑤。竟无殪戎之绩,而有负乘之累。当

---

① "艺文志"三字原文所无,编者为使结构清楚所加。
② 《晋书·刘琨传》作"帅"。
③ 覆𫗧(sù):典出《周易》卷五《鼎卦》,谓倾覆鼎中的珍馔,后喻力不胜任而败事。
④ "沫"合刊本"乾隆志"误作"沫"。
⑤ 《晋书·刘琨传》作"位号"。

肆刑书，以明黜陟。是以臣前表上闻，敢缘愚款。乞奉先朝之班，苟存偏师之职。赦其三败之愆，收其一功之用。得骋志戎疆①，快意大逆。虽身膏野草，无恨黄墟。陛下偏恩过隆，曲蒙擢拔。遂授上将，位兼常伯。征讨之务，得从事宜。拜命惊惶，五情战悸。惧致陨越，以为朝羞。昔申胥不徇柏②举，而成公婿之勋；伍员不从城父，而济入郢之庸。臣虽顽凶，无觊古人，期③于披坚执锐，致身寇雠。所谓天地之施，群生莫谢不胜。受恩至深，谨拜表陈闻。

为刘琨理冤疏　　　　　　　　　　晋卢谌

　　臣闻经国之体在于崇明典刑，立政之务期于固慎关塞，况方岳之臣，杀生之柄，而可不正其枉直，以杜其奸邪哉？窃见故司空、广武侯琨，在惠帝扰攘之际，值群凶④鼎沸之难，勠力皇家，义诚弥厉。躬统华夷，亲受矢石，石超授首，吕朗面缚。社稷克宁，銮舆反驾，奉迎之勋，琨实为隆，此琨效忠之一验也。其后并州刺史、东嬴公腾以晋川荒匮，移镇临漳，太原、西河尽徙三魏。琨受任并州，属承其弊。到官之日，遗户无几。当易危之势，处难济之土，鸠集伤痍，抚和戎狄。数年之间，公私渐振。会京都失守，群逆纵逸，边萌顿仆，苟怀宴安。咸以为并州之地四塞为固，且可闭关守险，蓄资养徒。琨抗辞厉声，忠亮奋发，以为天子沉辱而不陨身死节，情非所安。遂乃跋履山川，东西征讨。屠各乘虚，晋阳沮溃，琨父母罹屠戮之殃，门族受歼夷之祸。向使琨从州人之心，为自守之计，则圣朝未必加诛，而贼⑤党可以不丧。及猗卢败乱，晋人归奔，琨于平城纳其初附。将军箕澹又以为"此虽晋人，久在荒裔，难以法整，不可便用"。琨又让之，义形于色。假从澹议，偷于苟存，则宴然于并

---

① 《晋书·刘琨传》作"虏场"。

② 《晋书·刘琨传》作"伯"。

③ 《晋书·刘琨传》作"其"。

④ 《晋书·刘琨传》作"后"。群后，意为四方诸侯及九州牧伯，泛指公卿。

⑤ 《晋书·刘琨传》作"族"，据文意当作"族"，不当作"贼"。

土,必不亡身于燕蓟也。琨自以备位方岳,纲维不举,无缘虚荷大任,坐居三司,是以陛下登祚便引愆告逊,前后章表,具陈诚款。寻令从事中郎臣续澹以章绶节传奉还本朝,与匹䃅使荣邵期一时俱发。又匹䃅以琨王室大臣,惧夺己威重,忌琨之形渐彰于外。琨知其如此,虑不可久,欲遣妻息大小尽诣京城,以其家室一委陛下。有征举之会,则身充一卒。若匹䃅纵凶慝,则妻息可免。具令臣澹密宣此旨,求诏敕路次,令相迎卫。会王成从平阳逃来,说南阳王保称号陇右,士众甚盛,当移关中。匹䃅闻此,私怀顾望,留停荣邵。欲遣前兼鸿胪边邈奉使诣保,惧澹独南,言其此事,遂不许引路。丹诚赤心,卒不上达。匹䃅兄眷丧亡,嗣子幼弱,欲因奔丧夺取其国。又自以欺国陵家,怀邪乐祸,恐父母宗党不容其罪,是以卷甲囊弓,阴图作乱,欲害其从叔骍、从弟末柸等,以取其国。匹䃅亲信密告骍柸,骍柸乃遣人拒之,匹䃅仅以身免。百姓谓匹䃅已没,皆凭向琨。若琨于时有害匹䃅之情,则居然可擒,不复劳以人力。自此之后,上下并离,匹䃅遂欲尽勒夷晋,徙居上谷。琨深不然之,劝移厌次,南凭朝廷。匹䃅不能纳,反祸害父息四人,从兄二息同时并命。琨未遇害,知匹䃅必有祸心,语臣等云"受国厚恩,不能克报,虽才略不及,亦由遇此厄运。人谁不死?死生命也。惟恨下不能效节于一方,上不得归诚于陛下"。辞旨慷慨,动于左右。匹䃅既害琨,横加诬谤,言琨欲窥神器,谋图不轨。琨既无术①嚣顽凶之思,又无信布惧诛之情,踦岖乱亡之际,夹肩异类之间,而有如此之心哉!虽臧获之愚,厮养之智,犹不为之,况在国士之列,忠节先著者乎?匹䃅之害琨,称陛下密诏。琨信有罪,陛下加诛,自当肆②诸市朝,与众弃之。不令殊俗之竖戮台辅之臣,亦已明矣。然则擅诏有罪,虽小必诛;矫制有功,虽大不论。正以兴替之根咸在于此,开塞之由不可不闭故也。

---

① 此处《晋书·刘琨传》作"述"。
② 肆:古代指将人处死刑后暴尸示众。

而匹碑无所顾忌,怙乱专杀,虚假王命,虐害鼎臣,辱诸夏之望,败王室之法。是可忍也,孰不可忍!若圣朝犹加隐忍,未明大体,则不逞之人袭匹碑之迹,杀生自由,好恶任意,陛下将何以诛之哉?折冲厌难,唯存战胜之将;除暴讨乱,必须智略之臣。故古语云:"山有猛兽,藜藿为之不采。"非虚言也。自河以北,幽并以南,丑类有所顾惮者,唯琨而已。琨受害之后,群凶欣欣,莫不得意,鼓行中州,曾无纤介。此又华夷小大所以长叹者也。

伏惟陛下睿圣之隆,中兴之绪,方将平章典刑,以经序万国。而琨受害非所,冤痛已甚,未闻朝廷有以甄论。昔壶关三老讼卫太子之罪,谷永、刘向辨陈汤之功,下足以明功罪之分,上足以悟圣主之怀。臣等祖考以来,世受殊遇,入侍翠帷,出簪彤管。弗克负荷,播越遐荒,与琨周旋,接事终始。是以仰慕三臣在昔之义,谨陈本末,冒昧上闻,仰希圣朝曲赐哀察。

灾异陈事疏 　　　　　　　　　李侃都御史

臣侃谨题:为陈言事。该钦天监奏土星犯上、相星逆行紫微垣等因①。奉圣旨:上天仁爱,垂象警戒,朕当省悟。五府六部督察院计议宽恤条例,看此。钦此。

臣有以知皇上敬天修德之诚,犹成汤以六事自责之心也。臣闻汉儒董仲舒曰:"国家将有失道之败,天乃先出灾害以谴告之。不知自省,又出怪异以警戒之。尚不知变,而伤败乃至。此见天心仁爱人君,而欲止其乱也。"故自古圣明之君遇灾异之兴皆悔过自责,避殿减膳,恤物安民,而灾异自灭,转祸为福焉。

当正统之末,奸臣擅柄,流毒四海,军民嗟怨。以致上天垂戒,灾异迭兴,不知警惧,卒致大变,其监不远。幸赖上龙飞九五,敬天勤民,诛权奸而扫除

---

① 等因:旧时公文用语。常用于叙述上级官署的令文结束时。但叙述平行机关及地位在上的不相隶属机关的来文,为表示尊敬,也间有使用。

(乾隆)东安县志

弊政,任贤俊以辅佐中兴,天下始安,人民交庆。故即位以来,四时顺序,阴阳调和,灾异不兴,人民安堵,实皇上励精图治之所致也。迩来灾异忽作,雷雨振塔,星象垂戒,原其所自,必有由然。岂非政事有所未平,臣职有所未尽欤？今年朝觐官吏失职,令运粮边城以济饥饿。虽皇上忧民之诚,但山东、河南、山西官吏假就道运粮,俱回原任,必指此为由,横加科敛,以虐其下。其京运者,又加倍揭借①,亦欲回任科敛,以偿所负。天下之民,其何能堪！边储虽充,而下民受害,是犹割肢体以啖口腹,虽饱而肢体竭矣！不惟变廉以为贪,其实害民而敝政。天之垂戒,宁不有在于此乎？

近蒙敕礼部度僧三万,窃以四方未宁,边陲多事,正宜广积士卒以攘寇盗,减省无益以裕民食。苟耕者众而食者寡,则民食足而邦本固矣！今奉命广度僧牒,使逃军逃民必避重以投轻,游手游食必易服以逃税。唐韩愈所谓"农之家一,而食粟之家六……奈之何民不穷且盗也！"昨因雷雨之戒,少保兵部尚书于谦意欲暂停僧牒,未蒙许允。天之垂戒,又宁不有在于此乎？昔唐太宗谓侍臣曰:"比有上书,条敷甚多。朕总粘之屋壁,出入观省,所以孜孜不倦,欲尽臣下情也。"近吏部文选司李贤上《兴政本十事》,皆欲上端本澄心,绝去嗜欲,德同尧舜,仁迈三王。皇上宜留奏章于内,时赐睿览,诚有补圣躬。今未蒙留览,恐无以尽臣下之情,开谏诤之路,以回上天之变也。然天之垂戒,虽由行政之未平,实由臣职之未尽。昔唐太宗发卒修洛阳宫,给侍中张元素上章极谏而止。今臣叨为谏官,职当言路,不能效古人尽言极谏,拾遗补阙,以致上天垂戒,合当有罪。乞将臣罢黜为民,以为言官之戒。

伏望皇上敬天勤民,用贤纳谏。敕各处巡抚、巡按官员禁约巡察,朝觐官吏回任时不许科敛财物以虐下民。暂停僧牒,省无益之费,以纾农力。凡臣下谏章,有匡救切直之言者,乞留于内,时时观览,以补圣德。如此则可以弥灾异、回天心,而措斯民于雍熙太和之世矣！

---

① 揭借:借贷。

又

李侃

臣侃谨题：为陈言事。窃惟自古圣帝明王致天下之太平者，未有不顺天心、顺人心而为治者也。夫人心即天心也。《书》曰："天视自我民视，天听自我民听。"人心悦，则和气上行，四时顺序，雨旸时若，祯祥迭见，灾异不兴，而天心顺矣；人心怨，则乖气上行，四时失序，水旱相仍，妖孽屡见，祸乱并起，而天心违矣。顺则天眷必隆，违则天命必厌，故圣王为治必以顺天心、顺人心为先务焉。顺之何如？在于审察群情，同其欲恶。亲贤臣，勤政务，戒逸游，此人心之所同欲也，圣王必顺人心以行之；亲佞臣，怠政事，好逸乐，此人心之所同恶也，圣王必顺人心以去之。是以亿兆归心，天下其有不安者乎？

昔我太祖高皇帝、太宗文皇帝之应天顺人，以致天下之太平者，未有不本于此也。迨我上皇帝之在位也，信任王振，恩宠太过，以致窃弄大权，擅作威福。朝廷不得亲近贤臣以询下情，大臣不得密侍左右以论治道，早晚二朝只应故事。蒙蔽聪明，假传诏旨，上泽缺于下布，下情壅于上闻。天下嗟怨，乖气上行，皇天震怒，怪异迭见，伤败之兆已昭昭矣。王振犹不知悟，专权自恃，乃逼驾亲征，强敌突来，遂致失陷。九庙震惊，万方摇动，军民怨其贪暴，皆欲啖其肉而食其心；朝廷恨其专权，已籍其家而灭其族，诚足以谢天人之怒矣。使王振感恩知报，竭忠守分，非惟令终令闻，而子姓宗族亦得永享太平之福矣。人言王振之奸无与敌，臣观王振之愚无与比。上烛其奸，已付诛锄，今日之治，不可不以前日为鉴也。恭逢圣明，御治之初，天下臣民莫不企竦观听，以为必更前日之失，以顺天人之心。不意上即位以来，仍习前日故事，君臣道隔，下情不通，何以建维新之业、慰四海之望？

伏愿皇上奋扬英武，总揽大权，躬勤政务，悉敕万几。亲儒臣以识古今之兴衰，延大臣以议政事之得失，则否消而泰至矣。盖上下交则谓之泰，上下不交则谓之否。臣观易象列卦，天在下而地处上，于位乖矣。谓之泰者，上下交故也。君在上而臣处下，于意顺矣，谓之否者，上下不交故也。君泽下流，臣诚上达,然后理道立而治道泰矣。上诚能俯延群臣以通下情,则天下之人莫不心悦诚服,智者尽其谋,勇者效其力,文臣武士谁不竭忠图报？如此则天下易定,社稷易安,上皇可归,而国耻可雪矣。

臣职当言路,宁敢保全身家,缄默不言,以上负朝廷,下负民望？谨陈愚直,伏待采择,臣不胜战栗之至。

信诏旨以正国法疏　　　　　　　　明许复礼 兵科都给

顷者,锦衣卫左等所、銮舆等司旗校王邦奇等奏本到科,为恳乞天恩比例查功复职等情①。臣等披阅奏词,不胜惊愕。不意陛下维新之日,辄敢有此顽梗作奸之徒以惑乱圣听,此事关理乱之机,臣等不容缄默。照得皇上登极,节奉诏旨:正德元年以后,各衙门官军旗校人等缉捕妖言奸细,并不系临阵对敌强贼,一应升授职役者,通行查革。钦此钦遵②。

今王邦奇等系先年厂卫缉捕妖言奸细。近奉诏旨查革人数,先该兵部题:为开读事。请差科道部属等官遵照诏旨内事理查革,题奉钦依。选得兵科给事中夏言,四川道监察御史郑本公,兵部武选清吏司主事汪文盛,锦衣卫千户陈澍、李经,公同③会勘,各据本卫所关造文册、兵部选官堂稿、各人亲供,逐一清查磨对④,扣算停当,备造文册会本。题请钦依:是。这冒滥人员既会同清查明白,并其余事情该部都看了来说。钦此钦遵。随该兵部题复⑤:节奉旨:是。各该官员旗校,都依拟查革,中间系职官革尽职级的,还与

---

① 等情:解释旧时公文、文契用语。常用于叙述下级机关等来文终了时。
② 钦遵:公文用语。明清臣下在接奉或聆听了皇帝谕旨或训诲之后的用词,表示对皇帝谕旨或训诲的恭敬和坚决遵照执行之意。若单独引叙谕旨,结束加"钦此"二字。如果在引叙谕旨结束后,紧接着便交代遵办情况,则钦此处多用"钦此钦遵"。此语可谓承上启下,既以表明引文的结束,又表明对谕旨遵办情况叙述的开始。
③ 公同:犹共同。
④ 磨对:查验核对。
⑤ 题复:明代六部向皇帝进呈的一种公务文书。多用于回答垂询。

他官带闲住,被革人员有朦胧奏辨的,你部里及该科参奏重治。钦此钦遵。

　　先因锦衣卫旗校费宏等及王邦奇等六次抗违诏书,奏辨复职,已经臣等六次参出,兵部立案,未经究治。今又妄引敕谕,摭拾①勘官,大为欺罔之词,巧肆朦胧之语,惟欲盅惑乎圣听,不顾有违诏书。其间至毁勘官为奸邪,指查革为欺罔,是非倒置,变白为黑,大肆狂悖之言,无复忌惮之意,则是狐鼠得其依凭而目中已无法度矣。此辈若犹纵而不治,将何所纪极乎!且奏内首以遵敕旨为言,乃为近者节奉修省之敕谕也。夫罢冗员、裁冒滥乃为修省敬天之实,未闻冗滥复职而反谓之修德动天也。查得弘治二年七月内,该礼科都给事中等官韩重等题:为修省弭灾事。内称:武职非军功得升,旗校因行事升职,甚非祖宗旧制,合通行查革,具题②。节奉孝宗皇帝圣旨:是。拿妖言的,只照成化年例,给赏不升。拿强盗的,应捕人员照旧不升。定为例。钦此。大哉圣训,万世当遵!以此观之,先朝修省弭灾,正欲禁革冒滥,而邦奇等乃引此以为查革复职之媒,不亦谬乎?知敕谕之当遵,则必知诏书之不可违,今未遵敕谕而先违诏旨,亦独何哉?

　　盖在先朝,权奸用事,纳贿卖官,中官弟侄滥叨封爵,权门厮役骤得美官,金紫杂沓于班行,车马喧填于道路。至于厂卫升迁,尤为骤易。倚仗权奸之势,窃弄威福之权,串通番子,诬捉平民,不由法司,炼成大罪。或一年而两次类奏,或乘便而陈乞升官。神人共怒,道路兴嗟。幸赖上飞龙九五③,开国承家数年,冒滥夤缘④,奉诏尽行裁革,或追夺诰券为民,或削除职级归伍。事出至公,裁之圣断,臣民恪守,孰敢衍违?今邦奇等屡恃顽冥,肆行抗奏,自非

---

① 摭拾:收取、采集。

② 具题:申报朝廷的题本。

③ 飞龙九五:《易·乾》:"九五,飞龙在天,利见大人。"孔颖达疏:"若圣人有龙德,飞腾而居天位。"后世遂以"飞龙"或"龙飞"喻指帝王的兴起或即位。九五:《易》卦爻位名。九,谓阳爻;五,第五爻,指卦象自下而上第五位。九五代指我国古代的皇帝之位,皇帝乃上天之子,即中有正,古称之为九五之尊。

④ 夤(yín)缘:攀缘上升,喻拉拢关系,向上巴结。

(乾隆)东安县志

依凭城社①、倚任钱神②,何敢乃尔!盍不思嘉靖乃正德之改元,幸门③不容再辟,诏旨又中兴之命脉,新政岂可阻挠!倘堤防一决,溃突滔天,末流难治,典守者安得不预遏其邪心哉?其奏内称见在食粮者止百十余人,似欲以少自恕,而幸其或可见容也。然一人破例,千百随之,容一人是容千百人矣,况百余人乎!况中兴一诏,挽人心于既去之余,图治化于更新之始,昭如日星,天下共见。朝廷纪纲法度率由此立,理乱攸关,谁得冒犯?今必违之,是坏乱纪纲法度,欲转嘉靖之治而为正德之年矣。且正德元年治道未始不善,而二年之后竟尔变之,非遽变也。亦由小人潜通侥幸之门,而执法者因循不守,始以徇情示私,卒至极乱大坏,几危社稷。殷监不远,岂宜复蹈?故孔子赞《易》"乾则致谨于几,坤则致戒于渐",良有以也。况前日查革之余,邦奇等尚有旗校之籍,若果奉公效劳,自有荣进之途,何苦惓惓不舍,为非分无益之求,自罹于罪戾耶?又况圣恩浩荡,不追既往,与物自新。邦奇辈自合安分怀刑④,以观太平之盛可也。乃敢屡逞狂悖之词,甘蹈充发之罪。盖由迩来,法令不行,事尚姑息,以致人情玩忽,养成奸宄之风,上下相安而不自觉矣。

臣等伏望皇上大奋乾刚,痛惩往事,守维新之诏旨,使群小不得以抗违;申涣汗⑤之纶音,俾奸宄不得以拂戾。乞敕法司将王邦奇一干人犯收捕下狱,从重问拟⑥,遵照圣旨押发⑦边卫充军,以为小人欺罔之戒。庶法令昭明,幸进者知所止矣。

---

① 城社:喻靠山(含贬义)。
② 钱神:贬称,意为万能的金钱。
③ 幸门:奸邪小人或侥幸者进身的门户。
④ 怀刑:意为畏刑律而守法。
⑤ 涣汗(huàn hàn):喻帝王的圣旨、号令。
⑥ 问拟:审问罪犯,拟定罪刑。
⑦ 押发:即押送。

慎名器以惬公论疏　　　　　　　　　许复礼

顷者，该兵部具题：为钦奉①事。据通政使司送据萧韨等各告受荫前来，本部欲便遵照节奉敕旨，将萧韨等荫授指挥、千百户，俱照后开②注定锦衣卫各所司带俸等因，题奉圣旨：这各官都照原降敕旨与世袭萧韨等着堂上带俸，张润等各依拟铨注③管事，内府衙门该禄米的着户部查照敕旨行。钦此。随该兵部复题前事内开：萧韨、张润等不系军功，概与世袭，不由考选，俱令管事，上轻国家之名器，下贻韨等之罪愆等因，题奉圣旨：已有旨了。钦此。

臣等窃惟恩赏一事，前日群臣交章谏止，情已罄矣，词已竭矣，未蒙俞允。近日吏、兵二部及各衙门及南京六科十三道等官亦皆交章奏请，未蒙准信。臣等仰承圣意，迟延月日，不用连章数谏者，以俟圣心开悟，洞见舆情。不以改易为难，而以从善为贵，且使要于至当而后已。迄今阅日之久，大臣累疏辞免而尚未得处，戚畹近习④，宴然冒受而酝酿益深。夫爵赏本为劝功也，众悦而后赏之，理之常也。今陛下延赏群臣，而使物议沸腾如此，则亦何贵于赏哉？况锦衣系近侍衙门，所关者重，若不待选择而概以荫叙，私及其人，则将来戚畹近习比例夤缘⑤充斥卫所，耗廪禄而窃威权，又将复蹈正德年间之辙矣。况世袭必由军功，见任必待考选，此祖宗之成法，累朝之事例。若一旦废之，何以定内外武臣之法守，而服天下后世之心哉？臣等职司言路，今虽循默顺旨，天下后世必将以今日为滥赏，且责臣等以不言之罪。臣等与其受天下万世之责，且陷上于有过，孰若披沥肝胆尽言于上，以待斧钺之诛也。且此举未善，若一人言之，而舆论未协，未足信也；小臣言之，而远臣未言，未足信也。

---

① 钦奉：敬奉。
② 后开：犹下列，谓下面所开列的。
③ 铨注：对官吏的考选登录。
④ 戚畹：犹戚里，借指外戚、亲戚邻里。近习：指君主宠爱亲信的人。
⑤ 夤缘：攀附。

今大小臣工合词奏请,远迩臣庶不约而同,陛下独可执之而自信乎！圣王本人情以为治,苟违公议,恐非与众图成之道也。陛下试于便殿燕闲之时,悉取前后诸臣所上章奏,遍阅而详察之,其意可以自见矣。密勿①大臣功在社稷,诚有如圣谕谆复慰勉者,陛下尚且准辞伯爵,况近习之荫授,顾敢居然冒受乎！前日南御史陶俨等奏称,中外臣民咸谓陛下偏厚戚属,欲徇其苟得之情,故连击内阁以息其私赏之议。今若此,则是果如人言矣。纷纷物议,何时而能解息乎？且封荫过制,在诸臣则受贪冒之名,在陛下则蒙滥与之失。本以广仁恩,反以亏圣治,臣等窃为陛下不取也。

然戚畹骤进,已不厌众心,而都尉封侯,则难开事例。从龙超擢已为过望,司礼旧任自足酬勤。今又世袭不由军功,见任不由考选,何以示法于天下？况加禄升俸②,縻耗军国之需;银两铢毫,各有岁额之数。苏轼云:"与其平时耗于不急之用,曷若留贮以待乏绝之供？"见今凶荒屡告,四方靡宁,群小窥测,投间抵隙,人心未定,治乱攸分,胡安国所谓"举动人君之大,贤哲量之以行藏其道,奸邪窥之以作止其恶,四邻望之以厚薄其情",正此之谓也。

况人臣之义,与国休戚,天下安则人臣荣,天下危则人臣辱。若惟贪图荣利而不顾国事之成败,前日正德年间之事可以鉴矣。是岂远而难见、晦而难知者哉？且维新快睹之际,史册必书,四方必觇,天下诸藩亦必拭目而具瞻者。若本源一差,末流难制,其何以慰天下之望而③成太平之业？臣等伏望陛下思之,若果无关于治乱,不伤于国体,臣等何为不知将顺德意为美,而且好招戚畹近习之怨恫耶！

臣等言论及此,抚心自讼,深惭精诚不足以感悟,而言意不善于开陈,愧古人遇巷之诚,旷琐垣谏诤之职,臣等罪实难逃。伏望陛下,大奋乾纲,开张圣德,收回

---

① 密勿:指机要之职。
② 合刊本"乾隆志""升"后脱一"俸"字。
③ 合刊本"乾隆志""望"后脱一"而"字。

累次之命，姑惜封荫之恩。于有功者，则加议处，务使赏当其功，而不处非其义；于无功者，断之以义，使赏不滥授，而绝侥幸之萌。庶乎祖宗成法，守而不坠；朝廷名器，重而不亵。可以服天下之心，可以消觊觎之念，可以弭四方之变，可以节縻费之供。成中兴之治，此其一大节目也！可不慎哉！可不慎哉！

请抑冒滥以慎名器疏　　　　明刘体乾兵科都给

近该御马监等衙门太监等官李庆等题称：本官司礼监太监鲍忠病故，乞要将遗下侄男鲍恩等八名升级。奉旨：鲍恩等准各升一级，兵部知道。钦此。又一本：乞将鲍璇等五十名准收勇士。奉旨：鲍璇等准收御马监勇士，该衙门知道。钦此。

臣思国家所以奔走天下、激励人心者，惟爵与禄，惟予与夺也。予夺公，则人无渎志；爵禄慎，斯国无滥官。故我太祖之令"武职非有军功，不轻升授"，此其良法至意①，符合尧舜者也。而乞升官职，尽行裁革。我皇上见之，登极一诏，则又符合太祖者也。圣圣相继，如出一辙，宗社灵长之福，端有系于此者。夫何庆等狡猾由性，贪冒成风，辄以鲍恩等五十八名妄行奏乞。彼岂不知祖宗世守之法昭如日月？而今日赫然中兴之令典，有非前朝之故事所可同者，乃敢恣肆如此！臣待罪该科，义激于中，实有不容已于言者。且恩等官至指挥佥事，名号不为不崇贵矣，又且卫属锦衣，地方不为不清切矣。律之旧章，宜在深惩而痛黜之者，幸赖天慈矜宥，不失故物。为李庆者，固当晓恩等以王法之不可故违，圣恩之不容幸得，使之矢心图报，思感激于无穷者也。顾乃觊觎非分，遽躐崇阶，畔援无涯，罔知宪典。于此不禁，则章服如之何而不僭越？名分如之何而不凌替？府库仓廪如之何而不耗竭也哉？

臣尝考之《大明会典》：指挥使九级，从军临敌，立献馘②功九次。正千户

---

① 至意：含义极深远的用意。
② 献馘：古时出战杀敌，割取左耳以记功。亦泛指奏凯报捷。

六级,立献馘功六次。实授。百户四级,立献馘功四次。总旗二级,立献馘功二次。若等寄身戈矛,命争一掷,甘心矢石,功求半资,犹复官司勘验,赏止数人。文移往来,动经五载,军功之难得如此！恩等何人？可以希图此爵耶？臣查指挥使正三品月支俸三十五石,正千户五品月支一石五斗,勇士每名又月支一石。合五十八人而计之,共支一百五十二石五斗；合一年而记之,共支一千八百三十石。是虽粮米不敷,多有折色,而银绢所给,亦是民脂,岂可容恩等无功而坐食也哉！臣窃料庆等之意,不过谓忠。逮事累朝,积有劳勚①。顾生前蟒玉之荣,金帛之赐,兹者茔域之建,谕祭之加,天地父母之恩不可谓不至矣。膺是殊典,已足酬功,又何至上干国家亿万世之纪纲,下朘国家亿万人之膏血,以求为彼之后人作富贵耶！是何庆等之不知足也。

　　昨自鲍忠初故之后,京城内外众言喧腾,共谓忠家财约有九十六万。虽事出人传,未委虚的,而言以物致,必有根因。推之其他,房屋、田土、车马、衣服、器玩称是,则资蓄不下几百万也。观其囊橐之私富盛如此,则其席帖②之恶素行可知矣。虽自今落恩等之职而摈斥之,天下后世当亦不谓陛下待忠之薄也。纵忠有可嘉尚之功劳,朝廷亦自有优恤之恩典。当今圣明在上,功罪莫逃,赏罚不渝,倘有可录,必赐追崇。是则"惟辟作福③"之大义,而何须庆等纷纭奏渎耶！且官其忠之子侄,亦已足矣。而概成刘铎等五十人,异姓别宗,与鲍门支派又全不相及者,何乃混以名籍,一概请乞？凭城附社,既欲盗朝廷之器以济私；引类呼朋,又欲市朝廷之恩以通贿。遂使胥徒杂沓乎青紫,厮隶混淆于冠裳,不谓清朝之名器,而庆等敢轻亵如此耶！且又径列职衔,自定名数,意气专恣,事若己出。不谓雷霆之下,而庆等之无忌惮,一至是哉！今遐方作梗,饥馑频仍,策勋者日广而职事不胜其用,遣戍者岁增而粮饷不副

---

① 勚(yì)：劳苦。
② "帖"字误,当作"怗"。席怗：凭借,倚仗。合刊本"乾隆志"此处亦误作"帖"。
③ 辟：君主。作福：赐福。

250

其需。孜孜睿衷①,固尝厪陛下之宵旰矣!此亦庆之所亲见者。而区区为恩等一念徇庇之私,遂不知有天下之大、君父之忧为所当急也。

臣愚伏望陛下轸念多事之际,重惜国体,收回成命,将鲍恩等官严加裁革,鲍璇等勇士速赐停罢,仍令以后内府各官有故。若果著有勤劳,该在优恤,一听上裁,以见恩威出自朝廷,不许名下之人辄得冒叙功勋,侥求官职。则员无冗授,足以服西北捍御之心;俸不虚縻,足以纾东南漕挽之力。内治既修,外患斯弥矣。

请节省以足国裕民疏　　　　　　　　　　刘体乾

近日遐域不庭,肆为不逞。陛下赫然震怒,爰集义师,将大举而挞伐之。顾一时国计所需往往告乏,各该建议诸臣或欲征历年之欠户,或欲加数省之赋额,无非以供亿既繁、调度莫继,遂为是一切不得已之计,姑以纾困急、佐经费也。臣愚不知生财大计,但闻之宋臣苏轼有曰:"方今之计莫如丰财,然所谓丰财者,非求财而益之也,去事之所以害财者而已。"由轼之言观之,则今日之事不在于征敛之纷纷,而革冗吏、清冗费乃当今理财之第一义也。

臣不暇远考,臣尝见原任礼部尚书霍韬之奏有曰:"我朝自成化五年,武职已逾八万矣,合文职计之,盖已逾十万矣。"此韬指成化五年以前者而言也,计至于今,则历年功劳之升授、勋贵之传请,不知其几,是武职又不止于八万矣。各衙门之添设,大臣之恩荫,不知其几,是文职又不止于十万矣。臣以是推之,成化五年之吏视洪武初年之吏为冗,今之吏视成化五年之吏为尤冗也。远而拟之,宋制止二万四千余员,唐制止一万八千余员,汉制止七千五百余员。与唐虞之建官惟百,夏商之官倍用,又奚啻②倍蓰③焉?

---

① "衷"合刊本"乾隆志"误作"哀"。
② 奚啻:何止。
③ 倍蓰(xǐ):谓数倍。倍,一倍;蓰,五倍。

（乾隆）东安县志

不但此也，他如内官阉宦之收入者渐广，锦衣卫官校之奏备选充者渐多，中书等衙门之乞恩带俸者渐滥。极①之礼部之译字生，鸿胪寺之通事序班，光禄寺之厨役，神乐观之乐舞生，内而各监局之勇士、匠人，并写字及以大工升除者，其间狐引猿攀，途辙不一。蝇营狗窃，窠臼日多。臣不能悉举，盖已万万于祖宗时矣。是皆张口待哺，以仰给于陛下者也。且如勇士匠人，至贱者也，勇士每月则有月粮二石、马料豆九斗、谷草三十束，匠人每月则有月粮一石、直米三斗五升，所费固已不赀。至于一官，则有舆隶廪禄之给，所费又不止此也。其所以糜烂其财赋者，岂少少哉？

臣又思之，土地犹夫祖宗之土地也，户口犹夫祖宗之户口也，赋税犹夫祖宗之赋税也，独至于用度乃百倍之，是其所入者少，所出者多。譬之富室大家，生理犹前，而宾客之资、厮仆②之费视前反侈，则千金之产有不索然而罄者哉？此其蠹国耗财之源，所宜痛惩而亟罢之者也。不此之求，乃于憔悴无聊之民而屑屑取盈焉，此臣之所未喻也。

臣愚伏望陛下敕下各该衙门，除见今听征官员并在营军士不查外，其余内外大小衙门一应冒滥食粮及前项人数逐一查议。何人应存，何人应革，扣算定拟停当，备造文册奏缴。仍乞明诏，务从简约，庶见为国节省之意。此臣所谓革冗吏者一也。

臣近又查得光禄卿高澄等题称：本寺所费钱粮，自嘉靖元年至十五年积剩银不下七八十万两，又多拖欠以致不足等情。臣又近查得本寺进御果品等项原无定额，临期止凭内官小票数目交纳。及果品既进，小票随即收去。明日内官又复以昨日所进者卖与本寺行户，以备上纳。臣固知圣明节俭之德终始如一，而所以有前后多寡之异者，固内官之渗漏干没③于其间也。盖其经

---

① "极"疑为"及"之误。合刊本"乾隆志"此处亦误作"极"。
② 厮仆：厮役奴仆。
③ 干没：侵吞他人财物。

制之初概有品度，则供应之际不难稽察，乃今本寺诸臣不敢问其真伪，不敢辩其是非，而贪冒之徒得以自便而自取矣。臣不意尧舜在上，忧时惜费，日有孜孜，而若等之嗜利行私无所忌惮者，一至于此也。然此但就光禄寺一处言之，其他供应衙门中间转移侵盗，尚有未易悉数者。臣尝读《周礼》，见周公所制凡王之饔①膳酒浆之物、次舍丧服之用，一一为之度数，而又于岁终，太宰以九式节用，盖亦圣人防奸之微意也。

臣愚伏望陛下仿成周之典，敕下礼部，将内外各该供应等衙门所用品物钱粮再三酌议。如某衙门合用品物若干，通计一年合用钱粮若干，开具明白，上请裁定，著为令典。每遇年终，选差科道一员，逐一查盘、奏缴，以防冒破。如此则丰约有正数，取之者不得而妄取；盈缩有定规，供之者不得而妄供。而纠察会计之事又得以行于其中，则沉匿掩蔽之患自无所容，而帑藏将沛然其有余矣。此臣所谓清冗费者一也。

二冗既除，则事之害财者去。害财者既去，丰财者自至，而征欠加赋之事可无讲也。说者谓臣等所见或非拯溺救焚之策，臣则谓二冗之除，虑在奉行者之未得其人耳。若果当事大臣真能仰承德意、悉力奉行，则所省当不下数十万金，能省数十万金之费即得数十万金之蓄，见效甚速。为力固易，民既不扰，国亦不乏也。且月计不足，岁计有余，一月既有数十万金之蓄，一岁当有数百万金之蓄。是所谓"三年耕，必有一年之食；九年耕，必有三年之食"，如之何而不可行耶？况今天下府州县百姓资产荡析，邑里萧条，嗷嗷之情大非前日可比。虽所在官司急于督并，然棰楚②不胜之际，固不可谓全无欲办之心，而死亡不赡之余，亦难保其必有可完之理，则亦徒挂簿书、加刑罚而已。是节用爱人之道，臣固不敢于此时谬为迂阔之谈，而目前干办之图，臣亦不敢尽以为得也。即使将欠户勒征，尽如诸臣之议，而冗吏之聚而食之者如故，冗费侵而盗之者如故，则

---

① 饔（yōng）：熟肉。
② 棰楚：古代仗刑用具，因以称杖刑。

亦无异乎世之扬汤止沸者。如薪不抽，沸终不止，扬之何益？臣固知于耗虚匮乏之患无补也。且此辈皆贪饕无厌之徒，幸门既开，必至浸淫未已，将来之吏能无更冗于今日者乎？谿壑未遂，必至泛滥无极，将来之费能无更冗于今日者乎？而百姓之欠者从而益欠，加者难以复加，虽有百刘晏者出，何以为措手之地耶！故臣敢谓：冗吏既革，冗费既清，虽不征欠户，不加赋额，贫可使富也；不革冗吏，不清冗费，虽欠户日征，赋额日加，富可使贫也。

臣愚惓惓，犹望陛下念时事之多艰，悯民生之未遂，节省一事断在必行。申饬各衙门当事大臣，务要着实举行，毋得阴为庇护、耽延时月、曲示包容、相惜颜面，使此辈夤缘侥幸以图苟免。中间如有此等情弊及应革应清，相干衙门人役敢有推调抗违并鼓动浮言、阴为阻坏者，许臣等科道访知指实，参奏治罪。仍遍谕京城内外诸司：除系关紧要军务，其余一切不急之需并从裁减。如是则国丰而裕，无功不成；士饱而敌，有战则克。蠢彼顽梗，宥之则为舜格有苗，不但如汉文帝；不宥则为殷之克鬼方，不但如唐太宗。进退伸缩，无不在我。业隆汤武，功光祖宗，顾不足以示天下、垂后世也哉？使失今不图，悔将无及。臣恐奸人无岁而不有，则防备无岁而不严。防备无岁而不严，则钱谷无岁而不费。府库已竭，调度方殷，根本已空，而蠹耗不止。如不幸而加以二三千里之灾，或连年之歉，则财尽而计穷，敌至而力屈，始有不能不重烦朝廷之忧者矣。是岂容臣等靡靡悠悠拱默坐视之时乎？

臣是以不辞固陋，条例上陈。伏惟陛下怜其迫不容己之情，赦其冒昧无所知之罪，留神采纳，俯赐施行，天下幸甚！臣愚幸甚！

陈剥船苦累疏   国朝赵之符给事中

窃惟国家创制立法，取其便民也，尤期不病于国，未有上下交受其弊，而狃①于成法相沿而莫思变计者。如今日近畿州县之运漕剥船，诚有可议焉。

---

① 狃（niǔ）：因袭，拘泥。

查近畿通州、武清、宝坻、香河、东安、永清，计一州五县，额设剥船六百余只，悉隶直隶总督仓场衙门。每船一只给地十顷，免纳正项钱粮，以应船差，名曰"按船给地"，实则照地佥船。立法未尝不善，但奉行既久，种种未便，以致民累滋深。臣请为我皇上悉陈之。

念小民应船，既给以地，则凡造船有费、驾撑有费、水手工食有费、蓬①桅席片有费，凡一船日用之需皆取给于地亩之中，则三时力作，势不能分身河干以应公家之务。即欲一意亟公，又不能竭力田间以办终岁之需。此其不便于民者一也。

至各州县距河甚远，势不得不于河下雇觅民船代为应役。计一船之费，一年约用价银五六十两，揆之原地，纳粮顿增一倍，而河下游闲之徒尝藉之以邀利。及至接运漕粮，往往有盗卖掺和之弊，甚有盗卖将尽，故为倾覆其船者。迨经运官查明，而领船人役逃散一空，仍坐地方赔偿，以致倾家荡产、卖男鬻女，苦无可控。此其不便于民者二也。

且南漕告剥虽在仓场衙门，而领船船户实在天津钞关部差统辖之。每岁河冰未泮之日，部差催提如雨，以致船户往返千里，匍匐赴津，汇齐过堂查点。因而差提有费、过堂有费、守候有费……种种苦累难以罄举。此其不便于民者三也。

尤可悯者，连年水旱灾荒，凡纳粮之地，例得邀恩诏被灾分数捐免。至一应船差，即被灾甚重，颗粒无存，不敢不竭蹶以供一年之役。同属朝廷赤子，同一被灾地亩，而应船者遂不得与纳粮者一例沾恩。此其不便于民者四也。

更有小民之本业已圈，拨补于他州县，远者千余里，近亦七八百里，往来征取地租，行旅已自告艰，乃尚有征租不起，逐岁淹留异乡，流离不可胜计。而州县按名解船，访无正户，以致株累亲族，破产赔垫，代为应役。此其不便于民者五也。

---

① "蓬"字误，应作"篷"。合刊本"乾隆志"此处亦误作"蓬"。

况剥船之设原以备河道浅阻之用,时而河道顺利,则船虽设而不用,而领船人役犹全勒地户一年之雇价,是以朝廷正项之赋税、小民终岁之勤劬①,徒供河下游闲者之坐食。此其不便于民而兼病于国者六也。

查见在照地应船有数家共②应一只者,有数十家共应一只者,以地多者为应船正头,而地少者朋当之。往往穷民不能应役,弃地而逃。一户逃亡,众户为之赔累。数户逃亡,则赔累更自无穷。窃恐穷民赔累愈深,相率而逃,则田地多致抛弃,而船差亦无着落,是欲以速漕而反以误漕。此其不便于民而兼病于国者七也。

且每船一只,蒙皇上轸念苦役,每岁仍给水脚银十余两,计船六百余只,约费库银五六千金。查每船剥运仅可容载百石,即遇河道浅阻之日,以河下见雇民船剥运,计时价估之,远者不过五六两而止,况遇河道顺利之日,又不烦剥运乎?何竟以国家正项之额税,又重费帑银之颁给,而留此或用或不用之剥船以重为民累耶?此其不便于民而兼病于国者八也。

种种滋累上下交弊,不图变计,害将安底?以臣愚计之,各州县剥船六百余只,计地不下六千余顷,按亩定赋,照原额每亩二分五厘起科,约可征银一万五六千金,较之河下见雇民船运价,抵支有余。伏请敕下该部行查各州县应船地亩若干,合无③令各州县悉照额粮催征,汇解仓场衙门,贮以备用。如遇河道浅阻,南漕告剥之日即动此项银两,按河下雇船时价给发,领运各官接济剥运,无烦重支库银,仍给水脚等项。至如河道顺利,不烦剥运,应以此项银两岁终解部。庶于穷民不致重累,漕务得以速竣,而国赋亦免虚耗之虞矣。

---

① 劬(qú):过分劳苦。
② "共"合刊本"乾隆志"误作"供"。
③ 合无:何不。

请更剥运之例疏 国朝石文桂仓场侍[①]郎

臣窃照漕粮事务法久弊生,非因时制宜不能济益。臣蒙皇上特恩委任,敢不仰体皇上爱民恤军至意,以期尽善。该臣看得每岁粮船转卫,恐遇浅阻,额设红剥船六百只,轮流剥卸续运,至查此项船只,每地十顷[②]免其征科,办船一只,起剥淤浅。近来其地或卖与富户,或售之宦室,皆雇募船户当差,所雇之人大率贫窭、无赖之徒。船既有名无实,甚至破坏不堪,而沿途搀和偷取,以致漕粮亏折,旗丁反受其害。虽严行申饬,多方禁约,奈比比皆然,陋弊难改。臣思红剥一项利少弊多,尽可革除,但粮船浅阻,必须起剥,临期雇募又恐时有时无,即有往来贸易,民船势难强雇。

据臣愚见,南方船只尽多,若许运丁各带剥船一只,沿途剥运,实为甚便。莫若议革红剥船只,将办船之地亩通计六千顷,请敕部议,作何计亩征科之法。于康熙四十年起征,地方官起解,户部预将此项数目行文,总漕照数动支正项钱粮,均分散给运丁,以为各带剥船及北河募夫剥浅之用,不得勒雇民船。其分给数目,总漕造册报部,岁终即以前项抵销,则民不办差,丁自雇募。既无沿途窃取之弊,亦无破船湿米之虞,如此而军民均受其益矣。伏乞皇上敕部议复施行。

东安县志　卷之十九

---

① "侍"合刊本"乾隆志"误作"待"。
② "顷"合刊本"乾隆志"误作"项"。

东安县志 卷之二十 艺文志列传

刘琨传《晋史》①

刘琨,字越石,中山魏昌人,汉中山靖王胜之后也。祖迈,有经国之才,为相国参军、散骑常侍。父蕃,清高冲俭,位至光禄大夫。琨少得俊朗之目,与范阳祖逖俱以雄豪著名。年二十六,为司隶从事。时征虏将军石崇河南金谷涧中有别庐,引致宾客,日以赋诗。琨预其间,颇为当时所许。秘书监贾谧参管朝政,京师人士无不倾心。石崇、欧阳建、陆机、陆云之徒,并以文才降节事谧,琨兄弟亦在其间,号曰"二十四友"。

太尉高密王泰辟②为掾,频迁著作郎。及齐王冏辅政,以琨为尚书左丞,转司徒左长史。冏败,范阳王虓镇许昌,引为司马。及惠帝幸长安,东海王越谋迎大驾,以琨父蕃为淮北护军、豫州刺史。刘乔攻范阳王虓于许昌也,琨与汝南太守杜育等率兵救之,未至而虓败,琨与虓俱奔河北,琨之父母遂为刘乔所执。琨乃说冀州刺史温羡,使让位于虓。及虓领冀州,遣琨诣幽州,乞师于王浚,得突骑八百人,与虓济河,共破东平王楙于廪邱,南走刘乔,始得其父母。又斩石超,降吕朗,因统诸君奉迎大驾于长安。以勋封广武侯,邑二千户。

永嘉元年,为并州刺史,加振威将军,领中郎将。琨在路上表曰:"臣以顽蔽③,志望有限,因缘际会,遂忝过任。九月末得发,道险山峻,北寇塞路。辄以少击众,冒险而进。顿伏艰危,辛苦备尝,即日达壶口关。臣自涉州疆,目

---

① 《刘琨传》又见于《晋书·列传第三十二》。
② "辟"合刊本"乾隆志"误作"群"。《晋书·刘琨传》此处亦为"辟"。
③ "蔽"合刊本"乾隆志"作"敝"。敝:通"蔽"。顽蔽:亦作"顽弊",愚鲁、愚笨。

睹困乏。流移四散,十不存二。携老扶弱,不绝于路。及其在者,鬻卖妻子,生相捐弃。死亡委厄,白骨横野。哀呼之声,感伤和气。群敌数万,周匝四山。动足遇掠,开目睹寇。唯有壶关,可得告籴。而此二道,九州之险,数人当路则百夫不敢进。公私往反,没丧者多。婴守穷城,不得薪采,耕牛既尽,又乏田器。以臣愚短,当此至难,忧如循环,不遑寝食。臣伏思此州虽云边朔,实迩皇畿。南通河内,东达兖冀,北捍殊俗,西御疆①寇。是劲弓良马勇士精锐之所出也。当须委输,乃全其命。今上尚书,请此州谷五百万斛,绢五百万匹,绵五百万斤。愿陛下特出臣表,速见听处。"朝廷许之。

时东嬴公腾自晋阳镇邺,并②土饥荒,百姓随腾南下。余户不满二万,寇贼纵横,道路断塞。琨募得千余人,转斗至晋阳。府宇焚毁,僵尸蔽地。其有存者,饥羸无复人色。荆棘成林,豺狼满道。琨剪除荆棘,收葬枯骸,造府朝,建市狱。寇盗互来掩袭,恒以城门为战场。百姓负楯以耕,属鞭而耨。琨抚循③劳来④,甚得物情。刘元海时在离石,相去三百许里。琨密遣离间其部,杂寇降者万余落。元海甚惧,遂城蒲子而居之。

在官未期⑤,流人稍复,鸡犬之音复相接矣。琨父蕃自洛赴之。人士奔并者多归于琨。琨善于怀抚,而短于控御。一日之中,虽归者数千,去者亦以相继。素奢豪,嗜声色,虽暂自矫励⑥,辄复纵逸。河南徐润者,以音律自通,琨甚爱之,署为晋阳令。恃宠骄恣,干预琨政。奋威护军令狐盛亢直数谏,劝琨除润,琨不纳。初单于猗㐌以救东嬴公腾之功,琨表其弟猗卢为代郡公,与刘希合众于中山。王浚以琨侵己之地,数来击琨,琨不能抗,由是声实稍损。

---

① 疆:通"彊","彊"今简写为"强"。
② 并:指并州。
③ 抚循:安抚存恤。
④ 劳来:慰问、劝勉前来的人。
⑤ 期(jī):一周年,一整月。
⑥ 矫励:同"矫厉",勉力磨练。

（乾隆）东安县志

徐润又潜令狐盛于琨曰："盛将劝公称帝矣。"琨不之察便杀之。盛子泥奔于刘聪，具言虚实。聪大喜，以泥为乡导。属上党太守袭醇降于聪，雁门乌丸复反，琨亲率精兵出御之。聪遣子粲及令狐泥乘虚袭晋阳，太原太守高乔以郡降聪，琨父母并遇害。琨引猗卢并力攻粲，大败之，死者十五六。琨乘胜追之，更不能克。猗卢以为聪未可灭，遗琨牛羊车马而去，留其将箕澹、段繁等戍晋阳。琨志在复仇，而屈于力弱，泣血尸立，抚慰伤痍，移居阳邑城，以招集亡散。

愍帝即位，拜大将军、都督并州诸军事，加散骑常侍、假节①。琨上疏辞谢。及曲允败，刘曜斩赵冉，琨又表曰："逆寇刘聪，敢率犬羊，冯陵②辇毂，人神发愤，遐迩奋怒。伏省诏书，相国、南阳王保，太尉、凉州刺史轨，纠合二州，同恤王室，冠军将军允、护军将军綝，总齐六军，戮力国难，王旅大捷，俘馘千计。旌旗首于晋路，金鼓振于河曲，崤函无虔刘之惊，汧陇有安业之庆，斯诚宗庙社稷陛下神武之所致。含气之类，莫不引领，况臣之心，能无踊跃？臣前表当与鲜卑猗卢克今年三月都会平阳，会石勒以三月三日径掩蓟城，大司马、博陵公浚受其伪和，为勒所虏，勒势转盛，欲来袭臣。城坞骇惧，志在自守。又猗卢国内欲生奸谋，幸卢警虑，寻皆诛灭。遂使南北顾虑，用愆③成举，臣所以泣血宵吟，扼腕长叹者也。勒据襄国，与臣隔山，寇骑朝发，夕及臣城，同恶相救，其徒实繁。自东北八州，勒灭其七，先朝所授，存者唯臣。是以勒朝夕谋虑，以图臣为计，窥伺间隙，寇抄相寻。戎士不得解甲，百姓不得在野。天网虽张，灵泽未及，唯臣孑然与贼为伍。自守则稽聪之谋，进讨则勒袭其后，进退唯谷，首尾狼狈。徒怀愤踊，力不从愿，惭怖征营，痛心疾首。形留所

---

① 假节：汉末与魏晋南北朝时，掌地方军政的官往往加使持节、持节或假节的称号。使持节得诛杀中级以下官吏；持节得杀无官职的人；假节得杀犯军令者。

② 冯陵：亦作"冯凌"。进迫；侵陵。

③ 愆（qiān）：耽误。

在，神驰寇庭。秋谷既登，边马已肥，前锋诸军并有至者，臣当首启戎行，身先士卒。臣与二寇，势不并立，聪、勒不枭，臣无归志。庶凭陛下威灵，使微意获展，然后陨首谢国而无恨。"

三年，帝遣兼大鸿胪赵廉持节拜琨为司空、都督并冀幽三州诸军事。琨上表让司空，受都督，克期与猗卢讨刘聪。寻猗卢父子相图，卢及兄子相皆病死，部落四散。琨子遵先质于卢，众皆附之。及是，遵与箕澹等帅卢众三万人，马牛羊十万，悉来归琨。琨由是复振，率数百骑自平城抚纳之。属石勒攻乐平，太守韩据请救于琨。而琨自以士众新合，欲因其锐以威勒。箕澹谏曰："此虽晋人，久在荒裔，未习恩信，难以法御。今内收鲜卑之余谷，外抄残寇之牛羊，且闭关守险，务农息士，既服化感义，然后用之，则功可立也。"琨不从，悉发其众，命澹领步骑二万为前驱，琨自为后继。勒先据险要，设伏以击澹，大败之。一军皆没，并土震骇。寻又灾旱，琨穷蹙不能复守。幽州刺史鲜卑段匹磾数遣信要琨，欲与同奖王室。琨由是率众赴之，从飞狐入蓟。匹磾见之，甚相崇重，与琨结婚，约为兄弟。是时西都不守，元帝称制江左，琨乃令长史温峤上表劝进，语在《元纪》。令报曰："公受奕世之宠，极人臣之位，忠允义诚，精感天地。实赖远谋，共济艰难。南北迥邈，同契一致。万里之外，心存咫尺。公其抚宁华戎，致罚丑类，动静以闻。"建武元年，琨与匹磾期讨石勒，匹磾推琨为大都督。唼血载书，檄诸方守，俱集襄国。琨、匹磾进屯固安，以俟众军。匹磾从弟末杯纳勒厚赂，独不进，乃沮其计。琨、匹磾以势弱而退。是岁，元帝转琨为侍中、太尉，其余如故，并赠名刀。琨答曰："谨当躬自执佩，馘截二寇。"匹磾奔其兄丧，琨遣世子群送之，末杯率众要击匹磾而败走之，群为末杯所得。末杯厚礼之，许以琨为幽州刺史，共结盟而袭匹磾，密遣使赍群书请琨为内应，而为匹磾逻骑所得。时琨别屯故征北府小城，不之知也。因来见匹磾，匹磾以群书示琨曰："意亦不疑公，是以白公耳。"琨曰："与公同盟，志奖王室，仰凭威力，庶雪国家之耻。若儿书密达，亦终不以一子之故负公忘①义也。"匹䃅雅重琨,初无害琨志,将听还屯。其中弟叔有智谋,为匹䃅所信,遂劝留琨。琨之庶长子遵惧诛,与琨左长史②杨桥、并州治中如绥闭门自守。匹䃅谕之不得,因纵兵攻之。琨将龙季猛迫于乏食,遂斩桥、绥而降。

初,琨之去晋阳也,虑及危亡而大耻不雪。每见将佐,发言慷慨,欲率部曲死于贼垒。斯谋未果,竟为匹䃅所拘。自知必死,神色怡如也。为五言诗赠其别驾卢谌,托意非常,摅畅幽愤,远想张陈,感鸿门、白登之事,用以激谌。谌素无奇略,以常词酬和,殊乖琨心。重以诗赠之,乃谓琨曰:"前篇帝王大志,非人臣所言矣。"然琨既忠于晋室,素③有重望,被拘经月,远近愤叹。匹䃅所署代郡太守辟闾嵩,与琨所署雁门太守王据、后将军韩据连谋,密作攻具,欲以袭匹䃅。而韩据女为匹䃅儿妾,闻其谋而告之匹䃅,于是执王据、辟闾嵩及其徒党悉诛之。会王敦密使匹䃅杀琨,匹䃅又惧众反己,遂称有诏收琨。初,琨闻敦使至,谓其子曰:"处仲使来而不我告,是杀我也。死生有命,但恨仇耻不雪,无以下见二亲耳。"因歔欷不能自胜。匹䃅遂缢之,时年四十八。子侄四人俱被害。朝廷以匹䃅尚疆,尝为国讨石勒,不举琨哀。

三年,琨故从事中郎卢谌、崔悦等上表理琨。太子中庶子温峤又上疏理之。帝乃下诏曰:"故太尉、广武侯刘琨忠亮开济,乃诚王家,不幸遭难,志节不遂,朕甚悼之。往以戎事,未加吊祭。其下幽州,便依旧吊祭。"赠侍中、太尉,谥曰"愍"。琨少负志气,有纵横之才。善交胜己,而颇浮夸。与范阳祖逖为友,闻逖被用,与亲故书曰:"吾枕戈待旦,志枭逆虏,常恐祖生先吾著鞭④。"其意气相期如此。在晋阳,尝为敌骑所围数重,城中窘迫无计,琨乃乘

---

① "忘"合刊本"乾隆志"误作"妄"。
② 合刊本"乾隆志""长"后脱一"史"字。
③ "素"合刊本"乾隆志"误作"负"。
④ 著鞭:犹言着手进行,开始做。后常用以勉人努力进取。

月登楼清啸。贼闻之,皆凄然长叹。中夜奏胡笳,贼又流涕歔欷,有怀土之思。向晓复吹之,贼并弃围而走。子群嗣。

刁雍传[1] 后魏

刁雍,字叔和,协之曾孙也。父畅,晋右卫将军,后归魏,授建威将军。雍于河济间招集流散,与弟弥规共攻宋,赐爵东安侯,除薄首[2]律镇将。以所管边地常惧不虞,造城储谷,设兵备守,诏从之。因名此城为刁公城,以旌异焉。皇兴中,以耆老赐几杖剑履上殿。卒年九十五。曾孙冲,学通诸经,当世服其精博,性复刚烈,不畏强御。时司徒高肇擅恣威权,冲抗表极言,辞旨恳直,后袭祖爵东安侯卒。

韩延徽传[3] 节《辽史》

韩延徽初为刘守光参军。守光末年衰困,遣延徽求援于契丹。阿保机怒其不拜,留之使牧马于野。延徽有智略,颇知属文述律。后曰:"延徽能守节不屈,此今之贤者,奈何辱以牧圉!宜礼而用之。"阿保机召与语,悦之,遂以为谋主。延徽始教契丹建牙开府,筑城郭,立市里,以处汉人。使各有配偶,垦艺荒田。由是汉人安业,逃亡者少。契丹威服诸国,延徽有功焉。顷之[4],逃奔晋阳。晋王欲置之幕府,掌书记。王缄疾之,延徽不自安,求归省母,遂复入契丹。阿保机待之益厚,至是以为相。延徽寄书于晋王曰:"非不恋英主,非不思故乡,所以不留,正惧王缄之谮耳。"因以老母为托,且曰:"延徽在此,契丹必不南牧。"故终同光之世,契丹不深入为寇,延徽之力也。

---

① 《刁雍传》又见于《北史·列传第十四》。
② "首"字误,当作"骨"。薄骨律镇为地名。合刊本"乾隆志"此处亦误作"首"。
③ 韩延徽其人在《辽史》、《契丹国志》均有传,《资治通鉴·后梁纪》中亦有记载。
④ 顷之:不久。

扈载传① 五代周

扈载,字仲默②,北燕安次人也。少好学,善属文。广顺初,举进士高第,拜校书郎,直史馆,再迁监察御史。其为文章,以词多自喜,常次历代有国兴废治乱之迹为《浑源赋》。又游相国寺,见庭竹可爱,作《碧藓③赋》,题其壁。世宗闻之,遣小黄门就壁录之,览而称善,因拜水部员外郎、知制诰。迁翰林学士,赐绯鱼。而载已病,不能朝谢。居百余日,乃舆疾入直学士院。世宗怜之,赐诰还,帝遣太医视疾。初,载以文学知名一时,枢密使王朴尤重其才,荐于宰相李谷。久而不用,朴以问谷曰:"扈载不为舍人,何也?"谷曰:"非不知其才,载命薄,恐不能胜。"朴曰:"公为宰相,以进贤退不肖为职,何言命邪?"已而拜知制诰。及为学士,居岁中病卒,年三十六。议者以谷能知命而朴能荐士。是时天子英武,乐延天下英才,而尤礼文士。载与张昭、窦俨、陶谷、徐台福等俱被进用。谷居数人中,文词最劣,尤无行。昭、俨数与议论,其文灿然,而谷能先意所在,以进谀取合人主,事无大小,必称美颂赞。至于广京城为木偶人、紫芝白兔之类,皆颂以献,其词大抵类俳优。而载以不幸早卒,议论虽不及照④、俨,而不为谷之谀也。

吕余庆传⑤ 《宋史》

吕余庆,幽州安次人,本名彻⑥,犯太宗偏讳,改今名。祖兖,横海军节度

---

① 《扈载传》又见于《新五代史·周臣传第十九》。
② "默"字误,应作"熙"。合刊本"乾隆志"此处亦误作"默"。
③ 合刊本"乾隆志"此处添加了按语:"按:'藓'应作'鲜'。"
④ "照"字误,当作"昭"。昭,即张昭。合刊本"乾隆志"此字不误。
⑤ 《吕余庆传》又见于《宋史·列传第二十二》。
⑥ "彻"繁体字为"徹"。合刊本"乾隆志"此处添加了按语:"按:'徹'《宋史》作'胤';'宗'《宋史》作'祖',应改正。"

判官。父琦，晋兵部侍郎。余庆以荫补千牛备身，历开封府参军，迁户曹掾。晋少帝弟重睿领忠武军节度，以余庆为推官。仕汉历周，迁濮州录事参军。太祖领同州节制，闻余庆有材，奏为从事。世宗闻①曰："得非尝为濮州纠曹者乎？"即以为定国军掌书记。世宗尝镇澶渊，濮为属郡，故知其为人也。太宗历滑、许、宋三镇，余庆并为宾佐。及即位，自宋、亳观察判官召拜给事中，充端明殿学士。清泰中，琦尝居是职，官秩皆同，时人荣之。未几，知开封府。太祖征潞及扬，并领上都副留守。建隆三年，迁户部侍郎，丁母忧。荆湖平，出知潭州，改襄州，迁兵部侍郎、知江陵府。召还，以本官参知政事。

蜀平，命知成都府。时盗贼四起，军士恃功骄恣，大将王全斌等不能戢下。一日，药市始集，街吏驰报有军校被酒持刃夺贾人物。余庆立捕斩之以徇，军中畏服，民用以安堵。即加吏部侍郎。归朝，兼剑南、荆南等道都提举、三司水陆发运等使。开宝六年，与宰相更知政事，即旋以疾上表求解机务。拜尚书左丞。九年，卒，年五十，赠镇南节度使。余庆重厚简易，太祖继领藩镇，余庆为元僚。及受禅，赵普、李处耘皆先进用，余庆恬不为意。未几，处耘出守淄州，余庆自江陵还。太祖委曲问处耘事，余庆以理辨释，上以为实，遂命参知政事。会赵普忤旨，左右争倾普，余庆辨明之，太祖意稍解。时称其长者。至道中，以弟端为宰相，特召赠侍中。

吕端传②《宋史》

吕端，字易直，幽州安次人。父琦，晋兵部侍郎。端少敏悟好学，以荫补千牛备身。历国子主簿、太仆寺丞、秘书郎、直弘文馆，换著作佐郎、直史馆。太祖即位，迁太常丞、知浚仪县，同判定州。开宝中，西上阁门使郝崇信使契丹，以端假太常少卿为副。八年，知洪州，未上，改司门员外郎、知成都府，赐

---

① "闻"疑为"问"之误。合刊本"乾隆志"此处亦误作"闻"。《宋史·列传第二十二》此处作"问"。

② 《吕端传》又见于《宋史·列传第四十》。

金紫。为政清简,远近便之。

　　会秦王廷美尹京兆,拜考功员外郎,充开封府判官。太宗征河东,廷美将有居留之命。端白廷美曰:"主上栉风沐雨,以申吊伐,王地处亲贤,当表率扈从。今主留务,非所宜也。"廷美由是恳请从行。寻坐王府亲吏请托执事者违诏市竹木,贬商州司户参军。移汝州,复为太常丞,判寺事。出知蔡州,以善政,吏民列奏借①留。改祠部员外郎、知开封县,迁考功员外郎兼侍御史知②杂事。使高丽,暴风折樯,舟人怖恐,端读书若在斋阁时。迁户部郎中、判太常寺兼礼院,迁为大理少卿,俄拜右谏议大夫。许王元僖尹开封,又为判官。王薨,有发其阴事者,坐裨赞无状,遣御史武元颖、内侍王继恩就鞫③于府。端方决事,徐起候之。二使曰:"有诏推君。"端神色自若,顾从者曰:"取帽来"。二使曰:"何遽至此?"端曰:"天子有制问,即罪人矣,安可在堂上对制使?"即下堂,随问而答。左迁卫尉少卿。会置考课院,群官有负谴④置⑤散秩⑥者,引对⑦皆泣涕,以饥寒为请。至端,即奏曰:"臣前佐秦邸,以不检府吏谪掾商州,陛下复擢官籍辱用。今许王暴薨,臣辅佐无状,陛下又不重遣,俾亚少列,臣罪大而辜⑧深矣!今有司进退善否,苟得颍州副使,臣之愿也。"太宗曰:"朕自知卿。"无何,复旧官,为枢密直学士。逾月,拜参知政事。时赵普在中书,尝曰:"吾观吕公奏事,得嘉赏未尝喜,遇抑挫未尝惧,亦不形于言,真台辅之器也。"岁余,左谏议大夫寇准亦拜参知政事。端请居准下,太宗即

---

① "借"合刊本"乾隆志"误作"偕"。借留:地方百姓要求留用政绩卓著、深得民心的官吏。
② "知"合刊本"乾隆志"误作"之"。
③ 鞫(jū):审问犯人。
④ 负谴:获罪;被谪。
⑤ 置:放置。
⑥ 散秩:闲散而无一定职守的官位。
⑦ 引对:谓皇帝召见臣僚询问对答。
⑧ "辜"字误,当作"幸"。合刊本"乾隆志"此处亦误作"辜"。查《宋史·列传第四十》此处作:"臣罪大而幸深矣。"意即每次获罪都未被深究,乃幸深矣!

以端为左谏议大夫,立准上。每独召便殿,语必移晷。擢拜户部侍郎平章事。时吕蒙正为相,太宗欲相端,或曰:"端为人糊涂。"太宗曰:"端小事糊涂,大事不糊涂。"决意相之。会曲宴后苑,太宗作《钓鱼诗》,有云"欲饵金钩深未达,磻溪须问钓鱼人",意以属端。后数日,罢蒙正而相端焉。

初,端兄余庆建隆中以藩府旧僚参预大政,端复居相位,时论荣之。端历官仅四十年,至是骤被奖擢,太宗犹恨任用之晚。端为相持重,识大体,以清简为务。虑与寇准同列,先居相位,恐准不平,乃请参知政事与宰相分日押班知印,同升政事堂,太宗从之。时同列奏对多有异议,惟端罕所建明。一日,内出手札戒谕:"自今中书事必经吕端详酌,乃闻奏。"端愈谦让不自当。初,李继迁扰西鄙,保安军奏获其母。至是,太宗欲诛之,以寇准居枢密副使,独召与谋。准退,过相幕,端疑谋大事,邀谓准曰:"上戒君勿言于端乎?"准曰:"否。"端曰:"边鄙常事,端不必与知。若军国大计,端备位宰相,不可不①知也。"准遂告其故。端曰:"何以处之?"准曰:"欲斩于保安军北门外,以戒凶逆。"端曰:"必若此,非计之得也,愿少缓之,端将复奏。"入曰:"昔项羽得太公,欲烹之,高祖曰:'愿分我一杯羹。'夫举大事不顾其亲,况继迁悖逆之人乎?陛下今日杀之,明日继迁可擒乎?若其不然,徒结怨仇,愈坚其叛心尔。"太宗曰:"然则何如?"端曰:"以臣之愚,宜置于延州,使善养视之,以招来继迁。虽不能即降,终可以系其心,而母生死之命在我矣。"太宗扶髀称善曰:"微卿几误我事。"即用其策。其母后病死延州,继迁寻亦死。继迁子竟纳款请命,端之力也。进门下侍郎兼兵部尚书。

太宗不豫,真宗为皇太子,端日与太子问起居。及疾大渐,内侍王继恩忌太子英明,阴与参知政事李昌龄、殿前都指挥使李继勋、知制诰胡旦谋立故楚王元佐。太宗崩,李皇后命继恩诏端。端知有变,锁继恩于阁内,使人守之而入。皇后曰:"宫车已晏驾,立嗣以长,顺也,今将如何?"端曰:"先帝立太子

---

① 合刊本"乾隆志""可"后脱一"不"字。

正为今日,今始弃天下,岂可遽违命有异议耶?"乃奉太子至福宁庭中。

真宗既立,垂帘引见群臣。端平立殿下不拜,请卷帘,升殿审视。然后降阶,率群臣拜呼万岁。以继勋①为使相,赴陈州。贬昌龄忠武军司马;继恩右监门卫将军,均州安置;旦除名,流浔州,籍其家资。

真宗每见辅臣入对,惟于端肃然拱揖,不以名呼。又以端躯体洪大,宫廷阶戺②稍峻,特令梓人③为纳陛④。尝召对便殿,访军国大事经久之制。端陈当世急务,皆有条理,真宗嘉纳。加右仆射,监修国史。明年夏,被疾,诏免常参,就中书视事。上疏求解,不许。十月,以太子太保罢。在告⑤三百日,有司言当罢奉,诏赐如故。车驾临问,端不能兴,抚⑥慰甚至。卒年六十六,赠司空,谥正惠。追封妻李氏泾国夫人,以其子藩为太子中舍,荀大理评事,蔚千牛备身,蒇殿中省进马。端姿仪瑰秀,有器量,宽厚多恕,善谈谑,意豁如也。虽屡经摈退,未尝以得丧介怀。善与人交,轻财好施,未尝问家事。李惟清自知枢密改御史中丞,意端抑己。及端免朝谒,方弹奏常参官⑦疾告逾年受奉者,又构人讼堂吏过失,欲以中端。端曰:"吾直道而行,无所愧畏,风波之言不足虑也。"

端祖兖,尝事沧州节度刘守文为判官。守文之乱,兖举族被害。时父琦方幼,同郡赵玉冒锋刃绐监者曰:"此予之弟,非吕氏子也。"遂得免。玉子文度为耀帅,文度孙绍宗十余岁,端视如己子,表荐赐出身。故相冯道,乡里世旧,道子正之以病废,端分俸给之。端两使绝域,其国叹重之。后有使往者,

---

① "勋"合刊本"乾隆志"误作"勤"。
② 阶戺(shì):台阶两旁所砌的斜石。借指堂前。
③ 梓人:泛指木工、建筑工匠。
④ 纳陛:古代帝王赐给有殊勋的诸侯或大臣的"九锡"之一。凿殿基为登升的陛级,纳之于檐下,不使尊者露而升,故名。
⑤ 在告:官吏在休假期中。告,古时官吏休假。
⑥ "抚"合刊本"乾隆志"误作"撫"。
⑦ 常参官:日常参朝的官吏。

每问端为宰相否,其名显如此。景德二年,真宗闻端后嗣不振,又录蔚为奉礼郎。藩后病足,不任朝谒,请告累年,有司奏罢其俸。真宗特令复旧官,分司西京,给俸家居养病。端不蓄资产,藩兄弟贫匮,又迫婚嫁,因质①其居第,真宗特出内府钱五百万赎还之。又别赐金帛,俾偿宿负②,遣使检校家事。藩、荀皆至国子博士,蔚至太子中舍。

李骥传③《明史·循吏》

李骥,字尚德,郯城人。举洪武二十六年乡试。入国学,居三年,授户科给事中。时关市讥商旅,发及囊箧,骥奏止之。寻坐事免。建文时,荐起新乡知县,招流亡,给以农具,复业者数千人。内艰去官,民相率奏留数四,不许。永乐初,服阕,改知东安。事有病民,辄奏于朝,罢免之。有嫠妇子啮死,诉于骥。骥祷城隍神,深自咎责。明旦,狼死于其所。侍郎李昶等交荐,擢刑部郎中。奏陈十余事,多见采纳。坐累,谪役保安。洪熙时,有诏求贤,荐为御史。陈经国利民十事,仁宗嘉纳。宣德五年,巡视仓场,军高祥盗仓粟,骥执而鞫之。祥父妾言祥与张贵等同盗,骥受贵等贿,故独罪祥。刑部侍郎施礼遂论骥死。骥上章自辩。帝曰:"御史既禽盗,安肯纳贿!"命偕都察院再讯,骥果枉。帝乃切责礼,而复骥官。

其年十一月,择廷臣二十五人为郡守,奉敕以行。骥授河南知府。河南境多盗,骥为设火甲,一户被盗,一甲偿之。犯者,大署其门曰"盗贼之家"。又为《劝教文》,振木铎以徇之。自是人咸改行,道不拾遗。郡有伊王府,王数请嘱,不从。中官及校卒虐民,又为骥所抑,恨甚。及冬至,令骥以四更往陪位行礼。骥如期往,诬以后,执而械之,次日乃释。骥奏闻,帝怒,贻书让

---

① 质:抵押。
② 宿负:旧欠的债务。
③ 《李骥传》又见于《明史·列传第一百六十九》。

王,府中承奉、长史、典仪悉逮置于理。骥持身端恪,晏居几席必正。莅郡六年卒,年七十。士民咸赴,吊哭失声。前同时二十五人为郡守者,俱以政绩闻。

李侃传①《明史》

李侃,字希正,东安人。正统七年进士。授户科给事中。景帝监国,陈简将才、募民壮、用战车三事。也先逼京师,议者欲焚城外马草。侃言敌轻剽,无持久心,乞勿焚,免复敛为民累。皆报许。时父母在容城,侃晓夜悲泣,乞假冒险迎之。景泰初,议录扈从死事诸臣后。侃因言:"避难偷生者,宜严遣以厉臣节。"上皇将还,与同官刘福等言礼宜从厚。忤旨被诘,尚书胡濙为解乃已,再迁都给事中。军兴,减天下学校师儒俸廪,侃奏复之。户部尚书金濂违诏征租,侃论濂,下之吏。石亨纵子彪侵民业,侃请置重典,并严禁勋戚、中官不得豪夺细民,有司隐者同罪。帝宥亨、彪,余如其请。时给事中敢言者,林聪称首,侃亦矫抗有直声。廷议易储,诸大臣唯唯。侃泣言东宫无失德,聪与御史朱英亦言不可,时议壮之。擢詹事府丞。天顺元年,改太常丞,进太仆卿。明年,复设山西巡抚,迁侃右佥都御史任之。奏言:"塞北之地,与穷荒无异。非生长其间者,未有能宁居而狎敌者也。今南人戍西北边,怯风寒,闻寇股栗。而北人戍南,亦不耐暑,多潜逃。宜令南北清勾之军各就本土补伍,人情交便,戎备得修。"时不能用。奏发巡按李杰罪,杰亦讦②侃。按杰事有验,除名。侃无赃罪,获宥。六年,考察属吏,奏罢布政使王允、李正芳以下百六十人。因言:"诸臣年与臣若不堪任事者,臣悉退之,臣亦当罢。"诏不许。侃性刚方,力振风纪,贪墨者屏迹。其年冬以母丧归,军民拥泣至不得行。服除,遂不出,家居十余年,卒。侃事亲孝,好学安贫,殁几不能敛。弘治初,国

---

① 《李侃传》又见于《明史·列传第四十七》。

② 讦(jié):揭发别人的隐私或攻击别人的短处。

子生江纪等言："前祭酒胡俨、都御史高明、李侃学行事功彰著耳目,并乞赐谥。"寝①不行。侃二子:德恢,严州知府;德仁,河东盐运使。

刘体乾传②《明史》

刘体乾,字子元,东安人。嘉靖二十三年进士。授行人,改兵科给事中。司礼太监鲍忠卒,其党李庆为其侄鲍恩等八人乞迁。帝已许之,以体乾言,止录三人。转左给事中。帝以财用绌,诏廷臣集议。多请追宿逋,增赋额。体乾独上奏曰:"苏轼有言:'丰财之道,惟在去其害财者。'今之害最大者有二,冗吏、冗费是也。历代官制,汉七千五百员,唐万八千员,宋极冗至三万四千员。本朝自成化五年,武职已逾八万,合文职,盖十万余。今边功升授、勋贵传请、曹局添设、大臣恩荫,加以厂卫、监局、勇士、匠人之属,岁增月益,不可悉举。多一官,则多一官之费。请严敕诸曹,清革冗滥,减俸将不赀。又闻光禄库金,自嘉靖改元至十五年,积至八十万。自二十一年以后,供亿日增,余藏顿尽。进御果蔬,初无定额,止视内监片纸,如数供御。干没狼籍,辄转鬻市人。其他诸曹,侵盗尤多。宜著为令典,岁终使科道臣会计之,以清冗费。二冗既革,国计自裕。舍是而督逋增赋,是扬汤止沸也。"于是部议请汰各监局人匠。从之。

累官通政使,迁刑部右侍郎,改户部左侍郎,总督仓场。隆庆初,进南京户部尚书。南畿、湖广、江西银布绢米积逋二百六十余万,凤阳园陵九卫官军四万,而仓粟无一月储。体乾再疏请责成有司,又条上六事,皆报可。马森去,召改北部。诏取太仓银三十万两。体乾言:"太仓银所存三百七十万耳,而九边年例二百七十六万有奇,在京军粮商价百有余万,蓟州、大同诸镇例外,奏乞不与焉。若复取以上供,经费安办?"帝不听。体乾复奏:"今国计绌

---

① 寝:停止,平息。
② 《刘体乾传》又见于《明史·列传第一百零二》。

乏,大小臣工所共知。即存库之数,乃近遣御史所搜括,明岁即无策矣。今尽以供无益费,万一变起仓卒,如国计何?"于是给事中李已、杨一魁、龙光,御史刘思问、苏士润、贺一桂、傅孟春交章乞如体乾言,阁臣李春芳等皆上疏请,乃命止进十万两。又奏太和山香税宜如太山①例,有司董之,毋属内臣。忤旨,夺俸半年。帝尝问九边军饷,太仓岁发及四方解纳之数。体乾言:"祖宗朝止辽东、大同、宣府、延绥四镇,继以宁夏、甘肃、蓟州,又继以固原、山西,今密云、昌平、永平、易州俱列戍矣。各镇防守有主兵。其后增召募,增客兵,而坐食愈众。各镇刍饷有屯田。其后加民粮,加盐课,加京运,而横费滋多。"因列上隆庆以来岁发之数。又奏:"国家岁入不足供所出,而额外陈乞者多。请以内外一切经费应存革者,刊勒成书。"报②可。诏市绵二万五千斤,体乾请俟湖州贡。帝不从,趣③之急。给事中李已言:"三月非用绵时,不宜重扰商户。"体乾亦复争,乃命止进万斤。

逾年,诏趣进金花银,且购猫睛、祖母绿诸异宝。已上书力谏,体乾请从已言,不纳。内承运库以白札索部帑十万。体乾执奏,给事中刘继文亦言白札非体。帝报有旨,竟取之。体乾又乞承运库减税额二十万,为中官崔敏所格④不得请。是时内供已多,数下部取太仓银,又趣市珍珠黄绿玉诸物。体乾清劲有执,每疏争,积忤帝意,竟夺官。给事中光懋、御史凌瑁等交章请留,不听。仁宗⑤即位,起南京兵部尚书,奏言:"留都根本重地,故额军九万,马五千余匹。今军止二万二千,马仅及半,单弱足虑。宜选诸卫余丁,随伍操练,发贮库草场银买马。"又条上防守四事,并从之。万历二年致仕,卒赠太子少保。

---

① 太山:即泰山。

② 报:答复。

③ 趣(cù),古同"促",催促;急促。

④ 格:阻碍。

⑤ "仁宗"误,当作"神宗"。合刊本"乾隆志"此处添加了按语:"按:'仁宗'《明史》作'神宗',应改正。"

邱民仰传①《明史》

邱民仰,字长白,渭南人。万历中举于乡。以教谕迁顺天东安知县,厘宿弊十二事。河啮,岁旱蝗,为文祭祷。河他徙,蝗亦尽。调繁保定之新城。崇祯二年,县被兵,晨夕登陴守。四方勤王军毕出其地,民仰调度有方,民不知扰。擢御史,号敢言。时四方多盗,镇抚率怯懦不敢战,酿成大乱。吴桥兵变,列城多陷,巡抚余大成、孙元化皆主抚。流贼扰山西,巡抚宋统殷下令,杀贼者抵死。民仰先后疏论其非,后皆如民仰言。遭妻丧,告归。出为河间知府,迁天津副使,调大同监军汝宁,迁永平右参政,移督宁前兵备。民仰善理剧,以故所移皆要地。十三年三月,擢右佥都御史,代方一藻巡抚辽东,按行关外八城,驻宁远。十四年春,锦州被围,填壕毁堑,声援断绝。有传其帅祖大寿语者:"逼以车营,毋轻战。"总督洪承畴集兵,民仰转饷,未发。帝忧之,朝议两端,命郎中张若麒就行营计议,若麒至,则趣进师。七月,师次②乳峰,去锦州五六里而营。旦日,杨国柱之军溃。逾月,王朴军亦溃。未几,马科等五将皆溃。大清兵掘松山,以断归路,遂大败。蹂躏杀溺无算,退保松山。围急,外援不至,刍粮竭。至明年二月,且半年矣,城破,承畴降,民仰死。事闻,帝惊悼甚,赐祭尽哀。赠民仰右副都御史,官为营葬,录其一子。

刘璟传 节旧志

刘璟,字叔时,号曙海,世居山阴之水澄巷。少颖异,长而锐心经术。随叔氏河南方伯乾阳公任,后又从游燕赵。至东安,乐其风土之淳,遂家于县治小西街之葛南里。补博士员,试辄高等,食廪饩,棘闱③三荐,不售。稔④公才

---

① 《邱民仰传》又见于《明史·列传第一百四十九》。
② 次:止,停留。
③ 棘闱:又做"棘围",指科举时代的考场。
④ 稔(rěn):熟悉。

者，咸为扼腕。神宗朝，以边储缺乏，士得纳粟奏名。方伯公为之援例，入贡，非其好也。初授山东宁海州判，任事三月，政声大起。会文登县令缺，当道廉公才，命摄①之文。军民杂处，军多强横不法，占民田没为茭刍地，百有余年矣。有司皆格于势，不能治。公谓："昔定牧场、均田赋，自有一定疆界。"于是悉力清厘，使牧地、民田不相侵并。虽抵触营将，不恤也。其他兴学校、立社仓、旌贤瘅恶，阖境肃然，老稚咸德之。当道以最状闻，不浃岁②，迁汝宁王府审理正。公一日谓家人曰："余数年来心力渐耗，虽属闲曹，朝廷升斗之粟，初非病躯所宜忝窃也。"遂告归。临发，攀辕卧辙者，踵相接也。旋里之日，足迹不至公府。左图右史，一觞一咏，日进子弟而训之。

长子应东，以文章名。次子兆东，中天启辛酉副榜，授徐州州同。以才能荐任通州监纪，升苏州府司马。

孙宗奭，以博士员贡③礼部。自越迁至燕，迄今凡六世，簪缨弗替，儒业相承，盖不愧刘氏后云。

施为霖传　　　　　　　　　　　　　　　　明张培

施为霖，刑部尚书礼之元孙也。秉性仁慈，德量冲雅。自念阀阅之后，力学以期负荷。由万历选贡，授山东兖州府峄县丞。诸当道稔其才，屡命摄县事。凡单、凡阳谷、凡峄，其政略可数者，曰：勤抚字，调征输，戢奸宄，阅粮夏镇，抄关④沙沟，而其尤著者，则开仓赈济一事。当时峄邑荐⑤饥民且相食，公不待上官檄至，出仓谷数千石以散给之，且筑官舍三百余椽，以栖露处，哀

---

① 摄：代理。
② 浃岁（jiā suì）：一年。
③ 贡：贡职。
④ 抄关："抄"同"钞"。钞关：明清两代收取关税之所。
⑤ 荐：屡次，接连。

鸿①重集。以最绩闻,上敕中使赐银牌以旌异之,以邑丞而邀旷典,实当时所未有也。时按台何公以公廉干不私,备知充属贤否,令一切密封以闻。请托者如市,而公悉遵直道,一无所徇,按台由是益器重之。特疏荐之于朝,寻升山西朔州之马邑。朔州为山右边郡,风俗强悍。公德威并御,即以治东省者治之,绥弱抑强,民皆悦服。未几,以疾乞去。当道爱其才,皆坚留之。及见公意已决,不可强而后乃成公之高志也。公告休后不涉外事,闭门阅经史,以清白励其子孙。子若孙敬承公志,振声黉序。如大雅者,公第四子也。如行敬者,公之孙也。梓里咸以为自尚书公以来,世有令名,无替先业。其为一邑缙绅之望也,宜哉!公字天和,号苍泽,安次之益留里人。

赞曰:苍泽先生以名家后裔著宦绩于晋鲁间,一官一邑虽未竟其用,而克勤厥职,康济小民,可谓能念尔祖者矣。

张庆臻传 节《明史》

惠安伯张庆臻者,骐之后也。骐,永城人,洪武二十年以女为燕世子妃,授兵马副指挥。及成祖靖难,世子为太子,进京卫指挥使。寻卒。仁宗即位,追封彭城伯,谥恭靖。子二,长名泉,次名昇,并昭皇后兄也。泉世袭彭城伯,卒,子瑾嗣。瑾卒,子信嗣。昇,字叔晖,初从成祖起兵,以舍人守北平,有功授千户,历官府军卫指挥佥事。仁宗即位,拜后府都督同知。宣德初进左都督,掌左府事,寻罢,官禄如旧。正统五年,太后念外氏惟昇一人,封惠安伯,子世袭。六传而至庆臻。崇祯元年,命提督京营,以他故停禄三年。复起,掌都督府。十七年,贼陷都城,庆臻召亲党尽散资财,阖家自燔死。南渡时赠太师、惠安侯,谥忠武,合祀旌忠祠。

---

① 哀鸿:比喻流离失所的人们。

书惠安伯传后

李光昭

按《明史》:"崇祯十七年,贼陷都城,惠安伯张庆臻先一日召亲党尽散资财,阖家自燔死。"又《通志》云:"庆臻将殉节,谓其子曰:'吾世受国恩,惟有一死而已。尔可远去,以全宗纪。'其子曰:'大人死忠,儿当死孝,义不独生。'于是皆焚死。"余政事之暇,咨访前朝轶事。父老谓余曰:"邑之小惠家庄有惠安伯子孙,今相传已四世矣。"余曰:"庆臻阖宅自燔,史传凿凿。今子若孙,顾安据耶?"父老曰:"当惠安殉节时,有妾闵氏者,携二幼子潜逃城外,乞食村落中,人无知者。及圣朝定鼎,旌表尽难诸臣,闵氏与二子无家可归,惟东安惠家庄,乃伯食采地,庄人素受惠安恩,遂归之庄,人亦未之信。及出怀中墓表世系以为据,而知其真惠安后也。于是氏始设主①,易衰服②,率二子哭奠。终三年丧,又具衣冠招魂,营葬于惠家庄之西北村。二子,长承祐,次承基。承祐无后,承基生二子,其曾元辈补博士员者凡五人。"余曰:"然。果若是,则闵氏之流离困苦,保二孤于万死一生中,岂非巾帼之程婴、杵臼也哉!虽然善人固当有后,况节烈如惠安者乎?"因即父老所以告余者,书之传后云。

或曰:"闵氏当避难时,念国破家亡,实堪悲悯,故讳其氏为闵。"是亦未可知也。

烈妇刘氏小传

明王从先

张希皋妻刘氏,乡民刘儒女也。年一十五归皋为继室,历十有二年。皋以疾死,阅月十有五日,妇自经以殉,年甫二十有七也。妇生而贞静,娴于女则。翁媪素奇之,不轻许字人。适张登云成恩荐为皋择续,知其淑媛,遂委禽

---

① 设主:旧指为死人设立牌位。
② 衰服:丧服。

焉。和卺时，妇仅及笄，而缝裳幂酒，劙麻考屦，一切女红咸备。孝养舅姑，姻睦昆季，罔不恭谨悉敕①，绝不闻逾阃②之言。恩荐公以为无忝心，窃慰之。

乃公未登仕版③，赍④志捐馆，家亦旁落。皋与兄希稷以治生无策，感鹡鸰而歔欷。于是始谋析箸⑤。妇事姑朝夕益虔。每侍立，丙夜无跋踦容。姑性虽严，亟贤之。皋兄弟异籍，得田不盈一顷，复滨于河，多不逢年。妇劳苦自甘，事女工以给，又辄时其物之贵贱而权之。以故数年稍赢，然弗敢私铢缕也。皋于弟兄友爱最笃，凡笔耨砚田输官延客之费，俱佐缓急焉。而妇可知矣。

皋得瘵浃三月，无起色。妇日夜流涕，愿以身代，侍疾既久，骨立不支。及皋死，强起视殓，盖棺毕，号恸而绝。及苏，复绝者再，水浆不入口。盖皋无遗息，决志相从地下矣。稷密令母姑日夜守护，尪羸⑥一息。尝顾环堵内储偫而叹曰："此张家资也。"后遣家奴输谷数十斛于稷所，筐筥锜釜之器，亦俱焉。佯言使善藏之。稷一日展墓⑦归，享皋以牲醴之具，妇跪而泣，泣而奠。思昔雁行⑧，今折翼，佳事不再睹，由是五内益裂。继乃绐母归省其父，一侍婢亦趣之。是夕，夜将半，理后事毕，束发服缟素大衣，向皋灵爇⑨香再拜，遂自经枢傍以殉。时天启元年正月十九日。诘旦，姑与邻媪启户，解悬，已不可救矣。里中父老子弟闻之，皆欷歔感叹，为之泣下。是日也，风声萧索，白日黯淡，若有助其悲惨者。邑令勒状上闻，照例旌表，题曰"贞烈之门"。

---

① 敕：告诫，申诫。
② 阃（kǔn）：内室，喻指妇德。
③ 仕版：旧指记载官吏名籍的簿册。亦借指仕途，官场。
④ 赍（jī）：怀抱着。
⑤ 析箸：谓分家。箸，筷子。
⑥ 尪羸（wāng léi）：瘦弱。尪，脊背骨骼弯曲。
⑦ 展墓：省视坟墓。
⑧ 雁行：并行而有次序。引申为兄弟。
⑨ 爇（ruò）：烧。

(乾隆)东安县志

陶弘才传

国朝陶自新

陶弘才,字君实,越之会稽人。生四岁,遭父丧,贫无以敛,伏尸哀恸,若成人礼。母痛欲自经,持裾大号获救免,宗族怜而竟赙之。奉母十余年,以孝称。母卒,子①处草庐,哀毁骨立,见人读书辄惭慕曰:"吾力不能为亲竭,身不能为君致,有志就傅而乏修脯②,奈何?"父老感其言,为言于蕺山刘先生,因得列门下。颇涉经史,晓大义。公状貌伟杰,性壮烈,优艺勇,尤善手搏。受学后,抑损若懦夫。两应童子试,不售,遂北上。由三考出尉东安,遇事敢为,令甚器重之。

顺治五年秋大饥,贼刘东坡勇悍有邪术,肆掠浑河左右。冬十月,虐延东安,民皆汹汹惧。时令在会城,贼攻城急。公升县堂,伐鼓集众而誓曰:"弘才虽下吏,亦天子所命,义当死尔,百姓有能杀贼者从。"众皆泣曰:"公莅东安,适岁祲,民饥且死,会大尹卧病,公慨然为民状疾苦,伏抚辕三日获请。生乃公生,死随公死,今日惟公命。"于是率军民三百余人突西门而出,奋勇击贼,斩首数十级,生擒四人以还。贼益兵攻城,且诱之战,佯北。公追之至落堡村西坂,忽黑雾迷天,咫尺兵刃不相见,众溃。公策马冲突,当者披靡,卒中妖术,被执。贼见公义勇,欲降之。公厉声裂眦,夺刀刺贼,不中,杀贼卒数人,遂自刭。贼怒甚,醢之,悬头于纛,以示城中。城中人皆震哭,塞门增堞以死誓。年十六以上者争持瓦石,登陴拒贼。会令亦请兵至,贼遁,邑赖以宁。东安满兵驻防始于此。公卒年三十八,家贫未娶,惟一仆,力不能上闻。士民私祀之,岁时布奠,无不泣下者。迄今犹道公忠烈不衰。

其时,有一少年闻公被害,悼甚,操戈而出。门塞不得启,号呼从城上跃下,肠裂仆地而死。亦义士也。惜其名不传。

---

① "子"合刊本"乾隆志"误作"子"。
② 修脯:应作"脩脯",旧时称送给老师的礼物或酬金。

骆大姐传

国朝邑令李①光昭

骆大姐，东安留犊村农家女。父早亡，与寡母兄嫂处，年十七未字人，平生足不逾阈，虽蓬居湫隘，罕识其面，而隔垣郑逢春私窥之，女觉即匿，避不得而挑也。一日，嫂归迎，兄力作于野，母适馌饷。逢春汲水墙下，知女独处，趋入欲犯之。不从。逢春提室中斧以胁女，女叫骂不绝口，逢春怒击死之。母从田间归，见女尸横于地，血溅衣襟，视其领下有斧伤痕。是日鸣于官，逢春先逃去。其兄谓母曰："吾妹之死，疑邻人探知独处，强奸不从而杀之者。里中郑逢春素无赖，意必是人也。"比械至官，逢春不能讳。于是逢春论斩，而骆大姐以康熙甲午年请旌。遂建坊焉。

赞曰：彼姝子，贞为德，白不缁，坚不泐②。敌狂且强有力，血衣襦，膏斧锧③。名既扬，凶亦殛，垂百世，为女则。

苑烈妇传

国朝邑令李光昭

安次以烈著者，有孟氏、张氏、骆娥、赵氏凡四人，皆为强暴所逼不屈死，或身撄白刃，或毕命投缳。朝廷悉加旌奖，以表贞风。今得苑氏而五焉。

苑氏适大城县孟黑子为妇，侨居邑之安澜城，安澜即古之狼城口也。其姑李氏无行，会永定河决，卖酒堤上，而欲阴召其妇以为媒。妇归宁不至，比至，而别居村堡中。姑怒，屡窘辱之，又尝偕恶少至妇舍饮，妇色益厉不可犯，姑益怒。妇自念薰莸④同器而居，则清浊曷辨？且姑意终未肯释然于此也。六月五日晨炊后伺姑往堤上，密缀上下衣裈⑤，自沉于河而死。时年二十岁。

---

① "李"合刊本"乾隆志"误作"先"。

② 泐（lè）：石头依其纹理而裂开。

③ 锧（zhì）：古代腰斩用的垫座。

④ 薰莸（xūn yóu）：香草和臭草。喻善恶、贤愚、好坏等。

⑤ 裈（kūn）：古代称裤子。

其夫与氏父寻尸至武清范瓮口得之,已四日矣。又四日,备槥盛敛,竟体芳洁,颜色宛然。道旁聚观者喧传烈妇事,皆感叹欷歔,为之泣下。窃怪炎歊①烈日中,死八日而形不朽,盖其贞心劲骨,比金石而弥坚,素志冰操,与椒兰而竞馥。吁!如苑氏者,赋命不由,不降不辱,可谓得其死所者矣!南路司马王公廉其实,闻之上官,特疏题奖,诏建坊以旌其节。

赞曰:其志坚,其行确,琬琰俪姿,江河濯魄,既皓质之无亏,纵一死其何惜?

东安县志　卷之二十

---

① 炎歊(xiāo):热气蒸腾。

东安县志 卷之二十一 艺文志①

碑 记

东安庙学记略润　　　　　　　　　　　　　　　元 孔克坚

东安监郡卜侯暨②太守世侯具事状请于子,曰:"敝郡有程式者,好义之士也。"至正乙酉间,出资创义学一区。赡地一顷一十亩,延师教其乡人,洎四方之来学者,岁给廪饩弗替。一日,慨然而兴曰:"学者诵诗读书,皆以宣圣为师法,今义学建而圣庙未建,是溯流忘其原也。"壬辰岁,复捐资若干,立庙塑像,并香案祭器咸备,春秋二祀无缺。州故有庙学,地为浑河所冲,而程君所建者,迄无恙,众以为若有神灵焉。至正癸卯秋,学正张天麟典教是州,与二州侯躬诣③程居④,暂假⑤义学,以为弦诵地。式慨然曰:"某立学置产,已为公物,岂尚有吝心耶?嗣后悉捐之,惟二贤侯是命。"二侯辴⑥然曰:"真义士也!"于是倡寮寀⑦,捐俸金,砻石于清庙之西偏,乞为记之。

余曰:"噫!夫士苟存心利物于人,必有所济。式居乡以善称,既以淑诸己,立学以义名,又以淑诸人,其人洵足嘉矣!夫燕蓟之⑧俗,悲歌忼慨,自古则然。而近代狃于时习,往往建立僧舍神祠以邀冥福,如式之设义学而尚儒风者,

---

① "艺文志"三字原文所无,为使本节眉目清楚,根据志前的目录添加。
② 暨:和。
③ 诣:到,旧时特指到尊长那里去。
④ "居"合刊本"乾隆志"误作"君"。
⑤ 假(jiǎ):借用。
⑥ 辴(chǎn):喜悦。
⑦ 寮寀(liáo cǎi):亦作"僚寀"。官吏,僚属。
⑧ "之"合刊本"乾隆志"误作"乏"。

(乾隆)东安县志

盖鲜矣！昔范文正公贵为参政，舍宅为学，割义田以恤贫族。而式布衣耳，其所施设亦能如是，又其难焉者。今我圣元，以六事选守令，学校兴举居其首。二侯膺命来牧，是郡能以兴学校为先务。适丁国家多事之秋，百费繁剧，民不胜劳。式于此举，岂惟益于官，又能不劳其民。呜呼！有二侯之贤，可以起式之义。有式之义，可以遂二侯之志。是宜书其事以劝。吾闻式之行不止此。亲丧，筑庐墓侧，朝夕泣奠。翰林承旨康里公扁曰："慕亲。"时有慈乌百余巢于冢树，浑河为之回澜。人咸异之，谓为孝感所致。又分田以给姻族婚丧之贫乏者。前太守牛德裕闻于朝，旌其门曰："孝义"。复之无所与，诸贤士大夫编次诗什，已采于王官。先太守赵士敏及今太守世侯荐于上，除本①州文学。东郡密迩京畿，所隔仅三舍地。吾知孝义之迹达于史馆者，彰彰矣！

系以辞曰："峨峨黉宫②义士③创兮，美哉轮奂④为民望兮，鼎峙岱⑤嵩⑥屹相向兮。延聘硕儒⑦俨函丈⑧兮，佩衿⑨来游岁且久兮。奄曶⑩桑榆畴⑪克守兮，我侯戾止⑫德施溥⑬兮。爰念学校重修举兮，来假来询慨然与兮。千载会遇亶⑭非偶兮，镌此颂词传不朽兮。

---

① "本"合刊本"乾隆志"误作"水"。
② 黉(hóng)宫：学宫。
③ "士"合刊本"乾隆志"误作"土"。
④ 轮奂：形容屋宇高大众多。
⑤ 岱：泰山的别称。亦称"岱宗""岱岳"。
⑥ 嵩：嵩山。
⑦ 硕儒：大儒。
⑧ 函丈：这里指对前辈长者或老师的敬称。
⑨ 佩衿：语出《诗·郑风·子衿》，此处指士子。
⑩ 奄曶：迅疾。曶：古通"忽"。
⑪ 畴：田地。
⑫ 戾止：来到。戾，来；止，至也。
⑬ 溥：广大。
⑭ 亶(dǎn)：实在，诚然。

东安县邵家庄乡学记   元 李继本

乡学,古也。四代之制,家有塾,州有序,以教其子弟。材成则宾兴,其贤能而官之。于是内之辅相,外之岳牧,与凡小大臣工,胥①此焉出②。则乡之有学,所系盖不细矣。《记》③曰:"良冶之子,必学为裘;良弓之子,必学为箕。"况齐民之子,其可以不学乎?学之,则德萃于躬,道著于时。故三纲叙、九法彰,而陶斯世于熙皞④。苟以学为末务,而驰心任意,以妄为之,是之谓不学无术。多见颠倒舛缪,睢盱⑤惶惑,而莫之适从。譬之群御乎莽苍之野,疾驱而逐禽,御非其道,则禽不可获。借⑥曰获之,则亦诡遇耳。东安,古名邑,风气浑厚,民俗质直。治得其道,则妥顺以安;非其道,亦强忍慑服,而不敢肆。非如他邑之民,宽则驯,急则扰,若犬豕之未易绥柔也。邑之北乡曰邵家庄,邑长王侯建学于其地,延李宗昭为之师。宗昭,前代衣冠家,而能遵教条、严训诲,蔼然有邹鲁文学之风。余草堂去学馆不数里,举武⑦即至。尝于躬耕之隙闻伊吾声,辄心喜之,谓吾乡自兵燹⑧后久亡弦诵声,孰意振绝响于大雅寥落之余。宗昭其足嘉者乎!夫师之于弟,教之以正,自童蒙始,盖所以谨。夫始入之途,而不为他歧所惑,此朱子所以补订《小学》一书也。小学即成,由是而进于大学,则内体外用,税驾⑨乎高明光大之域,而可以兼善一世矣!宗昭有志于古学者,其亦以此义语诸高弟子。

---

① 胥:全,都。
② 正常语序为"胥出此焉",都出自这里。
③ 《记》:指《礼记》。
④ 熙皞:和乐;怡然自得。
⑤ 睢盱(huī xū):质朴貌。
⑥ 借:假托,假设。
⑦ 举武:举足,举步。
⑧ 兵燹(xiǎn):因战乱而造成的焚烧破坏等灾害。燹:野火。多指兵乱中纵火焚烧。
⑨ 税驾:谓休止、停留。

(乾隆)东安县志

东安庙学置地记 　　　　　　明李应期

学之南有泮池,池之南有高垒,俗以为笔架山。学之乾有塔,耸然而起,俗以塔为文笔峰。乾巽相应,而灵气钟焉,是以名臣俊彦后先辉映。畿辅左右,称名邦者必以吾邑为首,是垒之有关于庠序岂浅鲜哉?但是垒原为民地,非学所有也。成化间,上下殷富,百十年无转售者,其在他人,犹其在吾学也。迄今三十年余,地遭兵燹,庐舍废为町疃,果木毁为薪炭。世守之产,数易其主。万一此垒转售他姓,或任其为污池坎窖而莫之禁,则学宫之形势毁于一旦,所伤实多。广文吕北川、陈漳鹿与佯隽刘子伯光、史子亨、杨子绍英、王子应门,共相议曰:"是垒之废兴,乃吾学仕进者废兴所由关也,盍①捐资置地于学,更为之继长而增高焉?则形势益壮,科第之蝉联讵②有艾③乎?"于是合陈于邑侯韩公。公曰:"善!"首捐俸金若干,并乡大夫邵公鸣岐、魏君楠辈暨阖学士,人皆踊跃,助成其事。而泮南高垒始为学有矣。其地之长短、广狭、亩数、四至,另有《小石开记》。又恐其世远难稽,而且不忘始事诸君培植学校之意,属某为文,勒石以垂久远。从此地效其灵,人修其业,汇征鸿渐,光于前而振于后,皆韩公、吕公、陈公三君子之所造也!某不揣鄙陋,遂承命而为之记。

东安县创建名乡科第两坊记 　　　　　　明陆燧

余丁巳夏,捧符安次,出春明门经天子上林迤南。甫抵境,上见黄沙赤地中忽有翁④然茂翳者,问之,此留犊里也。夫留犊,为汉寿春时侯⑤故事,一过

---

① 盍:何不,表示反问或疑问。
② 讵(jù):岂,怎。
③ 艾:止,绝。
④ 翁(wěng):草木茂盛。
⑤ "侯"字误,当作"候"。合刊本"乾隆志"此处不误。

而千载系思，则邑人之厚也，心窃景之。阅邑乘①，见名公巨卿、簪缨科第之蝉联也，则又心窃伟之。入邑治而见人文凋谢、景色萧条，无前贤棹楔②，昭垂③不磨④，以兴起后者，则余又嗛⑤然心伤之矣。

夫汉距今不啻三千年⑥，其间为州为县，凡经三徙。何代无贤？何日无令？何令之名不可传？必借才异代异地，仅托于寿春令以传。而吏是土者，既弗克自为，可传踵寿春之芳躅⑦，又弗能使传一方盛美，令湮没无闻，将间表墓⑧封之，谓何⑨不亦轻朝廷、羞当世乎？爰⑩视事稍暇，进荐绅先生博士弟子员讯之，佥⑪曰："此缺典也。某辈之冀幸而未敢请者也。"议于邑左右建坊二座，左曰"昭代明卿"，左之外曰"前代明卿"；右曰"明时科甲"，右之外曰"明时俊彦"，各以次定。维时黄橡率先之两学博倡助之，一时缙绅贤士共协成之。

是举也，不醵⑫金钱，不委吏胥，凡石者、木者、埴⑬者、锻者、畚⑭者、斫⑮且

---

① 乘：中国春秋时晋国的史书称"乘"，后通称一般的史书。
② 棹楔（zhào xiē）：门旁表宅树坊的木柱。
③ 昭垂：昭示，垂示。
④ 不磨：不可磨灭。
⑤ 嗛（qiàn）：不满足。通"歉"。
⑥ 作者陆燧对自汉至明时间跨度的认识有误，不当语"三千年"。
⑦ 芳躅（fāng zhú）：指前贤的踪迹。躅：足迹。
⑧ 表墓：在死者墓前刻石，以彰其善，谓之表墓。
⑨ 谓何：何。
⑩ 爰（yuán）：于是。
⑪ 佥：全，都。
⑫ 醵（jù）：凑，集。
⑬ 埴（zhí）：黏土。
⑭ 畚（běn）：畚箕。
⑮ 斫（zhuó）：用刀斧砍。

垩①者，惟力是视，子来乐输。不三月，而两坊巍然夹峙矣。使它年乘传②拥幰③，过而式④之曰："此某名卿、某贤士大夫故里也"，生景仰心。其哲胤⑤秀士，则而象之曰："此某先达名卿、贤士大夫之所留也"，生兴起心。兹坊所造良多，孰与借才异代异地以为重乎？若曰："子不能自为重，徒托都人士以为重，将无为寿春令所揶揄耶？余何以解？"

役既竣，已浃岁矣。会余有遵阳之移，诸绅士请识之。余为之次其年月，登好义之名如左。

云间渭源陆公生祠去思碑记　　　　明冯铨

惟⑥兹弹壤，实号天邑，滨河襟海，北拱神京，固甸服之咽喉，而左辅之股肱郡也。圣天子诞敷文德，被化最先，而吏非其人，则梗化亦易。武健⑦严酷，既难胜任，一切阘茸⑧软媚者，亦旷职而无所表见。云间陆侯以词苑蜚声魁海内。其绾绶而来也，戴星冲泥，筚路篮⑨缕，不遑启处，及调剂于水火燥湿之宜者。甫二稔，吏惮民怀，上计称最，治且成矣。乃廉能异状，岳荐帝简，交口而贤之。属遵阳处纪纲之司，斥堠⑩不宁，忧劳捍御⑪，以牧伯而兼干城，日讨军实而纤筹之，岂斤斤智效一官者卒办此哉？于是急推侯往，侯亦跃然

---

① 垩(è)：用白土涂饰。
② 乘传：乘坐驿车。传，驿站的马车。
③ 幰(xiǎn)：车上的帷幔。
④ 式：同"轼"。车上的横木，古人用手俯按其上，以表示敬意。
⑤ 胤：后代。
⑥ "惟"合刊本"乾隆志"误作"推"。
⑦ 武建：勇武刚健。
⑧ 阘茸(tà róng)：喻地位卑微或品格低下的人。阘：小户，引申为卑下。茸：小草。
⑨ "篮"字误，当作"蓝"。合刊本"乾隆志"此字亦误作"篮"。筚路蓝缕：坐着柴车，穿着破衣服去开辟山林。后以之形容创业艰辛。筚路：柴车。蓝缕：敝衣。
⑩ 斥堠：又作"斥候"，侦查，候望。
⑪ 捍御：防卫，抵御。

奋曰："疆场败衄,主忧国辱,匪惟武臣效命,亦樽俎折冲①之是赖。"安父老子弟闻檄下,悉奔走号呼,请于当路,不获借寇②。侯不忍弃去,迁延浃月。比脂辖③,则黄口鲐背④,壶浆塞途,车轫不得发。侯数四温慰之,相对泫然而已。归乃聚族而谋之曰："天其无意于安邑之民乎?彼民何幸我何辜!乃夺此以与彼耶!虽然,若之何?矢勿谖⑤也。邑自明兴二百余祀,循吏不乏,然畏垒⑥之社稷与岘首之堕泪⑦,蔑有闻也。创之,请自今日为侯始。"因即城南数百武,稽故实建祠。而碑之城南者何?即侯祀河祷雩之所占足处也。典曰："以劳定国则祀之,能捍大患则祀之。"安人借侯德⑧以脱死亡,登衽席⑨,一旦迁去,免婴儿于怀而夺之乳哺,有不号咷终日者乎?侯下车之时何时也?城不没者数版耳,撮土殚为河矣,鱼蛙之民自分无生理矣。侯斋戒而与河盟,有斩蛟沉马之壮,河亦杀其怒以就侯之威令。

河既平,遂别其谷土、庶土之缓急,汙邪⑩、瓯窭⑪之丰啬,分六限以佐官输,惟正之外不索一钱,而民乃安堵如故。已而祷霁、祷雪、祷旱,诚可格天,莫不肸蚃⑫,辄应如责券而取之,安人啧啧呼"神君""慈母"矣。其听决务在

---

① 樽俎折冲:指不以武力而在宴席交谈中制胜敌人。后泛指外交谈判活动。
② 借寇:典故名,寇,指汉朝寇恂,典出《后汉书》。后以"借寇"表示地方上挽留官吏,含有对政绩的称美之意。
③ 脂辖(yóu):油涂车轴,以利运转。借指准备驾车出行。
④ 黄口鲐背:孩子和老人。黄口:儿童。鲐背:老人。
⑤ 谖(xuān):忘记。矢勿谖:发誓不忘。矢:发誓。
⑥ 畏垒:寓言中的山名。
⑦ 岘首堕泪:典出《晋书·羊祜传》:晋羊祜镇守襄阳时,勤于政事,为民办很多好事。他死后,百姓在他常游憩的岘山立端建碑,见碑者无不落泪。岘首:山名,即湖北襄阳县南的岘山。
⑧ 合刊本"乾隆志""侯"后脱一"德"字。
⑨ 衽席:借指太平安居的生活。
⑩ "汙邪"疑为"污邪"之误。污邪:地势低下的田。合刊本"乾隆志"此处亦误作"汙邪"。
⑪ 瓯窭:狭小的高地。
⑫ 肸蚃(xī xiǎng):迷信所言的神灵感应。

(乾隆)东安县志

平恕,尝念荒民愚昧,苟拘文法以为钳网,自新之路谓何?积岁以来,雨卧桁杨,讼庭莎绿,酿化不既多乎?且清影射之弊,则豪猾不敢侵牟;立平准之法,则驵驵①不敢低昂。马政举而骒牝三千矣,蹉政举而农末兼资矣。诸如学田义田之设,首捐清俸,义仓储谷七百石,以备荒赈。侯为安人计,不既殚厥心欤?

至于陶铸人才,振兴学校,则陈说经史,辩论古今,俨然风雨集而江波流也。或引才而就法,或引法以绳才,自闱中所抡②士与宇下之执经而问字者,无不人自标奇,云蒸霞蔚,足以腾骧天路,当异日朝廷之用者。盖和宝砥于良工,干将锻自欧冶,其所从来不偶耳。人亦有言:"县者悬也,民命所悬也。"倘其如蝮蛇之蓁蓁③,豺狼之侁侁④,悬人以嬉,投之深渊,则亦乌用此令为?

侯胸中不立城府,不设涯岸,而守正以行,亦不为呢訾栗斯⑤、絜楹泛凫⑥之习。以故其操冰壶也,其心慈航也,其摘发⑦照胆镜⑧而辟邪珠也。安人虽积遭厉岁,村突⑨不黔⑩,而犹不至颠踣载道,兴哀于苌楚⑪,鸣怨于硕鼠⑫者,伊谁之赐哉?昔文翁之祠于蜀也,栾布之社于燕也,朱公之祠于桐乡也,何武

---

① "驵"疑为"侩"之误,驵侩(zǎng kuài):原指马匹交易的经纪人,后泛指经纪人、市侩。合刊本"乾隆志"此处亦误作"驵"。

② 抡(lún):挑选,选择。

③ 蓁蓁:积聚的样子。

④ 侁侁(shēn shēn):众多。

⑤ 呢訾栗斯(zú zī lì sī):指奴颜婢膝,向人献媚。呢訾:阿谀奉承。

⑥ 絜楹泛凫(xié yíng fàn fú):絜,度量。楹,柱子。度量柱子顺着圆面。絜楹:喻善能揣度权贵者之所好。泛凫:亦为圆滑阿谀。

⑦ 摘发:揭发。

⑧ 照胆镜:又作"炤胆镜",相传能照见人胆察知病患或邪念的宝镜。

⑨ 突:烟囱。

⑩ 黔:指烟囱熏黑。

⑪ 苌楚:即羊桃。野生,开紫红花,果实如小桃,可食。

⑫ 硕鼠:比喻横征暴敛的贪婪官吏。

之思于兖也,慕其义怀,其泽数十世不替,所谓思人爱树棠,犹且勿伐,非以德泽之入人者深,民虽欲忘之而不能耶!

周命毕公保厘①东郊,亦曰:"泽润生民,海隅日出,罔不咸赖。"侯今东矣,亦取其泽安者以泽遵②,区区小侮,何足致我绸缪?是廷论推侯以往之意也。烽火静而甘泉无警,侯且树麟阁之业,安之庇荫尤不浅矣。是役也,测景度地,鸠工庀材③,成以不日。为堂三楹,供像其中,岁时伏腊,侯俨然苾焉。乡人咸得拜手而祝曰:"乐只君子,邦家之光;乐只君子,遐不黄耇④。"则又安人建祠立碑之意也。

侯讳燧,别号渭源,起家庚戌进士,松江上海人。其经纪祠事者,则施生大雅等董之,爰丽牲斧石以志岁月云。

重修东安县城记略润　　沈应时

东安去都门百四十里,盖畿南首邑也。阅旧志,邑近浑河,数遭水患,凡三徙而始得定居。且逾年始创土城,又逾年始券城门。至嘉靖庚戌,都门遭警,始议陶甓⑤成城,城盖如此之难也!夫王公设险以守国,东安郊圻近邑,迁延若是,大抵向来因循不振。前人之事听之后人,后人之事诿之前人,直待大坏极弊,始起而更张之。诿之者徒知利己,更之者仍自劳民。倘肯各身其事、未雨绸缪,安所事于劳费若此?此徙薪之功反居焦烂之后,天下事可忍言哉?

今东安城又历有年矣,风雨浸淫,外之陶甓泐啮⑥,内之土日倾圮,城削

---

① 保厘:治理百姓,保护扶持,使之安定。
② 遵:指遵阳。
③ 鸠工庀材:召集工匠,准备材料。庀(pǐ):具备。
④ 黄耇(gǒu):年老意。此指长寿。
⑤ 陶甓:陶砖。
⑥ 泐啮(lè niè):裂开,侵蚀。

至不能措趾,脱①更悠悠泛泛不亟为料理,非惟有警,一无所恃,即至崩塌而更为之,其劳费概可知矣。

甲子秋八月,楚辰平溪郑公来守是邦。下车问民疾苦,首阅城垣,见其磊砢②单薄,实疚于心。顾以初至,未遑受事。半载,百度③具兴,上下倚信。于是计城围之广袤,修筑之工费;又计邑之幅员若干里,里之居民若干村,随村大小出夫均役。督理委之幕属,分任责之,省祭④其先事,而筹者盖裕如矣。

翼岁仲春,当风和土融,农有暇日,乃白之当道,诹吉兴工。檄村民由近而远,定五日番休,周而复始。不久役,不重役,民皆欢然趋事,版筑之声登登凭凭。阅⑤四月,成城二千四百余丈。复按城甓之残者补其缺,腐者易以新,形势整,雉堞固,从此可称完城。消窥伺而资防守,屹然郊圻之屏翰矣。向非神明茂宰,力为仔肩,纡筹尽善,安能不急不徐而聿观厥成乎?故知悠悠泛泛者不足以任天下事,而投艰遗大,惟精敏明干者方可胜任而愉快。是郑公大有造于东安矣。

余更有说焉。城以居民有形之险也,民心维系无形之险也。略有形而重无形,则圣人何云"重门击柝,以御暴客"?恝有形而忽无形,则孟轲氏何云"地利不如人和"?二者盖交相重也。今郑公既联之以善政,又维之以坚城,内外巩固,人心蟠结,东安之为三辅称首也宜哉!

郑公名之城,由乡荐起家。其勋猷懿绩不具论,论其修城之硕画如此,而他可知矣。余外弟涿鹿经历冯泰运,始摄邑尉,后又委襄厥事,向余备述如此,故知其详云。

---

① 脱:倘若。
② 磊砢(lěi luǒ):指众多委积的石头。
③ "度"字误,当作"废"。合刊本"乾隆志"此字亦误作"度"。
④ 省祭:即省祭官,是负责督查的差吏。
⑤ 阅:经历。

东安县题名记 略润 　　　　　　　　　明邑令陶栋

　　东安为畿辅近邑，朝廷设令一、丞一、簿一、尉一，以共襄牧事。今丞、簿省之，余如故焉。余自罗山调任兹土，甫视事，即进都人士，问以前令姓名并一切行事可为师法者。都人士曰："东安邑志久缺，历任姓名不甚记忆。特其卓卓可传者，虽历久而名不灭，千百年如旦暮也。其他或不尽传。若其无传，必其人之无可传焉者也。"余曰："然。顾吏之有小善者，未必皆传，而为恶断无不著。善固可法，恶亦当戒！"因取迩年来姓氏可考者，共得若干人，列名于左，以时观览。其为廉吏欤？循良之选，玺书之荣，必是人也，至今有余慕焉。其为贪吏欤？指摘之加，呵斥之辱，必是人也，至今有余憎焉。将为其可慕者乎？抑为其可憎者乎？为其可慕，则前事之师不远也；为其可憎，则覆车之辙相仍也。即或廉吏难为而负薪，贪吏得时而富贵，苟逃人祸，必有天殃，因书以自警，并告后之为吏者焉。

奎楼记 　　　　　　　　　　　　　　　明来宗道萧山人

　　梁公以山东参政莅霸州，属邑以数十，行历咨询，政举化洽，尤以首善之地宜辅天子薪槱之化，文物为天下倡，益属意焉。己酉秋，历东安。东安故无城，正德间始城，而西城实逼学舍，青衿①进取渐绌，说者谓右昂左陷，形势固不利云。公既至谒庙，低回久之，进知县郑暨学博，问故。乃曰："形势家未足尽信，然南涂北岳，陟巘降原之事具载诗书。法当于学之左建高楼以厌②之。顾岁事不登，赋逋帑竭，奈何议工作？"郑曰："明公不鄙夷下邑，有意经始，以惠多士，敢不奉扬？先是学庙地，邑立簿义助，可二百余两。职辞以此有司事业，斥赎金茸焉。今其簿具在，工可不费而集。"公曰："善。"遂捐俸二十，令

---

① 青衿：学子之服。后因称读书人为"青衿"。
② 厌：以迷信的方法，镇服或驱避可能出现的灾祸。

(乾隆)东安县志

择地卜日举事。郑以下各以次捐,委教谕光裕、训导启明暨诸生殚心饬役,五旬落成。高十寻,广五筵,题曰"奎楼",从所志也。学外衢树二坊,东扁曰"德侔天地",西扁曰"道贯古今"。望之飞甍鸟革,巍碣虹亘,五彩相错,百雉争雄。往来游息于斯者,怃舞色笑,咸曰:"休哉,公之大造于东土也。"于是学博遣诸生邦才,秉朴具书,请予记之。以予为公所举,而郑尝振铎①吾②萧③,所执经④也。按《志》:东安去京师百四十里,被化甚迩。异时贤书相望,累官御史大夫、尚书者不下数人。原国家建学育才之意,似非沾沾较科名多寡,而卒亦不能外。此间尝究论其故,不可知者三,开之天为数,域之地为势,成之人为才,惟三者,举不可知,顾往往相值。何也?数之偶也,屯人则易沮,或已又复然。沮者益以愤懑,旁求其解,阴阳曲说,遂多籍口。而人始疑,疑则愈沮,沮则屯者,遂不复亨。当是时,上欲振其沮而不有兴创营缮之事以易其耳目。先破其所疑,毕世不可得。夫既以然矣,又往往若券。何也?上欲振之,即屯之;欲亨,而其兴创者复藉形势,即以为往来游息之林,去其畏忌,劝业自振。夫自振,则鲜不利也。所谓地效灵,人效力,因其不可知而遂为我用也。公建楼之意,倘谓是乎?顾监司地崇,足不履黉序⑤,或且迂视之,难一;有司吝钱谷,或搜括已罄,欲办无所,难二;令具材庀,不协于同,欲计日受成不得也,难三。兼此三难,快睹成绩不亦休哉。公昔著声中秘,以给谏典浙试事,所得皆誉髦⑥。郑在萧课,弟子员有法入彀者,数科不绝,相合以济,所谓成之者人,抑在斯乎?《诗》曰:"岂弟君子,遐不作人"⑦,梁公有焉;"百堵

---

① 振铎:谓从事教职。
② "吾"合刊本"乾隆志"误作"无"。
③ 萧:指萧山,即作者的家乡。
④ 执经:手持经书。谓从师受业。
⑤ 黉序(hóng xù):古代的学校。
⑥ 誉髦(yù máo):谓俊杰之士。
⑦ 岂弟君子,遐不作人:语出《诗经·大雅·旱麓》,意为和乐平易的好君子,怎会不去培养青年。

皆兴,蘩鼓弗胜"①,郑公是已;"蔼蔼王多吉士,惟天子使"②,诸士勉乎哉!

公讳有年,号惺田,广东顺德人。郑讳崇岳,号霁华,浙江浦江人。

重修东安县学碑记 略润   国朝教谕王梦明

安次学宫,唐开元间在耿就桥行市南。元时,移于朝正坊。至明洪武二年,浑河为灾,随县改迁于常伯乡之张李店,立庙城北西南隅。当时民丰物阜,鸠工庀材,不劳而竣。厥事自此,人文蔚起。嘉隆年间,科第蝉联,往往甲他郡邑。既遭兵燹,兼受浑河冲决之患,未免摧残,致伤地脉。迄今文运少衰,而仕进者迥③异畴曩,独何故哉?余以遂城儒素④分训安庠,窃见大成殿、明伦堂为秉教孟君讳陈王者重经修治,其余两庑及戟门、棂星门皆零落摧败,未克完整。朔望行礼,甚非所以肃拜献而壮观瞻也。梦明首捐金一百三十两,倡率士子随力乐输,而贾生庆云等亲督土木,以左右厥事,不半载而告成焉。具文本道张转详学宪萧,蒙批:"学宫各处残废,今安庠倡率重修,诚可嘉纳"。夫梦明与共事诸生特以昭崇祀至圣之意,讵能增辉泮⑤壁以夸示将来?然而前之创建者既已零落摧败,亟有待于今日。则继今以往,不更有待于后人哉?余以改铨,顷将就道。因纠合庠士子郝来宾、扈运开等订社出资,以为历年修葺费。庶几无俟残毁而后更张之,则财省而事举,力半而功倍。庙貌常新,笾豆⑥有恪,菁莪⑦棫朴⑧之士;云龙冈凤,悉邀福于宣圣之灵,宁有

---

① 百堵皆兴,蘩鼓弗胜:语出《诗经·大雅·绵》。意为成百道墙一时建起,人声赛过了打鼓声。歌颂的是古公亶父的开创之功。

② 语出《诗经·大雅·卷阿》,比喻贤臣对周王的拥戴。

③ "迥"合刊本"乾隆志"误作"回"。

④ 儒素:明儒,宿儒。

⑤ 泮:古代的学校。

⑥ 笾豆:古代祭祀及宴会时常用的两种礼器。竹制为笾,木制为豆。笾豆借指祭仪。

⑦ 菁莪(jīng é):《诗·小雅》中《菁菁者莪》篇名的简称。旧时以"菁莪"比喻乐育人才。

⑧ 棫朴:《诗·大雅》中的篇名。此喻贤材众多。

穷极也欤？谨勒诸石，以告后之秉铎于此者。

王里村义学碑记

　　知东安县事臣杜琅为钦奉上谕事，康熙五十四年二月二十三日，直隶总督赵弘燮面奉上谕："朕每年行幸水淀，近见民生虽不能家给人足，比之往时似觉差胜。但村庄之中，诵读尚少。朕思移风易俗，莫过读书，非此无可上进。况畿辅之地，乃王化所先，宜于穷乡僻野皆立义学，延师教读，以勉励孝弟，可望成人矣。尔即遍示庄村，皆知朕崇文好学之深意，特谕。钦此。"随奉，总督赵通行各府州县，一体钦遵到臣。臣琅遵，即捐俸设立义学于王里村，延师训迪。务期人知孝弟，亲逊成风，士各通经，书升有渐，以仰副皇上广育人才至意。其王里村一应差徭，永除科派，以为廪饩膏火之资。臣琅稽首拜，手谨勒石以垂不朽。

茨平村义学碑记

　　古者家有塾，党有庠，术有序，所以明人伦、端教化、美风俗也。茨平村去县治一十二里，村之士民以耕读为业，服畴食德，涵濡圣化者百有余年矣。村中向无义学，单寒之子往往有志诵读而未逮。乾隆九年，河南学政林奏请禁止设立三教堂，礼部议准。行文直省各州县，一体遵照。邑侯李公奉檄清厘，凡境内有三教堂者，悉毁之。因念至圣塑像必择精严宽敞之地敬谨安设，始无亵越。而茨平旧有三教堂，地颇爽垲，宇亦整洁，遂合圣像于此而敬礼焉。又蒙邑侯申请上官，改设义学，俾供洒扫，以课其乡人，乡人莫不勇跃从事。为之核其经费，酌其多寡，一切廪粮膏火之资，佥议已定，呈之邑侯，并请批免阖村徭役，以佐不给，庶为经久可长之计，侯欣然许之。于是重加修葺，建坊于学门之外，延师聚徒，规模具备。他日者，文教振兴，野多秀士，皆侯之力也。至于无废前规，恢弘而式廓之，尚有望于后之继起者。谨勒石以垂不朽。侯讳光昭，号潜岩，浙江绍兴府山阴人。时乾隆十年乙丑夏月，同里公记。

重建小西街义学碑记　　　　　国朝邑令李光昭

余未至东安时，五年之间，八易其令，事多丛积，务悉废弛。令之于民，如一宿邮舍，晓即起去，杳不知其为风俗利病也。今余莅东安已五年矣，才短而拙，无所设施。幸上官廉明，民气朴厚，搔痒栉①垢，因势而利导之，颇与民便，无他习焉故也。东安地皆沙瘠，间有膏壤，旗庄十处五六，故其民多贫。永定河自邑之西北流绕东南，每遇淫潦，漫溢田舍，化为薮泽，民益病之。比年颇获丰稔，户有羡粮，又蒙皇上如天之仁，普蠲直省田赋，饮和食德，万姓乐康，即一邑而知天下之熙熙皞皞于无穷也。夫农荒于田，则野有奥草；士荒于学，则俗鲜伟人。余观东安邑志，自宋明以来，如吕正惠公、李希政公辈，立朝风节，麟炳史书。其他科第起家者，不一而足。迄今士气未扬，簪缨者寡，岂盛衰不常，风会使然欤？抑鼓舞作成教化之弗先欤？我朝府州县治，各立学校，又诏城邑乡间设有义学，陶冶人材，至周且备。东安当前明时，邑令陆燧旧有金台书院，鞠为茂草。而前令张拔所建义学，亦日就倾圮。余捐俸修葺，环以垣墙，树之坊表，仍其名为金台书院。延文行兼优者以为之师，并置地若干亩，以资膏火。俾秀出齐民、单寒有志之子，皆得诵法圣贤，学为孝子、忠臣、悌弟，匪徒文艺是工而已。而奋扬皇路，继迹邦贤，风俗之转移，宁不于此有厚望也哉？是为记。

城北关帝庙小记　　　　　李光昭

庙在县城之东北隅。旧传明正统初，有长髯老人肩荷藤制帝像尚未捏塑者，偶②憩井旁，再负，竟不能起。邑人异之，立庙于此。塑土范金，阅日而像成。须眉轩朗，目光流动如注，凡礼拜者人人不敢仰视，益骇异焉。后浚庙旁

---

① 栉(zhì)：剔除。

② "偶"合刊本"乾隆志"误作"隅"。

古井,得钜刀,重八十余斤,形制甚古,邑人以为是即帝所执之偃月刀也。其说无稽不足信,而特其立庙之初,长髯老人负像而来者,果何为也? 此一奇也。既而负不能起,若神之有爱于是,而不能去也,又一奇也。久之,浚井得古刀,沉埋泥土,锋锷如淬,岂物之有灵而不可久藏耶?抑神显其奇而默或使之欤?是又一奇也。故为之记其说。

二士楼记 李光昭

二士楼者,杨存勖、周伯荩读书处也。考东安旧志,二人居常慷慨有志中原。及元集大统,逃去不知所终。东安当五代时,陷入于辽,继入于宋,而又寻入于金,中间相去久远。存勖、伯荩,吾知其为宋之遗民欤! 乃祖乃父坟墓坵墟之所在,是以忍而不能舍也。彼其初,盖犹有所冀耳。至元兴而宋亡矣,宋亡而二人乃去。夫含元景阳,各以时代为迁毁,曾何有于兹楼哉! 而后之凭吊其地者,想诵读之高风,缅肥遁之逸轨。颓垣蔓草间,隐然有二士在焉,然则楼毁而名固不毁也夫!

三柳轩记 国朝县尉王斌如萧山人

昔隋高颎家有柳一株,高百尺。里中父老曰:"此家当出贵人。"已而果验。晋陶潜解彭泽令,归门栽五柳,自号五柳先生。余以不材为东安尉,甫至之日,见败屋数椽,仅具墙壁。略为修治,构小轩以延宾客之辱临于此者。又恐颓败腐朽之余,风雨摇落,植三柳以为援,乃得土。未几,萌蘖渐生,始而为芽,既而为缕,又继而为荫,越四年而成林矣。因念余非高颎,既无三公之想,亦非陶潜,敢拟处士之名,而袅袅垂条可以补藩篱之疏,可以盖草堂之缺。余无日不啸咏于轩中,而三柳亦无日不拖蓝送翠于轩窗之下。当晴烟暮霭,凉月清风之际,尤可怀也,遂名其轩为"三柳"。独是鹪鹩一枝,官衙传舍,余乌知他日者不更摧以为薪,而爱惜而封殖之者,果何人也?

明中丞李公墓碑记

前明之世,东安名贤辈出,如刘、李、施、许诸君子,皆勋著当时,名垂史乘者也。其间忠孝廉直萃于一身,如李中丞侃尤为卓绝。余莅东安后访诸君子后裔,寥寥若晨星,且式微实甚,至不能继瓣香。而李中丞后则靡有孑遗,求其墓于凤河之阳,亦杳不可得。退食之暇,接见绅士,每一言及必为扼腕太息①,天之报施善人果乃尔耶!

丁卯冬,余命工吏滕国贵查询凤河故道,并嘱密访中丞墓。不数日,国贵偕张家庄老民徐文进至。备言李都院墓在村东半里许,久为镶白旗石姓圈地,今则为堤上营张文宣所租种也。围墙庄屋倾圮已久,丰碑墓志亦无复存,惟村东关帝庙前石狮传闻为都院墓间物也。余闻之喜不自胜,翌日②亲往查勘。墓离张家庄村东北二百二十步,正中一穴高三尺许,左旁一穴,右旁二穴,高不及二尺,耕犁几及垄矣。细寻基址,东西约十二丈,南北约八丈,断砖残砾,犹有存者。余犹恐其未确也,遍询于邻近之龙门庄、堤上营诸村,则凡高年垂白之人,无不知其为察院李大人墓也。且佥云:"故老相传,康熙初年,李氏后裔有官于西夏者来访先墓。彼时因地系新圈,恐有干碍,均不敢以实告。其人恸哭而去,此后遂无问津者。"余徘徊其际,不禁悲感泣下者久之。遂委衙官姚尉封殖其墓,严禁地户毋许再行耕毁。绕基之东西北三面环植榆柳以杜侵占,且立石于坟之阳,舁③狮于石之两旁,垂之永久云。

犹忆乙丑之秋,余在旧州与王孝廉培元闲询东安轶事。孝廉云:"杨辽西墓在兹村西南,今村西关帝殿柱下石碣,人皆知从杨郡王墓上移来。二十年前移石之老人尚在,必知其处,今则不可识矣!"嗟乎!旧州城庙中之石碣

---

① 太息:长叹。

② 翌日:第二天。

③ 舁(yú):抬。

与张家庄庙前之石狮,同一古墓间物也。杨辽西墓不幸而埋没于二十年之前,李中丞墓脱失今不考,不三数年必尽夷为陇亩。今中丞在天之灵,式凭①于国贵、文进辈使其佳城几泯灭于荒烟蔓草中者,一旦而大为彰明较著。自兹以往,可与西山凤水同其流峙。

天下事有幸有不幸,岂不信然哉?抑余更有幸者,国初之时,中丞子孙既宦于西夏,乌知百年以来不更簪缨弗替②寖③昌寖炽乎?惜访墓之时,乡人不以实告耳!然今西夏李氏望族有能知其先世系出东安者,中丞之后裔也。则今日之记,又乌知非中丞家异日水木源流之左券④乎?是为记。

志 铭

明故中宪大夫右佥都御史李公合葬墓志铭　　　　张瑄

公讳侃,字希正,号归庵。先世自河南新野徙湖广荆门,后宦游东安,遂家焉。高祖讳寿椿⑤。曾祖讳士瞻,翰林学士承旨,封楚国公,出理福建盐政,有平海寇功。祖讳继本,元翰林检讨,通五经。父东,洪熙初行人司副,后赠太仆寺少卿。母陈氏,封恭人。

公正统戊午举人,壬戌科刘俨榜进士,拜给事中。是时,阉人王振擅权,致己巳土木之变,车驾被遮,景帝以郕王摄政。公与今致仕尚书王公竑请诛奸党以伏其辜,并一时扈从死节之臣皆宜录用其子。复上疏,以为死节者既蒙恤典,凡偷生苟活之徒宜加严谴,以励臣节。当时言虽不行,人皆惮之。后也先悔过,奉车驾还京,议迎复礼,弗称。公上章极言:"太上皇为社稷生灵而

---

① 式凭:依靠。

② 簪缨弗替:通常指一个家族世代都是高官显贵。簪:文官官帽上束头发的簪子。缨:指武将头盔上的缨穗。

③ 寖(jìn):逐渐。

④ 左券:古代契约分为左右两片,左片称左券,由债权人收执,用为索偿的凭证。此处意为凭证。

⑤ "椿"合刊本"乾隆志"误作"春"。

出,今日迎复礼宜从厚。"颇逆旨。命廷臣议,佥曰:"侃所言无他,无非欲皇上笃亲亲之义,尽友爱之情。"由是礼仪有加。

三年,天象示变,诏求直言。公上章请依兵部尚书于谦所奏,罢度僧道,及吏部郎中李贤所上《中兴政本十事》,留内时赐睿览。且自劾不职,优①诏慰答。时户部尚书金濂违诏征敛,廷无敢言。公面纠其罪,上曲宥之。公复膝行至前,厉声劾其难宥状,遂下濂狱。是年边防告警,公又上疏言事,大要在内修外攘,振纪纲、收人心、节浮费而已。时广西指挥苗玹犯辟,上请易储,冀脱其罪。下廷议,公执以为不可,曰:"东宫无失德,易储非盛事。"有顷,中官出,以危言动②,公执议如初,遂改詹事府丞以解言职。公居谏垣十年,知无不言,言无不尽,排奸斥佞,面折廷诤,公卿严惮之。在詹事府修宋元史,深得体裁。总裁每谓他史官曰:"李先生纂修,文而不失其实,宜以为式。"英宗复辟,亦知给事中有不从易储之命者,时无左右为之先容③,事遂寝,改太常寺丞。

丁父忧,哀毁成疾。服除,改太仆寺丞,进少卿。马政修举,复累陈时政,大要在除宿弊、择守令、劝贤才、厚风俗、修武备,其议多见施行。畿内岁荒民困,又陈时政十余条。寻升都察院右佥都御史,出抚山右,兼提督雁门等关。乃筑橐莲台为宁武关,修边墙,练兵马,举廉戮贪,不惮大吏。

尝雪夜提兵巡偏头关,寒甚。边将密以貂裘进,不受。榆林官军生擒小石爱子,贼备驼马告赎。公上言请归俘,以结其心,亦安边至计。不报。诸王府官校多骄横,悉绳以法,众私相告曰:"幸勿犯李都宪。"时修撰罗伦言事落职,上章力为之解。榆林乏粮草,户部遣官督征,公惧民逃窜,檄下停止,然后奏闻。晋阳童稚皆知,感公德绘像以祀。

---

① "优"合刊本"乾隆志"误作"忧"。优诏:褒美嘉奖的诏书。

② 动:使变化。

③ 先容:本谓先加修饰,后引申为事先为人介绍、推荐或关说。

后丁母忧,去任,军民拥留不得行。服阕,力陈致仕,诚恳动主,特赐俞允。

公天性至孝,当景帝监国时,也先逼京师,时二亲在容城,晓夜悲泣,乞假冒险迎之。及太恭人晚年丧明,朝退,讲史传以悦其意。比终,哀毁如丧父时。公自奉甚薄,居官四十余年,橐衣之外无余物。平生忠义见于章疏,文章著于诗赋,道德则见于《小学摘易诗图①》,及《续崇正辨晦庵言行录》。

公生于永乐丁亥九月九日午时,卒成化己巳九月二日未时,享年七十有九。讣闻,遣官谕祭,加赐葬,盖特恩也。配张氏瑄之姊,累封恭人,有妇德,治家严肃,事舅姑以孝闻。通《孝经》《列女》诸书,诸子幼时皆亲自口授。与公相敬如宾。年九十五卒,葬京城西之钓鱼台。少宰昆山叶公,盛志其墓。生四子。长德裕,任训导,娶杨知县女,继娶成指挥女。次德宪,青州府通判,娶潘院使女。德恢,大理寺正,娶盐运使女。德仁,中书舍人,娶董布政女。皆恭人出。女一,适张缙。媵姚氏出。孙男五:旻、时、旦、晏、昊;孙女五。以卒之岁十一月十三日葬于县之张家庄凤河之阳,启恭人之墓而合窆②焉。

公殁之再旬,瑄以秩满,哭于柩前。诸甥以瑄与公谊同昆仲,且同学同年,闻见最悉,奉③翰林修撰林先生瀚所为状④,以志表请,遂忍泪执笔,序其实而为之铭。铭曰:于赫李宗显自元,始来新野迁荆门。再徙安次官益尊,承旨学士职讨论。出戡祸乱功孰伦,国史有传谱牒存。都宪于曾四世孙,孝奉二亲暨友昆。职当言路司谏垣,忠义炳烺昭乾坤。雠校两史宋与元,用别朱紫删浮言。朝廷重寄在抚循,令如秋肃兼春温。振拔淹滞苏烦冤,诛锄墨吏如刈菅⑤。忽闻亲丧戴星奔,军民号泣争攀辕。至今三晋官与民,不敢玩易

---

① "图"字疑衍。合刊本"乾隆志"此处亦衍此字。
② 合窆(biǎn):合葬。窆:墓穴,坟茔。
③ 奉:尊重,遵守。
④ 状:叙述,描写。
⑤ 菅(jiān):兰草。

矧敢谖。未老谢事归田园,穰穰福履来便繁。世守礼义浚庆源,四子先后登青云。优哉游哉将八旬,溘然归去游天阍。吾姊作配妇道敦,养备涤溉祭采蘩。龙门庄南凤河村,相与同穴封高原。碑表郁郁蛟螭蟠,千秋万岁宅尔魂。

明赠嘉议大夫刑部右侍郎施公墓志铭　　　陈琏

刑部尚书施公礼,述其先公行实,来请曰:"痛先父早弃藐孤,冢上之木已拱荷。蒙恩诰,追赠奎章①,贲②于泉壤,恩荣极矣。更丐一言,文诸墓门,以昭示子孙于永世,则存没知感也。"予按状,公讳伯诚,南徐丹徒人。生而岐嶷③,夙昭美誉。父翁祖有文武才略,元季以武功历官至镇江帅府万户,勋绩甚著。以曾大父亨、大父延宗潜德未耀,欲上请诰赠。公时年十九,毅然请行,万户公遂给资装,遣从者与偕。

既至都,适青徐兵起,梗不能归,流寓都下。自念去家数千里,无以自给,惟医者人己俱可有济,遂从名医学。性颖悟,博通轩岐以来诸家方论,切脉按症知疾病之源,遇奇疾辄著神效。后又侨居宣抚,赖医以济。

洪武初,始南徙,暂寓东安常伯乡益留里数年,以耕获,家渐裕。后遇岁歉,多疫疠,求医者踵门相望,受剂即愈,未尝责报。至贫乏不能自存或孤独无倚,及朋友死丧之不能举者,无不周给,前后赖济者无算。生平见善则扬,见不善则不言。虽饶于资而自奉甚约,以故乡邑有长者名。是时海宇已定,流寓者咸归故里。公以家遭兵燹,靡有孑遗,且占籍东安,置有田里,竟不果还。每念先人邱陇不能自安,岁时享祀未尝不泫然出涕也。洪武九年八月初一日以疾终,享年六十有七。葬去所居二里许。

初寓都下,娶景州张氏,无嗣。在宣抚娶李氏,生二子,长震、次礼,即尚

---

① 奎章:帝王的书法诗文。
② 贲(bì):文饰,修饰。
③ 岐嶷(qí nì):语出《诗·大雅·生民》,言峻茂之状,多用来形容幼年聪慧。

书公也。公卒,震十有三岁,礼甫四岁。自公捐馆后,二母同心,黾勉①抚教二子,俾克策名天府。张之卒年七十有三,李之卒年登八十,俱与翁合葬。礼由丁丑进士,历行人司副、河内参政、淮南知府,改山东监察御史,升大理寺卿,至今官,历事五朝,劳绩不著。公由子贵,受封初赠奉政大夫,二配俱赠宜人。及礼升刑部尚书,追崇三代,公与父翁祖俱赠嘉议大夫刑部右侍郎,妣萧氏与二配俱赠淑人。孙男七人,纲、维、纶、缙、绅、纨、纯,绅中乙卯举人。孙女七人。曾孙男七人,曾孙女八人。呜呼!公始流离道路,转徙靡常,定居东安时,微于一缕之续,乃能延蔓以至硕茂,荐荷②褒荣,非阴德之厚奚以致此?《易》曰:"积善之家,必有余庆。"其公之谓与?铭曰:京口名家,宦门之胤。甫及弱龄,已有令闻。为亲请诰,奋往弗辞。值时扰攘,播迁流离。穷途逆旅,业医自给。后寓宣抚,备尝艰棘。圣明御宇,万姓咸欢。偕家南徙,乃侨东安。爰治室庐,爰艺黍稷。克殷其家,亦周人急。值岁荒歉,灾殄又丁。以医以济,大振仁声。南望乡关,欲归弗果。言念厥先,涕泪交堕。阴德既厚,麟趾振振。笃生英嗣,为时名臣。朝有锡典,恩追冈靳。名号显赫,归美所亲。佳城孔固,碑碣长存。惟贤惟德,昭示子孙。

明刑部尚书施公墓表 陈敬宗

　　户部主事绅因公来南都,持状启予乞表尚书公墓。公讳礼,字仲节,其先镇江丹徒县人。元时,祖翁祖公任镇江帅府万户。父伯诚公承父命,赴都请给告身③。适徐颖④兵起,路梗不得归。东安风土⑤淳厚,遂⑥定居焉。子孙皆

---

① 黾勉(mǐn miǎn):勉力,尽力。
② 荷(hè):承受。
③ 告身:古代授官的凭证。
④ "颖"字误,当作"颍"。合刊本"乾隆志"亦误作"颖"。
⑤ "土"合刊本"乾隆志"误作"十一"。
⑥ "遂"合刊本"乾隆志"误作"逐"。

为东安人。公伟躯广颡,自幼才识过人,读书为文不烦师资。父伯诚公早逝,公孝事二母,定省靡间。年逾弱冠,为邑庠弟子员,以《诗经》领洪武丙子乡荐,登丁丑进士,授行人司副。奉使交趾,万里不辱,以功升河南参议。是时,成祖初承大统,布方张之德化,收始附之人心,远近亲戴,吏民怀服。在官七载①,丁嫡母张氏忧,奔丧还乡,哀号擗踊,不进饮食者数日。逾月,奉母柩合葬于先垅。后起任淮南知府,整躬率属,一郡称治。未几,以罣误②谪遣。公配宜人冯氏与之偕,所居行橐③萧然,课僮耕获以自给。

永乐间,除山东道监察御史。公德性宽和,而莅事执法于贪残者未尝少贷,吏民怀服。复命日升大理寺右丞。洪熙元年,升正卿。前后治狱详明,多所平反。九载,进秩刑部侍郎。宣宗尝谕之曰:"刑法,天下民命所关。卿理狱事,可谓于民不冤矣!"公愈加详慎,德望日隆,特进刑部尚书。生平历事五朝,扬历中外,公忠体国,慎仪止,寡言笑,始终不愆于度。尝闻为御史时,每自言曰:"吾于此职,不敢以讦为直,以察为明,惟言其所当言而已。"识者早知其有大臣体。

及卒,天子痛悼,遣官致祭者三,赐金以葬礼也。配冯氏封夫人,有贤行,先卒。侧室郑氏、马氏亦踵芳躅。男五,纶、缙、绅、纨、纯,绅领宣德十年乡荐第一,除授户部主事。孙六,志、惠、愚、愈、宪、态。女七,俱幼。祖万户公、父伯诚公,当官少司寇时已追封如爵。公靖共尔位,为一代重臣,上荣祖父,下启后昆。《诗》咏素丝,《易》称蹇蹇,诚无愧矣!庸述其概,表墓以垂不朽云。

明故中奉大夫山西布政使纪公墓表　　王英

纪氏系出平阳,有令闻。居东安者,族姓甚蕃,皆敦尚德义。而山西布政

---

① "载"合刊本"乾隆志"误作"戴"。

② 罣(guà)误:旧时指官吏被处分撤职。

③ 橐(tuó):口袋。

(乾隆)东安县志

公犹卓然杰出者也。公讳谆,字克诚。幼端敏,不与群儿为伍。七岁从师受学,书夜不懈。乡老奇之曰:"此子颖悟嗜学,当立大名于时。"及入县庠,补弟子员,益肆力于学,日有所进,同门咸推让之。洪武乙亥贡礼部,升于大学。以才识著名,选署都察院事。寻晋山西道监察御史,纠击贪邪,辨理冤抑,风纪振肃。时言官以天下县令任非其才,无惠政,诏选京职任之,遂以公为睢宁令。民有讼其子毁父者,公得其实,谕其父子曰:"父之于子,当以身教,能正其身则能正家。闻尔暴厉多乖,得非子有谏诤之言,遂以为毁己乎?吾为县令不贪不酷,民其有毁之者耶?尔但正己,无患尔子不孝。"讼者惭服。永乐改元,擢湖广道监察御史,风纪益振。后迁山东按察使司,政尚清肃。与御史吴共谳郡县重狱,无不原情察理,委曲辨论,平反者多。吴不悦,曰:"我奉命理狱,自有体统,尔喋喋多言,视若僚属,何耶?"公曰:"刑狱重事,一失其平,则致人于死。所以言者,欲刑得其当,岂敢口舌相渎哉?"及吴秩满,授山东属郡,颇不自安,公待之益厚。无何①,公以事左迁浙江道监察御史,扈从远征。及还,以功宠赐银币,升交趾按察使。交民初附,推诚恤下,禁吏侵扰,民德之,迁交趾左布政使。仁庙嗣位,公朝京师,改山西布政使。政事修举,吏民怀服。丁外艰②还乡,以哀毁成疾。正统九年二月十六日卒,年七十有六。公孝友子谅,识度弘远,勤于职事,薄于自奉。在交趾时,侍郎张公、郎中王公以罪谪为从事,公礼待之。王死,为治棺殓,且抚其妻子。公来朝,载王之榇③以归。渡海,暴风将覆舟,众以为朽骨故。公仰天祝曰:"人死远方,归其骸骨,天其悯之!"风乃止。

  公之曾祖讳清,祖讳仲,祥父讳延年,世以长厚称。配张氏,子一,名安,能世其家。女四,俱适名族。侧室唐氏,女二。孙男二,曰俊、曰杰。孙女二。

---

① 无何:不久。
② 外艰:旧指父丧。
③ 榇(chèn):棺材。

以卒之年三月庚午,葬邑南先陇之次。安奉进士李侃之状征文于余,请表诸墓。

呜呼!公以才德跻显要,历年既久,闻望遂隆,卓然为一时名卿。而其终也,以居丧致疾,孝行尤笃。公之始终,夫何憾哉!予与公同朝,久知公之贤,乃序其实迹,勒石表墓,以垂休于无穷。

明米脂教谕赠南京兵部尚书刘公墓志铭　　徐阶

先生姓刘氏,名景,字仰之,东安人也。余昔读诸郡邑志,怪其人物尚多阙遗,思欲奉职之余,补所未备数。喜从士大夫访求遗逸并仕于其地之贤者,盖于东安得先生之乡行,云:先生故农家,至先生始,好读书,通记载,补邑博士弟子,遂廪于庠。晚以贡上春官,授庐州府学训导,直躬坦怀,不能饰词貌以干进取。久之,迁陕西米脂县教谕。居一年,致仕归,逾年而卒。

初,先生为博士弟子时,亲老而贫,竭力以养。每进饮食,必伺察颜色,意适则喜,否即局蹐①不自宁。兄出自前母,事之甚恭,抚兄子如己出。及长,为之娶妇立业。继母杨有女嫁于贫家,每阴有所予。先生觉之,更分以粟帛。杨大悦,而父亦益安其养。若先生者,孝友人也。予闻谨识之。又于庐得先生之宦迹,自守清白,所居无完毡。然闻诸士婚丧失期,辄捐俸以助,有称贷者不责其偿。郡尝岁歉,民饥且疫,太守作粥,遣属吏分食之。诸属吏率避不肯行,公曰:"人生有命,奚必疫病能死人哉?"日至其地,等差其老少强弱与病之浅深,以上下其食,民甚德之。及致仕归,橐金才足舟车费。若先生者,校官之廉且惠者也。予闻又谨识之。顾其时先生已捐馆舍②。予每念先生仕不违守,贫约以终其身,未尝不喟然也!

庚戌,予以《礼》《书》知贡举。是榜,举进士者多知名士,而先生之季子

---

① 局蹐(jú jí):畏缩不安貌。
② 捐馆舍:抛弃馆舍。死亡的婉辞。

体乾与焉,即今南京兵部尚书也。予谓所知曰:"古称'为德之报不于其身,必于其子孙',于刘先生观之,岂不信哉!"尚书自进士历给事中,以至显秩。刚正廉直,著声朝右。继忤时宰罢归。天子即位,登用老成,首召起用。盖先生有蕴未施,所以发于子孙者甚厚,而天之报德于是乎益彰矣!

先生生景泰丙子十一月十六日,卒于嘉靖庚寅四月十七日,寿七十四。元配马氏,生天顺丁丑五月四日,于成化丙申八月二十三日先卒,无子。继配万氏,生成化乙酉二月二十九日,于嘉靖乙酉十一月十一日亦先卒,子曰:体道、体直。侧室高氏生于成化丙午十月十九日,卒于嘉靖庚申七月二十五日,则尚书母也。侍先生最久,奉舅姑能婉曲致孝。先生归自秦,家益落,尽鬻簪珥衣服以佐不逮。及先生卒,教尚书力学,迄底于成,姻党称其贤,无异辞者。孙三人:侃,国子生;湋,官生;瀍,县学生。万历癸酉岁,因上两宫徽号,覃恩赠祖旺与先生如其官,妣皆夫人,高亦赠夫人。先生故,祔葬①于先茔。地湫隘②,不能具仪物,乃卜吉壤北门之外,以某月日改葬先生,合二配及尚书生母祔焉。

先是,以宗伯义兴万公征予铭,凡状所云与予所访闻合。因念今虽老病不能缀缉以补志乘之未备,然幸辱与尚书游,宁忍使先生之美德湮没而弗传耶?遂序而铭之。

铭曰:学足以显其身而位则卑,其遇也奇;德足以昌其后而发则迟,其大也宜。新邱窿,然具物与仪。屹屹穹碑,煌煌制词,岂惟子孙,本源是思。过而式者,尚其师之!

---

① 祔葬(fù zàng):合葬,中国古代多用于夫妻之间的葬仪。
② 湫隘(jiǎo ài):低下、狭小。

明奉政大夫山东济南府同知黄公墓志铭　　　　　　　　　　张惟一

天启五年之二月,济南司马黄公始克葬。既窆①,卒哭②,次鹑火③矣。嗣子行可等邮书请余志其墓中之石,且赍④状涕洟⑤而言曰:"先君子素履贞白,无玷清规,王事勤劳,匪躬励节。今忽殂丧,乡之士大夫皆感悼兴嗟。公于先人平日托契甚厚,敢丐一言以志不朽。"不佞⑥学植浅陋,何能扬公盛德? 然而谊不获辞,公之大王父即先慈之外祖翁也。先慈李蚤失怙恃,洎⑦予舅氏云霞公。茕茕⑧两姊弟俱髫龀⑨而孤,赖外祖妣张安人抚育而资嫁之。作配先考,秋毫皆黄赐也。母氏虽甥于黄,而实子于黄。饮水思源,宁忘所自哉?

公为黄太安人闻孙,不佞少与同业,又属至戚,尽得公之梗概,忍没其实而不录乎? 按状,公世家安次,讳宗周,字郁文,别号近轩。曾高而上,潜德发光,纯懿世济,嗣以儒显者,若滨州公以廉惠俎豆于鲁;巩昌公以贤科通守于秦;伯大父芦庄公用宾于王,为贤郡倅⑩。其裒然⑪史册,于赫⑫科名者,又彰明较著⑬也。公太父家温德茂,誉协乡评;王考庵泉府君克承先业,蕃衍后昆,率皆翱翔黉序,廪食上庠,号称华族。公弱冠即蜚英腾茂,台使监司以飞

---

① 窆(biǎn):下葬。
② 卒哭:古代丧礼。百日祭后,止无时之哭,变为朝夕一哭,名为"卒哭"。
③ 鹑火:星次名。
④ 赍(jī):带着。
⑤ 涕洟(tì tì):涕泪俱下,哭泣。
⑥ 不佞:谦辞,犹言不才。
⑦ 洎(jì):到。
⑧ 茕茕:孤独无依的样子。
⑨ 髫龀(tiáo chèn):指幼年。髫,古代小孩头上扎起来的下垂头发。龀,小孩换牙。
⑩ 倅(cuì):副。
⑪ 裒(póu)然:聚集的样子。
⑫ 于赫(wū hè):叹美之词。
⑬ 彰明较著:指事情或道理极其明显,很容易看清。

（乾隆）东安县志

黄神骏期之。万历庚子，高捷畿闱，癸丑谒选，除卫之汲县令。汲故附郭冲邑，舟车孔道。公治邑，审视利病，举疮痍而抚摩之，均徭赋、清置邮、保善类、芟豪奸。戴星视事，栉雨省民，五年如一日也。

会福藩封河南，供亿百出，猝难应办。太守知公才具挥霍①，足办乃事，一切属公经纪之。王之阉人、卫士皆倚王势都门南指，时即横索不赀，当事者罔不悸心短气。公以强项之性，驾御而摧折之，贴然就理，不敢嚣张，反投刺②相亲就，以故凡百供帐无所挠，竞③以致令旨注存，王厨宴赍奖藉有加，由公之廉明夙著，足以慑服④其不逞之心也。寻升济南司马，备倭东州。是时戎马充郊，全省震惧。当道知公才，特任转饷之寄。公千里挽输，冒风沙，蒙霜露，二载之中备尝艰楚，因是精血内耗，四体尪羸，二竖为虐⑤。屡乞骸骨，当路格，不为达，特以寻常规避例公，漫视为全身远害者流也。公自知不起，力疾而行，至东州兰若，犹以好语慰其后人。及疾革，二子相视而泣。公曰："吾以驰驱王事不能生还，此臣子职分所当。然古人远域勤王，裹尸马革，胜于死床笫，泣妻孥者多矣，复何恨？"言竟而瞑，无一语及家事。

公体度冲凝，言辞和畅⑥，发为文词，自成一家，绝不落贴括蹊⑦径。斌斌乎质有其文！髫年失怙，事伯兄礼斋公如严父，久而弥笃。晋接亲戚朋友，始终蔼如，未尝疾言遽色，盖其得于天者全也。公生于嘉靖丙寅之三月四日，卒于泰昌改元之十一月六日，寿五十有五。王考庵泉府君以公任，赠文林郎卫辉府汲县知县，母房氏、王氏俱赠孺人，元配刘氏封孺人。子三人。长行可，

---

① 挥霍：敏捷，迅疾。
② 投刺：古代汉族礼节，通报姓名以求相见或表示祝贺。
③ "竞"字误，应作"竟"。合刊本"乾隆志"此处亦误作"竞"。
④ 慑服：使之畏惧服从。
⑤ 二竖为虐：比喻疾病缠身。
⑥ 畅（chàng）：通"畅"。
⑦ "溪"字误，应作"蹊"。合刊本"乾隆志"此处亦误作"溪"。

县学生,娶邑庠生孙衍庆女;次适可,京卫武学生,娶永清儒官王宗颜女;又次鼎铉,府庠生,娶邑贡生魏邦才女,继娶清平知县武清王溥女。女一,适崔九思。孙男三,长筌、次蘅、次灏。孙女四。

公生于邑南之挑河头,公之王考庵泉府君以硕德重望化孚一乡,伯兄礼斋克绍先猷,为乡善士,邑之明府颜其门为"世德"云。因为之铭曰:木之茂者必其根固,流之长者由其源深。公世积其德而光犹未尽显者,其殆将发越于后人。

东安县志 卷之二十二 拾遗志

志以传信,亦或缺疑。上追前古,下迄来兹。耳闻目见,广采博稽。惧懿行之偶轶,虑古迹之多迷。爰辨讹而订谬,乃发幽而阐微。志《拾遗》。

安次修市

旧志"沿革"条云:"汉高帝六年置安次修市";"古迹"条云:"安次修市,汉置邑名,即今古县",竟将安次、修市混而为一矣。按《通考》:"安次、修市明系二邑,俱隶渤海郡。"《水经注》:"桑杜旧沟又东经修市县故城北。"《地理风俗记》:"修县西北二十里有修市故城。"可据。修县在景州南。又"封爵"载汉宣帝时封清河刚王子寅为修市原侯,亦因修市而误及耳。

汉魏北齐封爵

旧志载:"汉鲁孝王子疆封东安孝侯,后魏刁雍①封东安伯,刘尼封东安公,北齐高睿封东安王。"按《通考》《通志》,自汉置安次县,属渤海郡,至元魏改安城,迄元始改东安。汉、魏、北齐封爵乃徐②州,东海郡之东安,非安次也。

征北小城   李光昭

征北小城,后汉公孙瓒所筑,晋置征北将军府。建武初,刘琨与段匹䃅期讨石勒,而琨别屯故征北小城,即其地也。《通志》云:"征北小城在大兴县

---

① "雍"合刊本"乾隆志"误作"癱"。
② "徐"合刊本"乾隆志"误作"除"。

东。"余考《晋书·地理志》,燕国统县十,其时有安次,而无大兴。大兴之名,自金始至本朝,燕郡统二十七州县,与晋时所置大小悬绝。《通志》所云在大兴县东,就安次割入大兴以后而言,非就未割以前而言之也。又考旧志云:"琨与匹䃅屯兵三川,以拒石勒。"今安次之大石桥为南川,西浮桥为西川,八里桥迤西为东川,此尤确凿可据者矣。以①此度之,征北小城今之采育是也,惜旧址久湮不可考。采育即安次之采魏里,前明本属县境,今并割入大兴云。

钟说 　　　　　　　　　　　　　　　　　　　李光昭

谯门晓钟为东安八景之一。俗传前明农妇饷耕早起,闻地下钟声隐隐,乃掘得之,悬于谯楼之上。嘉靖间,不击自鸣,邑令怪其不详而弃之,其鸣如故。后令复建楼以悬之,遂止不鸣。《山海经》云:"丰山有钟九耳,是知霜鸣。"应候②而钟自鸣也。又汉武时未央钟无故自鸣,东方朔曰:"铜者,土之子,子母相感,山其有崩者乎?"三日而南郡果报山崩。然则物之相感,理诚有之,不足为怪。自明迄今又数百年,未尝复鸣。每日司阍者掌之,暮击晨撞,其声清越而不杀,顺风可闻二十余里,盖器之精良者也。款镌"太安二年造"。考北魏文成帝与辽道宗时,俱有太安年号。玩其形制、色泽亦不甚古,疑为辽时物。夫当其初鸣而出之于地,其既又以鸣而弃之地。其出于地也,物之自为其灵而非人之灵也;其弃于地也,人之自见为怪而非物之怪也。何则彼不击而自鸣,必有所以感之者。世无曼倩,特未之知,则以为怪也,宜哉!

吊刘太尉墓 　　　　　　　　　　　　　　　　　李光昭

余读《晋史》,建武初,刘琨与段匹䃅谋讨石勒,屯兵固安。及匹䃅从弟

---

① 合刊本"乾隆志""此"前脱一"以"字。
② 应候:顺应时令节候。

末杯受勒厚赂,乃沮其计而退。后琨别屯故征北小城,为匹磾所疑忌,被拘经月,遂缢杀之。《志》载琨墓在安次县东二十里之楼桑村,访之故老,杳不知所为楼桑村者。惟征北小城,《通志》云:"在大兴县东",晋时实安次地,其迹久埋。夫自晋以来,千数百年于此矣。加以辽、金南北割据,徒存其地其名,而丘垄已平,致令忠魂白骨埋没于黄沙野草间。悲夫!昔文文山①北行,经琨墓下,作诗以摅其悲愤之气。宋末时琨墓犹在,不意文山凭吊以后竟无踪迹,殆后人不甚郑重,无封石以表识其处,故久而失传也。然而太尉之名,自足千古,征北何必有城?楼桑何必有村?但指其地其名,而后之吊古者亦可以慨然而兴,泫然而泣矣。

曹淑媛

李光昭

余披阅旧牍,有曹尔珩告李淇、李元理一案。元理即淇之子而尔珩之婿也。尔珩之女名淑媛,许字②元理为妇。其初伉俪相得,后元理别有所私,遂谋娶之。而淇乃阴为庇护,纵子凌虐,必置淑媛于死。寒弗与衣,饥弗与食,终日殴责,尽剃其鬓边发。夜则驱之卧外,与栏牛、圈豕为伍,蓬首垢衣,无复人状。妇饿不能忍,拾弃余臭败之物以自活。尔珩知之,迎女归不许,于是讼于官。

令唤妇前而问之:"丈夫若何待汝,与衣乎?"曰:"衣我。""与食乎?"曰:"食我。""终日殴责有之乎?"曰:"无。""鬓发何以尽空乎?"曰:"患疮自落耳。"令抚案叹曰:"吾视其面,种种有爪③伤痕。视其形,鳖瘦骨立,如饿殍状。则李淇父子凌虐之惨,何待妇供始明?而妇乃忍辱不辞,故为亲讳,其为

---

① 文文山:即文天祥,后人为了感念文天祥,往往不直呼其名,而称之为文山或文文山,以示敬意或尊重。
② 字:女子许嫁。
③ 爪(zhǎo):抓。

天下之贤妇可知矣。以贤妇而凌逼屈辱至此,则尔玿暧昧不明之词盖非无故而云然矣。姑从贤妇之心,以全家室之好,再犯必惩。"其后,妇竟以抑挫死,邑人皆抱恨焉。及余莅东安,早知有淑媛事,便欲根寻始末,为淑媛泄未泄之愤。奈事隔数年,无可证据。尝唤尔玿问若女死状,亦无他语。然而淑媛之贤不可没也。余故表而著之。

田襸　　　　　　　　　　　　　　　　　　　　李光昭

余续修邑志,计七十余年中,书孝行者不少概见。盖奇节易立,庸行难完,人生寻常子职尚多未逮,遑言孝哉？今邑之衿士公举已故廪膳生员田襸,品行纯全,宜登邑志。余谓诸衿士曰:"其实安在?"佥曰:"襸年十六父患剧疾,日侍汤药,体不安枕者经年。及卒,哀毁骨立。事继母刘,亲涤溺器,兄弟友爱,怡怡如也。族党中有屋坏无宁居者,割宅以居之。生平笃行盖如此。"余曰:"国家定例,凡诸生中有品行优长者,教官上之学使,学使达之礼部,礼部奏之朝廷,升之太学,以旌异之,田襸而果其人欤？则有举优之典在,胡未之闻耶?"诸衿士复曰:"自来举优行者,往往慎选老成垂白之士,而襸年齿方壮,闭户读书,一切声誉亦且谦让而不居也。今不幸早死,盖棺论定,虽不能邀优异之典于生前,庶几书孝义之名于身后。惟明府实表彰之。"语毕而退,乃书问答之辞于简末。

孙居凑　　　　　　　　　　　　　　　　　　　李光昭

孙居凑,前明怀宁伯孙林十世孙,其先本大同东胜州人。父名承计,袭世爵。我朝革命,改授銮仪卫南堂。承计卒,居凑以荫补管理左翼街道员外郎,寻转刑部郎中。及卒,葬东安县西南乡之胡家庄,今子孙入籍文成里。孙居相，亦承计之子，授太①平县令。及卒，葬东安县之哈喇港，今子孙入籍河南里。

水云叟

李光昭

水云叟者杨冲斗，澹园之别号也。澹园为大司马某公裔孙，负才不羁，初为陕西渭源令，再为粤东曲江令，以事罢归而非其罪也。寄居安次城西之芦园，芦园即澹园别业。饮酒、赋诗、课农圃于其中，自号为"水云叟"。

水云叟之言曰："天地间最大者莫如水，而最奇者莫如云。水也者，通舟楫，资万物，助天地以为功也。云也者，为霖雨，济苍生，从龙以效天地之用也。云不藉乎龙，龙非云则无以附，霖雨②何自而施？是龙实藉于云也。水无舟不失其为水，舟得水以济，或远或近无不之之，是舟不可须臾离水也。大而江湖河海，降而百川细流，皆水也。顺其性则波平浪静，舟可行焉，人可玩焉；拂其性则奔流溃决，坏舟楫，夷城郭，汩③邱陵，而势莫之御。是水固大也，又未尝不奇。至于云之为状也，或象鸟兽，或成楼台，或似山林草莽变五彩而呈文章，云之奇至此乎？若其时雨将降，布濩④天地，山岳潜形，日月隐曜，云之奇且大又若此。由此观之，天地间之至大而至奇者，莫水云若也。"

或闻是说而问曰："叟之以水云为号也，殆取诸此？"叟曰："否，否，叟以无才伏处蓬蒿十有余载，日就衰颓，讵敢拟此乎？叟尝读圣贤书及左史庄骚，以迄唐宋百家之文。如观海然，茫乎不知其畔岸，浩乎莫测其津涯。其来也莫穷其始，其去也莫究其终。又如海云变化、纵横舒卷、形无定质。古人以水云为文章，余即以文章悟水云，读而好之，好而乐之，因以水云为余号焉。若夫通舟楫，资万物，为霖雨，济苍生，非吾分也，非吾事也，吾则何敢水云叟之

---

① "太"合刊本"乾隆志"误作"大"。
② "霖雨"合刊本"乾隆志"误作"雨霖"，字序颠倒。
③ "郭汩"合刊本"乾隆志"误作"汩郭"，字序颠倒。
④ 布濩(bù hù)：散布。

说如此?"而吾因思澹园,以磊落不世之才,作吏数年,而去其职,闭户著书,托迹农圃。兴之所至,或饮酒数升,或作诗数首。举头天外,白眼人间,其视从前宦迹皆作水云观也。逝者如斯,而莫之挽也,忽有忽无者,如彼其幻象于太虚而不可执者耶!今澹园老矣,去城市而居芦村者又有年矣。不惟从前宦迹皆作水云,即城西旧筑所为芦园者亦复安在耶?而要之澹园所著之诗,若文其会心于水云者,固已远矣。

苑烈妇碑阴记　　　　　　　　　　　　　　李光昭

余每怪古今来贞妇烈女常多于忠臣义士者,何也?安次迩年有骆大姐、刘赵氏诸人,皆田家女,目不知书,而乃守正不移,视死如归,岂不铮铮有烈丈夫气哉!若从容就义,死后标奇,如苑烈妇者,尤异焉。烈妇死于六月五日,溺浊流者四日,暴赫阳者又四日,先后八日始殓,而颜貌如生,蝇蚋不嘬。嘻①!异矣,此非具金刚不坏身,疑必有鬼神呵护之者。求之史传中亦不多觏②,朝廷既已加恩旌显之矣。

余莅任东安,更欲表其墓域③,业④归葬大城县之辛张村南。越境而事非有司职,且烈妇与夫家其义已绝,魂魄有灵,不在孟氏之垄,而在殉节捐躯之所,乌知其不乘文螭⑤,扬素旌,随波涛而上下也?因遂于狼城道口树一石碣,题曰:"苑烈妇殉节处"。书苑氏而削其夫姓,从天津殷贞妇之例也。浑河有迁改之日,而烈妇奇迹不可磨灭,岂不炳耀终古也哉!余既立碑堤上,又置地一十二亩,标名苑正、苑节、苑烈,择乡民耕获。以其所入除官课外,酌量丰啬,于每岁之六月五日具牲醴之礼,委衙官望河布奠。固所以慰已死之贞

---

① 嘻:叹词,表示惊叹。
② 觏(gòu):遇见。
③ 墓域:墓地,墓区。
④ 业:已经。
⑤ 文螭:有文彩的螭龙。

魂,亦可以励后来之风节,并告继余而官此者,勿忘踵事焉。爰书其略于碑阴。

讲约所记

李光昭

县治西偏有敝屋数椽,传为许、史二氏之产,其在瓦砾荆榛者有年矣。邑中好事者醵金购材,建前后两楹。以前楹供弥勒,以后楹为僧寮①。效雍伯之行,设浆②以饮路人,而名为茶棚庵。顾庵无业产,弗能久给,前令以其逼近县治,非宜,迁佛与僧,暂改为朔望讲读之地。而其暇日,则射利者或私据为茶酒社,喧填杂遝③,居然市肆矣。

许氏后衿诺呈请改为公所,载入④志乘,以垂永久。余嘉其请,乃驱除市侩,稍加修葺。榜曰:"讲约所",朔望会僚佐、集衿士、申约读法于其中。过此,扃⑤锁肃清。而即以其后楹另辟牖户,为寅宾馆⑥焉。夫天下事何常之有?兹数椽也,始而为颓垣废址,继而为梵宇僧寮。今则扫除廓清,尊为象魏,于以肃观瞻而一心志,其孰不惕然起敬,俨天威于咫尺哉!是役虽小,亦觉世牖民之一端也,不可以不记。

王二传

王二,本女子,顺天东安人,年十八父母携之入京,易男子衣冠,鬻于厢白旗⑦德住⑧。甲寅黔滇乱,德住南征,挈之往。尽瘁服劳,周旋戎马之间,凡七

---

① 僧寮:即僧舍。
② "浆"合刊本"乾隆志"误作"桨"。
③ 杂遝(zá tà):亦作"杂沓",众多杂乱的样子,亦作"杂沓"。
④ "入"合刊本"乾隆志"误作"人"。
⑤ 扃(jiōng):上闩,关门。
⑥ 寅宾馆:即客馆。
⑦ 厢白旗:即"镶白旗"。
⑧ 赵吉士《寄园寄所寄》之《桑门王二传》作"任"。

载,德住爱其勤。辛酉,滇南平,大师凯旋,次江黄,而王二病。延医弗瘳①,一夕气垂绝。主人办棺具,易其衣,乃知为处子也。众皆色然骇,相与嗟泣。比鸡鸣,复苏,调治之,病愈。王知迹已露,请为□□□□□□□□□②数万,传为美谈,醵金共作佛□□□□□□□□□□③。

余修东安县志,剞劂④已竣。庚午四月,河西务司马,今升粤东廉郡守周容斋先生,以奇女王二传寄示,询其出自何书,则知载赵恒夫《寄园寄所寄》⑤。内残缺二十字,容斋以意补之者也。余于都门遍觅完本,一载以来,竟不可得,即作传者之姓氏亦不可详。今派期⑥将届,姑仍其缺略,载之《拾遗》,以俟后考。呜呼!余之孤陋,亦已甚矣。

旧序　　　　明邑令阮宗道云中人

夫志者,识也,所以识古今之事也。邑而无志,事奚以核?矧⑦东安为三辅大邑,讵可贻讥弇鄙⑧,阙略而不备乎?壬午夏,余承乏⑨是邑,簿书少暇,求邑志而考之。因得张公文举手辑旧本,略有成业,特未加厘订,剞劂成书。于是商之学博杨君、延乡先生邵公辈暨庠弟子员,编摩补辑,再阅月⑩而告

---

① 瘳(chōu):病愈。

② 清刻"乾隆志"此处阙文,存疑待考。合刊本"乾隆志"此处据《寄园寄所寄》进行了补注。其文曰:请为(尼,主人许之。满兵在楚者)数万。

③ 清刻"乾隆志"此处阙文,存疑待考。合刊本"乾隆志"此处据《寄园寄所寄》进行了补注。其文曰:醵金共作佛(事。祝发之日,送者如云。《桑门王二传》)

④ 剞劂(jī jué):雕版,刻印。

⑤ 《寄园寄所寄》是明末清初安徽休宁人赵吉士编撰的一部笔记。内容涉及智术、忠孝悌义、名胜、诗话、神怪、明末寇乱、徽州逸闻、谐谑等。赵吉士,号恒夫。

⑥ 派期:指定的日期。

⑦ 矧(shěn):况且。

⑧ 弇鄙:弇陋,浅薄。

⑨ 承乏:暂任某职的谦称。

⑩ 阅月:经一月。

成。诸君前而请曰："是编草就,虽未敢妄拟作者之林,庶几可以志一邑之事矣。惟明府笔削而删定之,付诸梓人,以永其传。于后则邑人之厚幸也。"

余唯唯受而读之,见其直而不俚,详而有条,卓然纪事之书也。镂而传之,夫复何待! 夫天下事,亦在为之而已矣。东安自宋辽金元以来,绝无纪载。即国家定鼎燕京,先后传百十年,而志乘之缺然者如故也。兹以乡大夫诸士之力,不惮广搜博采,编次成书。俾后之考古征今者得以有所依据,而其间风土①人物盛衰升降之故,俱可一览而知矣。若夫因革损益,随时利导,又赖后之君子更化善俗于无穷焉耳。

旧序

明华琪芳梁溪

余计偕北上,历邹滕,度瀛郑,经涿易,见山水绵亘,人物繁衍,因叹定鼎幽燕,控扼形胜,三百年来鸿仁涉泽②浃洽于民人者深也。第书生而涉长途,方苦风尘劳顿,即欲考郡邑、稽建置,有所未逮。二三月来,两试既毕,滥竽首选,蒙授史职。夫史氏职纪载,凡舆图、谱籍咸得流览。

受事伊始,适余友涿鹿卫幕冯翊卿氏函书至,且缄一帖示余曰:"此东安令郑公所辑邑乘也,敢徵一言,冠于篇首。"余受而卒业,见其叙事详而不秽,质而有体,是盖以文才而兼史才者。又读翊卿氏述公为政廉明仁爱,刚果有为,一切兴举厘剔,莫不畅人心而垂嫰懿,是盖有史才而兼吏才者。余闻公曩令卢山,运筹决胜,平蔺援蜀之勋甚伟。当事者以闻,而报功之典有待。方叔壮猷③,未究厥施,异日当秉钺登坛以罄生平之抱负,公盖有吏才而兼边才者。夫荀况、范晔长于编摹,而未闻有治行,延年、广汉饶有史术,而未闻有词章。尚威严者诎仁恕,崇长厚者乏精明。公治行、文章两擅其美,元凯文而兼

---

① "土"合刊本"乾隆志"误作"士"。
② 涉泽:深厚的恩泽。
③ 方叔壮猷:方叔,周宣王时卿士,周室中兴一大功臣。壮猷,指宏大的谋略。

资武库,柳浑儒而深识军情,宜其声名高出一时。邑乘之修,其龙窗豹斑乎!

今天子方励英明之治,课核①郡邑,尤谆谆加意。诚见东西有事,率由贪黩委靡者蛊坏之,亟欲得英敏沉毅之士以亨屯振废,为济宽之药石。公既有异能,又有异政,匪久当下玺书以奖劳贤能。入为殿中执法,出为塞上干城。余且濡毫吮墨,俟公政成而歌颂之。今日之序志乘,聊为翊卿氏笃缁衣之好耳。是为序。

旧序

明邑令郑之城

先王体国经野,棋置都邑。邑之有志,盖所以昭典则、示劝惩、考古今、辨得失,即古者列国之史也。东安密迩京师,披拂于皇风者久,宜其声华物采彬彬与京邑相辉映矣。

甲子秋,余承乏是邦,见凋瘵②满前,而土风醇朴,犹为近古。因索邑志而读之,乃邑故无志。万历癸未,云中阮公始取邑绅张文举所辑稿本而刻之。其中,不无详所宜略、略所宜详,于体有弗称也;掇拾猥琐、言之不文,于义有未洽也。不觉掩卷窃叹曰:"志而如是,何以信今?何以传后?又何足备观风者之采择乎?"亟欲删定,勒成一书。会初政碌碌,未遑顾见。民俗趋戆,余以不扰驯之;民情趋华,余以不烦静之。相恬以愉,不三四月,邑渐无事。退休之余,爰取旧志而卒业焉。然考之宪章,质诸故老,两皆无征,余其如邑乘何哉?惟是③余实有长民之责,风俗民情必昭之典则、式之物轨,始足以鼓励而劝化之。因与涿鹿卫幕冯君、儒学边君、训导陈君,并邑之博士弟子员,加意搜辑,新旧毕陈,缀于各款之下。又从而诠次之,断以万历癸未年为始,续前令阮公之后,迄今天启乙丑而止。极知详略无当,鄙俚④贻讥,无改前志之

---

① 核:考核。
② 凋瘵:衰败、困乏之象。
③ 惟是:只是。
④ 鄙俚:粗俗,缺少文采。

旧，然使四十余年文教政事不致散佚失坠，是则余之苦心也。若夫立义修词、审制定式，尚有待于邑之硕彦与后来之具大手笔者。

志成，因书岁月于简首。

旧序
明邵鸣岐邑绅

上御极之十年，阮侯竹江公绾章为东安令。政事之暇，与予辈坐而言曰："东安故号名区，而邑志未成，无以察政治而考古今，讵非憾事？盖志者识也，即古列国之史也，所关甚巨，未宜缺而不举。"予乃振衣而对曰："敝邑附在畿南，为国家腹心内地。今虽民残才谢，在昔盛时，庶几比于大国之侯，而一切先典多所缺失，不胜惭愧。嘉靖中，邑人张公文举极力搜罗，条其纲纪，尚未就梓，后辄举辄废，迄无成功。"公曰："果若是，则文献何征？而沿革奚究乎？"悒怏者久之。今年春，公托魏君楠、李君应期泊鸣岐等，共付以纂辑之任。又令庠弟子员刘子伯光辈，分任其劳而经纪焉。公乃捐俸资、备什用、给廪庖，刻期待竣，以垂示将来。余感公德意，罄心竭志，不敢以老惫辞。因据文举遗稿及事迹之散见于他书者，略为采掇。而又征之老成文学之士，分析而厘订焉。繁者删，略者补，不藻思以斗丽，不隐僻以眩奇，不虚美以失真，不妄削以没善。庶几哉！一邑之实录矣！

夫邑自汉唐以前，远无可考。五代、宋、元，略存其概。至明奠鼎燕京，吾邑逼近辇毂，向化尤迩。其间风景、人物、忠孝、节义，炳炳朗朗，烜赫简编。生其后者，不可不知其故也。然而昔之生齿繁衍者，今凋敝流离矣！昔之土壤肥腴者，今冲决沙瘠矣！昔之名贤继踵、甲第连云，今冠盖寂寥而士风不振矣！昔之文物繁华、楼台烟火，今穷居陋巷而柴扉星落矣！人事代迁，古今辽异，论世变者，当为一怃然也。今邑志告成，则千百年之风景人物、忠孝节义，皆得炳如日星，不至澌灭而无传。俾后之观感于此者，士知廉耻而女励名节，为臣思忠，为子思孝。是役也，公之功不甚伟哉！至于今昔隆替之感，虽天时气运适然相值,而更化善俗、救敝扶偏,固司牧者所当详求而审处①也。

聊述梗概以应公命,大惧率略贻讥,姑以俟后之作者云尔。

旧序 国朝邑令李大章

吏于一方,必周知其山川之险易、土田之肥瘠、风俗之浇淳、规制之沿革、民生物产之殷耗,而后可以为治。惟代有废兴,时有盛衰,而治之隆替因之。故邑之有志,所以载古今事迹之殊,而吏之贤否,亦于兹可见也。

东安为畿辅近邑,南接雄霸,北控燕云,拥三关而萦九河。汉时属渤海郡,旧名安次。自元以来,改为东安,隶北平。其地宜桑麻稻黍,利鱼盐,素称膏腴。第浑河为患,冲决不常,民多失业。曩时差重役烦,里贫不能办公事,户口逃亡,因而减并者过半。至于今未复。其人性质而好刚,而为士者莫不习诗书、尚节义。盖燕俗悲歌慷慨,自古然也。今世之作吏者多矣,或遇荒傲②之地、僻隘之壤,民之强者犷悍而不驯,弱者愚诈而难化,往往竭其心思,殚其才力,求一日之几于治而不可得。若兹邑为神京内地,平畴广野,无山川厄塞之险。乡之士大夫咸彬彬儒雅,以训率子弟为先务。农夫妇子又皆勤于稼穑,习于俭朴。倘得良有司为之兴利除害,修教化,劝耕作,休养而生息之,何不可进斯民而登于淳古哉?予以德薄而拙于才,愧不克③副④子民之任,所望缙绅贤士匡予不逮⑤,是则予之厚幸也夫。

---

① 审处:审慎处理。
② 傲:通"徼",荒徼,荒远的地域。
③ 克:能够。
④ 副:相配,相称。
⑤ 不逮:不足。

（乾隆）东安县志

旧序　　　　　　　　　国朝本邑训导①马元调

东安北拱燕台,东环潞水,映西山之嵯峨,分津门之澎湃。涵灵毓秀,酝酿人文,以至城市村墟星罗棋置,烟火万家,固彬彬乎凤号名区也。迄今时移物换,规为制度,踵旧增新,而邑志久未续修,致令芳徽懿迹沦落不传者多矣。余以渚阳儒素,叨②训③安庠,每阅旧志,窃以为憾。恭遇今上覃心④风土,诏直省郡县纂辑志乘,上呈御览。时邑侯颖山王公谬推余首任其事,余受命不敢固辞。遂偕邑之扈、张、邵、刘诸君,公同采辑,共⑤为厘订。如分野疆域,考之灵台舆志及见诸经传者,始引为据。坛庙典礼,悉遵定制,不与缁黄⑥寺庙同祀。赋役户土,今昔不同,悉照全书开载。名宦乡贤,凡有功德者皆志之。儒学厅尉,一节足录者亦取之。选举人文,先甲榜乙榜,明经弟子员次之,例贡、杂职又次之。至如忠臣孝子、义士节妇,凤行昭著,足为国人所矜式⑦,虽未经旌表者,亦必阐扬之。诗文撰记,择其攸关风教者编入之。凡中间有已定不续者,则首尾相衔;有方来待续者,则各相诠次。一切采访真确,必与邑之绅士大夫以及编户之氓共知共见,所以昭公典也。

书成授梓,庶几朴不炫华,文不没实,称一邑之信史也欤!余备员执笔,略书梗概,以见管窥之一斑云。

---

① 合刊本"乾隆志""邑"后脱"训导"二字。
② 叨:承受。
③ 训:教导,教诲。
④ 覃心:潜心。谓深入钻研。
⑤ "共"合刊本"乾隆志"误作"其"。
⑥ 缁(zī)黄:指僧道。僧人缁服,道士黄冠,故称。
⑦ 矜式:敬重和取法。

旧序

国朝邑令王士美

邑之有志，所以记载事迹，表章人文。匪但从前懿美灼然不磨，抑且使后之继起者薪尽而复传也。东安密迩神京，实沾首化。其间声华物彩，载在旧章，知必有独甲诸邑者矣。

辛亥秋季，余承乏兹邑。甫下车，侧见人民风土，触处凋残，为恻然者久之。案牍之暇，间一披阅县志，方知今虽井里萧条，昔固冠裳文物称名区也。匪①邑志纪载之详，几令人以东邑为荒乡矣。补偏救敝，责在司牧。邑志之修，顾可已欤？粤自明代以迄国朝，多历年所，旧刻虽存，新编未续。芳规代兴，不无沦没；典章具在，未必协宜。主持世道者，何以弘教化而备劝惩乎？余每当退食之余，思欲取旧志而增订之，而未竟所愿。今逢我皇上励精图治，覃心于天下之风土人物，诏令直省各郡县纂修志乘，甚巨典也。因②延致外翰马君暨邑荐绅，共襄厥事。时有明经张君墀、扈君运闻慨然任之，博士弟子员扈君运开、邵君庆延、刘君宗奭欣然佐之。其一切铅椠③之具、供给之需，悉出公廪，不逾月而告成焉。取阅一过，为之诠次而订证之。合众见以参独见，稍寓史氏之笔。或因或革，或删或补，无不列纲分目，使诸款之下各从其类。务令词简义确，不以浮华为工，不以繁冗为饰，不溢美以掩真，不妄贬以没善。庶几前徽永嗣，时制不违，足以信今而传后无疑也。

余待罪④安次，心劳政拙，抱愧循良，而邑志之修，其于一方之风土人物炳若列眉，以之宏教化而寓劝惩，未必无小补也。今褰裳⑤在迩，鹤放长沙，后之继余而为政者，其亦将执此志以为左券也夫！

---

① 匪：不是。
② 因：因而。
③ 铅椠(qiān qiàn)：古人书写文字的工具。铅，铅粉笔；椠，古代以木削成用作书写的版片。
④ 待罪：官吏供职的谦辞，意谓随时准备因失职而被治罪。
⑤ 褰裳(qiān cháng)：用手提起下身的衣裙。褰，用手提起。裳，遮蔽下身的衣裙。

旧序

国朝邑令侯应封三韩人

癸丑之夏,余承乏是邑。案牍繁滋,其间利弊兴革,一切尚未举行,夙夜兢惕,畏此简书,又何暇于拈弄笔墨乎?适邑中绅士以重修县志送阅。是役也,仰承我皇上博采方舆,以补昭代之所未备,诚巨典也。前令王君广文、马君首倡其事,暨邑之荐绅、庠弟子员共襄采辑,考订旧章,搜罗阙轶,纲举目张,叙次井井。余退食之余,逐一披览。见曩时户口殷繁,民风朴茂,而名卿巨公、忠孝节义彪炳载籍者,实甲于渤海诸邑矣。迄今市廛井里,落落晨星,不觉有今昔盛衰之感。夫安次自受浑河冲决之患,昔之沃壤,今为沙瘠矣;昔之繁盛,今为凋敝矣。我国家定鼎以来,屡行蠲赈,民困稍苏。长民者乌可不休养生息,以为补偏救敝之术哉?

斯志既成,凡风俗之盛衰、民物之丰耗,以及贞淫士女之得失,洵①为一邑之实录,即为一邑之劝惩,于以备圣明之采择。反凋残而登于盛治者,可计日待矣。余以谫劣②之材,谬学操刀。一切移风易俗、讲让型仁③,类非俗吏所能为。而轸恤民瘼生聚而噢咻④之余,其敢不勉乎哉!

历修旧志姓氏

原纂前明万历年间

邑令　阮宗道

教谕　杨　环

邑绅　张文举　邵鸣岐

重修前明天启年间

---

① 洵(xún):实在。
② 谫劣(jiǎn liè):浅薄,低劣。
③ 讲让型仁:讲求礼让,以仁爱为准则。型,式样、准则。出自《礼记·礼运》。
④ 噢咻(ō xiū):亦作"噢休",谓抚慰病痛的声音。

邑令　郑之城

教谕　边　仑

训导　陈　瑾

分纂　马翊卿

绅士　邵鸣岐　魏　楠　李应期　刘伯光

续修本朝康熙十六年

邑令　王士美　侯应封　李大章

训导　马元调

典史　徐　同　邵　观

绅士　张　墀　扈运阊　刘宗奭　扈运开　邵庆延

捐资绅士姓氏

陈之纪乡宦　　　张君珂旗庄　　　郭仁化生员

吴生麟监生　　　申茂生长洲布衣　杨　诏大兴生员

赵世伟监生　　　刘芳誉旗庄　　　王君宠监生

洪　文旗庄　　　杨文奇耆老

东邑修志之举，原属怂恿而成。余首捐俸五十金创始焉。阖邑衿士一时慕义者颇众。余甚乐之，意欲于修志之余，并奎楼而缮葺之，亦一邑之巨观也。厥后克践其言者，几不及半，尚不敷剞劂之用。余复捐俸百念①余金，始克竣事。其捐资八两以上者，屈指得十一人，录之于书尾，不忍没也。余则不能悉载，概阙如②也。其间一时踊跃，继而沮悔者，听之而已，不之强也。甚

---

① 念：通"廿"，即二十。

② 阙如：空缺不书。

有身为与事,遂收捐分,竟归私橐者,容或①有之,仅削其名,姑置之不议不论之列。扬善隐恶,修志之例,宜然也。

东安县志后跋

余与李君潜岩交三十五年矣。中间彼此出游,乖隔者二十年。乾隆丙寅岁,闻效绩北河,初任簿丞,寻授东安令。时余方客游齐鲁,附书问讯,遂获报章,且曰:"君幸②过③我,当以邑志相属。"余愧不文,未堪斯任,而契阔④良久,亟欲一面以为快。明年春,抵东安,则李君已⑤集邑之荐绅⑥衿士,重议修辑。业有成局,遂不获辞。

考东安邑志,创自前明,邑令⑦阮宗道取张文举稿本,约略草创,而重修于国朝康熙十六年,迄今又七十余年矣。圣泽滂洋,绵延久远,下国之书,缺而未备,莅土者之责也。李君自下车⑧以来,公事少暇,即取前志,再三批阅。而古今异宜⑨,先后异制,前之笔于书者,因陋就简,大半犹仍明代。而此七十余年中,上之政教条令,下之民风土俗,举皆不得而知也。大者如此,况其细者乎?近者如此,况其远者乎?于是采缉简编,旁咨故老。凡利病因革有关民瘼者,必穷源竟委,不遗余力。以故"田赋""里役""河渠"诸条,皆亲自削稿。其他斟酌商榷,务极周详,非敢苟而已也。吾观李君之为政也,慈惠而爱人,忠信而廉洁,不谢谢以矜能,不察察以逞智。其视民犹赤子也,民亦视

---

① 容或:或许,也许。
② 幸:希望。
③ 过:来访,探望。
④ 契阔:久别。
⑤ "已"合刊本"乾隆志"误作"巳"。
⑥ "绅"合刊本"乾隆志"误作"紳"。
⑦ "令"合刊本"乾隆志"误作"今"。
⑧ 下车:官吏初到任。
⑨ 异宜:谓所宜各不相同。

之如慈父母焉,岂非古之循吏者欤！然则不知李君之政,读其志而可知矣。读其志,亦可愈知李君之所以为政矣。

　　同学弟周琰青瑶□□□①谨跋②。

---

　①　清刻"乾隆志"此处阙文。合刊本"乾隆志"此处作"氏拜首"。
　②　清刻"乾隆志"至此终篇。合刊本"乾隆志"中另附一段马志民之后记："今岁吾邑合印县志四种,据吾家藏旧刻乾隆志,属校友移录一过,余任校勘,并考正数事。自十月二十日起,阅五旬而断,手凡校二过云。中华民国廿四年十二月九日,马质民识。"

后　记

　　《(乾隆)东安县志》,清李光昭修,周琰纂。

　　李光昭,字潜严,浙江山阴县人,由监生任武清县丞。清乾隆八年(1743)任东安知县。周琰,字西序,浙江萧山县人。

　　该志正文共二十二卷,共十七门六十四目。卷首列县境全图、城池图、文庙图、县治图、新河渠图、旧河渠图、八景图等。但由于传世清刻本中诸图多模糊漫漶,达不到今日的出版要求,故忍痛割舍。安次县传世的四种旧志中,唯有乾隆志附有《八景图》,而整理本中却未能载入,编者深以为憾。

　　通观该志,在材料搜集、分门立目、行文叙事乃至刊刻校对环节都颇为用力,文字错误很少,且语言流畅,称其文采斐然亦不为过。但由于过分执着于文字的修饰雕琢,与正史记载中的文字表述间有不同,甚至对历史上臣子的奏疏、名宦乡贤的墓志亦横加笔削,在成全了文采的同时,却严重地伤害了历史的真实性。过犹不及,是之谓也!

　　该志现存两种版本:其一为乾隆十四年清刻本(也是此次校注整理所选用的底本),现存故宫博物院图书馆,个别高校图书馆亦有藏;其二为1936年刊印的《安次县旧志四种合刊》,其中收录了《(乾隆)东安县志》全本二十二卷。

　　该志的整理,历时一年有余。在校注整理过程中,得到了著名明史专家南炳文先生的悉心指点,也得到了安次区方志办刘化田老师的热情鼓励。另有一干学友,孙航、白丽萍、吴文杰、司华起、崔士凯、刘小侠、王艳红、刘晓兹、张海强、高美琳、张晓婷等,或帮助录入文稿,或协助校对文字,为减少整理本中的遗憾做出了很大贡献。而廊坊师院领导、安次区领导的大力支持,更可

后 记

谓雪中送炭。这些都成为支撑我们一路走来的动力,值此校注整理成果即将面世之际,谨向所有帮助过我们的领导、前辈和朋友表示由衷的感念!

本书的出版工作得到了安次区委宣传部的鼎力支持,特此感谢!

(**本书为作者 2019 年承担的河北省社会科学基金项目,项目编号:HB19LS004**)

金久红

2019.7.28